충북대학교 교양문고

교육과 심리의 검사방법 이해

저자 • 허경조

충북대학교 출판부

× 서문 ×

교육학 분야와 심리학 분야에서 사용되고 있는 각종 검사들은 크게 지적 검사와 정의적 검사로 나누어질 수 있다. 지적 검사는 정신적 능력을 확인하는 검사이고 정의적 검사는 마음을 확인하는 검사이다.

지적 검사는 다시 교과와 관련된 검사가 있고 교과와 관련이 없는 검사가 있다. 교과와 관련된 검사는 의도적으로 계획적으로 가르친 결과 어느 정도 성취되었는가를 확인하는 검사로서 학교에서 실시되는 중간고사 기말고사 등이 이에 해당한다. 반면에 교과와 관련이 없는 검사는 의도적 계획적으로 가르치는 것과 비교적 관련이 없는, 주로 성장과정에서 자연스럽게 형성된 지적 특성을 확인하는 검사로 지능 검사 적성 검사 창의력 검사 등이 이에 해당한다.

정의적 검사 역시 교관 관련 검사와 비교과 관련 검사로 나누어지는데 전자들에는 교육의 결과로 성취되는 미술 음악 문학 도덕적 특성을 확인하는 검사로 주로 실기에 의해 성취정도를 확인한다(이 분야의 지필검사는 앞서 말한 교과 관련 지적 검사에 해당한다). 교과와 관련이 없는 정의적 검사들에는 의도적 교육과 비교적 관련이 없는, 자연적으로 형성된 특성을 확인하는 검사들로서 성격 검사, 흥미 검사, 태도 검사, 자아개념 검사, 동기 검사, 습관 검사 등이 있다.

본서는 지적 검사이건 정의적 검사이건 교과교육과 관련이 없는 영역에 관한 검사를 다룬다. 비교과 지적 검사들인 지능 검사, 적성 검사, 창의력 검사, 비교과 정의적 검사들인 성격 검사, 흥미 검사, 자아개념 검사, 동기 검사 등을 다룬다. 본서는 이외에 이런 검사들과 관련되는 기본적 통계, 신뢰도와 타당도, 검사의 제작 과정, 요인분석을 다룬다.

본서는 기존의 심리검사 저서들과는 몇 가지 점에서 다르다. 첫째, 기존의 저서들이 교육학 분야보다 심리학 분야에 치우쳐져 있었는데 본서는 기존의 심리학 분야에다가 교육학 분야를 추가하여 균형이 유지되도록 하였다. 교육학 분야의 심리검사의 대표적 검사가 적성 검사이다. 적성 검사는 교육에서 진로지도와 연구에 많이 사용되고 있는데 몇 가지 적성 검사들을 소개하였다. 이외에 생활지도나 교육연구에 자주 사용되는 흥미 검사, 일반 성격 검사, 자아개념 검사, 동기 검사 등을 소개하였다. 둘째, 기존의 평가 서적이나 심리검사의 서적에 소개되어 있는 신뢰도와 타당도의 문제점을 지적하고 대안을 제시하였다. 심리검사에서 신뢰도와 타당도는 핵심적 개념이다. 기존의 신뢰도와 타당도는 개념적 혼란과 산출방식의 부적절성을 가지고 있는데 어떤 점들이 문제이고 그것을 해결하는 방법이 무엇인지를 저자가 다년간 연구한 결과를 간략하게 설명하였다. 셋째, 요인분석을 소개하였다. 요인분석이란 여러 검사들에 존재하는 공통적 요인을 추출하는 방식이다. 기존의 우리나라 심리검사 서적들에는 요인분석에 대한 언급이 없거나 있더라도 요인분석의 구체적인 방법이 소개되어 있지 않다. 요인분석은 심리검사의 개발과정에서 크게 영향을 주었으나 요인분석의 과정이 복잡하고 난해해서 일반인이 이해하기에는 너무 어렵다. 다행이 요인분석의 과정을 어느 정도 이해할 수 있는 외국의 저서가 있어 이를 소개하였다.

본서는 여러 면에서 부족함이 많다. 모든 심리검사들을 다 소개하지 못했으며, 소개도 정교하지 못했다. 부족한 점들을 양해하고 봐주기 바란다. 본서로 인해서 교육과 심리에서의 검사 방법들을 이해하는 데 조금이나마 도움이 되었으면 한다.

2013. 6월 저자 허경조

× 목차 ×

제 1 장

심리검사의 의미 종류 역사

1. 심리검사의 의미 15
1)측정 15
2)평가 15
3)검사 16
4)심리적 특성과 물리적 특성 16
5)심리검사 16

2. 심리검사의 종류 16

3. 심리검사의 역사 17
1)초창기 17
2)Galton 18
3)Cattell 18
4)Binet 18
5)집단검사 19
6)적성검사 19
7)표준화 성취도 검사 20
8)성격검사 20

제2장

관련 통계학

1. 측정치의 성질 23
1)명명성 측정치 23
2)서열성 측정치 23
3)동간성 측정치 24
4)비율성 측정치 24
5)행동과학 측정치들의 성질 24

2. 평균 25
1)단순 빈도분포의 평균 25
2)묶음 빈도분포의 평균 25

3. 표준편차 26
1)의미 26
2)표준편차의 계산 26
3)표준편차의 성질 28

4. 표준점수 28

5. 변형 표준점수 30

6. 백분율 31

7. 구간점수(stanine score) 32

8. 표준점수와 비율 33
1)정상분포 33
2)정상분포와 비율 33
3)비율에 해당하는 점수 구하기 34
4)변형 표준점수와 비율 35

9. 단순 상관 37
1)상관의 형태 37
2)상관계수의 산출공식 38

3)상관계수의 해석 40
4)상관계수의 성질 40
5)상관관계와 인과관계 41

10. 특수 상관 41

제 3 장

검사의 양호도

1. 객관도와 실용도 45
1)객관도 45
2)실용도 47

2. 신뢰도 48
기존 신뢰도들의 종류 49
1)재검사 신뢰도 49
2)동형검사 신뢰도 51
3)반분 신뢰도 52
4)문항내적 일치도 53

3. 타당도 60
1)내용 타당도 60
2)준거 타당도 61
3)구인 타당도 62

제 4 장

대안적 신뢰도와 타당도

1. 대안적 신뢰도 65
1)검사의 신뢰도 66
2)실시과정 신뢰도 68
3)피험자 신뢰도 70
4)채점의 신뢰도 71

5)규준의 신뢰도 71
6)점수의 신뢰도 72

2. 대안적 타당도 73
1) 내용 타당도 73
2)목표 타당도 74
3)준거 타당도 75
4)구인 타당도 77

제5장

지적 능력 표준화검사

1. 표준화 검사 81
1)표준화 검사의 의미 81
2)규준의 제작 81
3)규준의 종류 83
4)좋은 규준의 조건 83

2. 지능검사 84
1)지능의 의미 84
2) Binet-Simon 지능검사 85
3) Stanford-Binet 지능검사 86
4)Wechsler 지능검사 88
5)K-ABC 92

3. 집단 지능검사 95
1)정범모 일반 지능검사(고교용) 95

4. 적성검사 100
1)Thurstone의 PMA 101
2)적성 진단검사 101
3)GATB 105
4)한국판 GATB 108

5)적성 종합검사 112
6)KMDAT-H 적성검사 115

5. 창의력 검사 118
1)Guilford의 확산적 사고력 검사 118
2)표준화 창의성 검사 120

제6장

정의적 특성 표준화 검사

1. 다면적 인성검사(MMPI) 127
1)검사의 실시와 채점 127
2)검사의 구성 128
3)해석 131

2. 간편 MMPI 성격검사 133
1)요인별 검사 문항수 133
2)채점 및 해석 134

3. 다면적 인성검사 Ⅱ 134
1)제작의 개요 134
2)검사의 구성 135
3)실시 채점 해석 143

4. PAI검사 144
1)검사의 구성과 문항수 144
2)각 요인의 의미 및 증상 145
3)실시와 채점 149
4)해석 149
5)규준 149

5. 성격 진단검사 151
1)검사의 구성 151

2)채점 및 해석 152
3)규준 153

6. 한국 우울증 검사 154

7. 인성검사 155
1) 검사요인 156
2)채점 및 해석 157
3)규준 157

8. 자아개념 검사 157
1)검사 및 점수의 구성 158
2)채점 및 해석 160

9. 흥미검사 162
1)흥미요인 162
2)검사의 조직 163
3)채점 및 해석 163

10. 표준화 직업흥미 검사 164
1)검사의 내용과 문항수 164
2)채점 및 해석 165

11.직업 흥미 검사 166
1)요인의 의미 167
2)채점 168

12. 학업 동기 검사 170

13. 진로태도 성숙도 검사 172

제 7 장

정의적 특성 비표준화 검사

1. 자기보고식 검사 175
1) 자서전법 175
2) 질문지법 176

2. 관찰법 183
1) 일화기록법 183
2) 검목표법(checklist) 184
3) 평정법 184
4) 동료 평정법 187
5) 관찰에 의한 평정의 오류 189

3. 면접법 190

4. 로올샤크 잉크반점 테스트 191
1) 실시 191
2) 채점 191
3) 해석 196

5. 주제 통각 검사 198
1) 구성 198
2) 실시 198
3) 분석 방법 199

6. 성취동기 TAT 200
1) 성취동기의 의미 200
2) 성취동기가 높은 사람의 특징 200
3) 검사 실시 201
4) 성취동기의 채점 202

7. MBTI 205

8. BGT 208
1) 실시 208

2)채점 209
3)규준 219

9. 기타의 투사법 220
1)HTP 220
2)문장완성검사(SCT) 221

제 8 장

척도법

1. 총합 평정법 223
1)진술문들의 수집 223
2)편집 224
3)검사 실시 및 답지별 비율 계산 224
4)답지 점수의 결정 224
5)문항 적합도 확인 227

2. 유사동간법 230
1)진술문(문항)의 수집 230
2)점수 부여 231
3)진술문들의 점수 산출 232
4)중앙치 순서대로 진술문 배열 234
5) 진술문 결정 234
6)적합도 확인 절차 235
7)최종 검사의 완료 236

3. 연속적 동간법 237
1)진술문 수집 및 점수부여 237
2)빈도 및 백분율 계산 237
3)누가 백분율에 해당하는 Z점수 기재 238
4)인접한 두 Z들 간의 차이 기재 238
5)진술문의 척도치 계산 239

4. 상대적 비교법 241
1)빈도행열의 작성 241
2)비율계산 242
3)Z점수 확인 242
4)척도치의 적합도 검증 243

5. Guttman의 척도 244
1)의미 244
2)제작과정 245

6. 검사의 일반적 제작과정 246
1)특성의 정의 및 하위요인의 확인 247
2)문항수의 결정 및 수집 247
3)문항 검토위원 구성과 문항 판단 248
4)문항 구인 타당도 산출 250
5) 구인 타당도의 해석 250
6)신뢰도 평가 및 수정 251
7)답지수와 표현 251
8)대표적 집단에 실시 251
9)답지별 빈도 조사와 x2치 계산 252
10)최종문항의 결정 252
11)검사시간 정하기 253
12)안내문 작성 253
13) 신뢰도와 타당도 산출 253
14)표준화 254

제 9 장
요인분석

1. 요인분석의 의미 255

2. 요인의 추출 256
1)상관행열 256

2)요인부하량과 상관계수의 관계 257
3)공통량과 고유치 258
4)요인의 추출 259
5)요인의 수 269

3. 요인의 회전(rotation) 270
1)직교회전 270
2)사교회전 282

참고문헌 296

인명색인 306

내용색인 310

× **제 1 장** ×

심리검사의 의미 종류 역사

1.심리검사의 의미

심리검사의 의미를 말하기에 앞서 심리검사와 관련되는 몇 가지 사항들을 살펴본다.

1)측정

측정이란 측정의 대상에 대하여 관심을 가지고 있는 측면이 어느 정도인지 수치를 매기는 것이다. 어떤 사람의 키가 어느 정도인지 관심이 있을 때 키를 재서 175cm라로 확인하는 것이 측정이다. 체중, 시력, 혈압, 당뇨, 근력, 속력 등의 정도를 숫자로 나타내는 것이 측정이다.

2)평가

측정된 숫자에 의미나 가치를 부여하는 것이 평가이다. 키가 185cn일 때 "크다", 140cm일 때 "낮다", 165일 때 "보통"이라로 하는 것이 평가이다. 측정은 평가에 관계없이 이루어질 수 있으나 평가는 측정이 먼저 전제되어야 한다. 측정이 없는 평가는 있을 수 없다. 평가는 상대평가와 절대평가가 있다. 상대평가는 여러 측정치들이 있을 때 측정치들 간의 비교를 통해서 상대적 위치에 따라 평가하는 것이다. 키 185cm는 항상 큰 것이 아니다. 대부분의 키 측정치들이 200보다 크다면 185는 상대적으로 낮은 것이 된다. 절대평가는 정해진 기준에 비추어 평가하는 것이다. 절대기준이 190일 때 185는 매우 큰 것이다.

심리검사는 주로 상대평가를 한다. 지능이 높다 낮다, 성적이 높다 낮다라는 평가는 거의 대부분 여러 측정치들을 비교해서 이루어진다.

3) 검사

검사는 크게 2가지의 의미를 가지고 있다. 첫째는 문항들이 실려 있는 검사지를 의미한다. 지능검사, 태도검사라고 했을 때 검사는 지능이나 태도를 측정하는 문항들이 실려 있는 검사지를 의미하고 있다. 둘째, 검사는 측정하는 행위를 의미한다. 지능검사, 태도검사에서의 검사는 지능을 측정하는 것, 태도를 측정하는 것을 의미한다.

4) 심리적 특성과 물리적 특성

측정 및 평가의 대상은 크게 심리적인 것이 있고 물리적인 것이 있다. 물리적인 것은 길이, 넓이, 무게, 부피, 속도, 밀도, 압력 등이 있고 심리적인 것들에는 지능, 지식, 적성, 성격, 흥미, 자아개념 등이 있다. 물리적 특성은 5감으로 그 존재를 알 수 있으나 심리적 특성은 5감으로 그 존재를 직접 알 수는 없고 간접 측정을 통해서 짐작할 뿐이다. 물리적 특성 중에서도 너무 적거나 물체가 아닌 힘이나 속도와 같은 현상인 경우 특별한 기구를 사용해서 존재를 알 수 있다. 심리적 특성은 대개 문자나 말 등 언어를 통해서 측정하게 된다.

5) 심리검사

심리검사란 심리적 특성에 수치를 매기는 행위이다.

심리검사는 표집을 통해 이루어진다. 지능검사는 무수히 가능한 전집 문항들 중에서 뽑힌 일부의 문항을 통해서 이루어진다. 대게 지능검사는 100여개 정도의 문항을 통해서 이루어지는데 100여개의 문항은 있을 수 있는 많은 문항들 중에서 뽑힌 극히 적은 일부에 해당한다. 따라서 지능을 잘 측정하려면 전집이 잘 대표되게 문항들이 표집되어야 한다. 지능은 언어, 수리, 공간 등 몇 가지의 요인들로 구성되어 있는데 지능을 잘 측정하려면 요인들이 모두 전집의 비율대로 표집되어야 한다.

2. 심리검사의 종류

심리검사는 내용에 따라 지적 검사와 비지적 검사로 분류될 수 있다. 지적 검사는 능력에 관한 검사이고 비지적 검사는 마음에 관한 검사이다. 지적 검사는 다시 학력검사와 지적 특성 검사로 나누어진다. 학력검사는 일정 기간 정해진 교과를 학습한 다음 그 교과를 얼마나 잘 이해했는지 확인하는 검사이다. 학교에서 실시되는 각종 교과시험이 학력검사이다. 지적 특성검사는 학교에서 정식으로 배운 것이 아닌 타고난 능력과 성장하면서 자연적으로 알게 되는 능력들을 측정하는 검사이다. 이런 지적 특성의 검사들에는 지능검사, 적성검사, 창의성검사 등이 있다. 비지적 특성 검사는 정의적 특성 검사라고도 하는데 성격검사, 흥미검사, 태도검사, 자아개념검사, 부적응검사 등 종류가 무척 다양하다.

표준화 여부에 따라 심리검사는 표준화 검사와 비표준화 검사로 나누어진다. 표준화의 가장 큰 특징은 규준에 있다. 규준이 있으면 표준화 검사이고 규준이 없으면 비표준화 검사이다. 표준화 검사는 규준이 있기 때문에 항상 원점수를 상대적 점수로 바꾸어 해석한다. 상대적 해석은 집단 내 상대적 위치로 해석하는 것인데 주로 백분율 또는 T점수로 해석한다. 비표준화 검사는 규준이 없기 때문에 기준에 의해 해석한다. 기준이란 만점 또는 가장 바람직한 상태이다. 예컨대 35점 만점에 28점, 20점 만점에 8점 등으로 해석한다.

피험자의 수에 따라 개인검사와 집단검사로 나누어진다. 개인검사는 피험자가 1인인 경우이고 집단검사는 피험자가 다수인 경우이다.

문자의 사용 여부에 따라 언어성 검사와 비언어성 검사로 나누어진다. 언어성 검사는 문자로 묻고 문자로 대답하게 되어 있는 검사이고 비언어성 검사는 문자를 읽지 못하는 피험자를 위한 검사로서 말이나 동작으로 묻고 말이나 동작으로 대답하게 하는 검사이다.

시간제한의 정도에 따라 최대능력수행검사와 대표적 행동 표현검사로 나누어진다. 전자는 정해진 시간에 피험자의 능력을 최대한 발휘하게 하는 검사이고 후자는 시간제한이 엄격하지 않고 피험자의 성격을 가장 잘 나타나도록 하는 검사이다. 전자의 검사로는 지능검사, 적성검사, 학력검사 등이 있고 후자의 검사로는 성격검사, 흥미검사, 태도검사 등이 있다.

피험자의 연령에 따라 유아용검사, 아동용검사, 청소년용검사(중학생용, 고등학생용), 성인용검사, 노인용검사가 있다.

3.심리검사의 역사

(이 부분은 Anastasi의 Psychological Teting(1976)에 있는 내용을 간추린 것이다.)

1)초창기

수천년 전부터 문명이 발달한 지역에서 검사가 사용되어 왔으나 심리검사가 본격적으로 관심을 가지고 발달되기 시작한 시기는 19세기였으며 대상은 주로 정신 이상자나 정신지체아였다. 특히 유럽과 미국에서 정신 이상자, 정신 지체자들을 확인하고 분류하려는 관심이 증대되었다. 프랑스의 의사인 Esquirol은 1838년 정신 이상과 정신 지체를 구별하였는데 정신 지체는 태어날 때부터 생긴 것이고 치료가 어렵지만 정신 이상은 성장하면서 생길 수 있고 치료가 가능하다고 보았다. 그는 정신 지체와 가장 밀접히 관련되어 있는 것이 언어라고 하였다. 정신지체아들은 언어능력이 현저하게 부족한 것이다. 이후 프랑스 의사 Seguin은 정신 지체는 치료될 수 없다는 종전의 생각에 반대하고 정신지체아를 대상으로 감각 훈련, 교육 훈련을 실시하였다. Seguin의 생각과 훈련 방식들은 이후 비언어 동작성 지능검사의 방법으로 발전되었다.

2)Galton

영국의 Galton은 인간의 유전에 관심을 가지고 사람들의 여러 특징들을 측정하였다. 그는 여러 특징들을 측정해서 부모 자녀 간, 형제 간, 쌍둥이 간 유사성을 확인하려고 하였다. 1884년 국제 전시회에서 방문객을 대상으로 3펜스를 내면 시각, 청각, 근력, 반응시간의 민감성을 측정해 주었으며 전시 후 장소를 옮겨 6년 동안 인체 측정을 계속하였다. 이렇게 해서 처음으로 인간의 개인차에 관한 대규모 자료가 수집되었다. Galton은 간단한 검사들을 직접 고안하기도 하였는데 그것들에는 길이의 시각적 변별을 위한 Galton 막대기, 가장 높은 음을 측정하기 위한 Galton 호루라기, 신체운동적 변별력을 측정하기 위한 여러 종류의 무게를 가진 추들이 있었다. 그는 감각적 변별력이 높을수록 지능이 높다고 보았다. 그리고 그는 감각적 변별력검사들이 개인의 지능측정의 수단이 될 수 있다고 보았으며 변별력을 측정하기 위해 평정척도, 질문지, 자유연상법 등을 사용하였다. Galton은 개인차에 관한 자료들을 분석하기 위해 통계적 방법들을 발전시켰으며 수학자들에 의해 고안된 여러 기법들을 사용하였다. Galton의 이러한 통계적 방법들이 후학들에 의해 사용되고 발전되었는데 그들 중 대표적인 사람이 Pearson이였다.

3)Cattell

미국 심리학자 Cattell은 심리검사의 개발에 현저한 업적을 이루었다. 그는 실험심리학을 새롭게 확립하고 심리검사를 확장시켰다. 1890년의 논문에서 처음으로 "정신검사(mental test)"라는 용어를 사용하였다. 이 논문은 지적 수준을 확인하기 위해 대학생들에게 정기적으로 실시되었던 여러가지 검사들을 기술하였다. 이 검사들에는 근력의 측정, 운동속도, 고통에의 민감성, 시각과 청력의 민감성, 무게의 변별력, 반응시간, 기억 등의 검사들이 있었다. 그는 Galton과 같이 지적 기능은 감각 변별력과 반응시간의 측정으로 확인될 수 있다고 믿었다.

4)Binet

Binet와 그 동료들은 지능의 측정 방법에 대해 다년간 집중적인 연구에 몰두하였다. 두개골의 형태, 얼굴의 형태, 손의 형태, 글씨의 분석 등 여러가지 방법들을 사용하였다. 이러한 연구들의 결과 복잡한 지적 기능들을 직접적으로 측정할 수 있다는 생각을 하게 되었다. 이 무렵 프랑스 교육부 장관이 지체아 교육방법을 연구할 위원으로 Binet를 임명하였다. 그는 이 위원회의 목적을 위해 Simon과 함께 1905년 Binet-Simon검사를 제작하였다. 이 검사는 30문항으로 구성되어 있었는데 난이도 순으로 배열되어 있었다. 이 난이도는 3세에서 11세까지의 정상적 어린이 50명과 몇몇 정신지체아 그리고 성인들에 실시하여 결정되었다. 이 검사는 Binet가 생각하기에 지능의 본질적 구성요소로 여겨지는 판단력, 이해력, 추리력을 주로 포함하고 있었다. 비록 감각과 지각 문항들이 포함되기는 하였으나 언어적 내용들이 대부분을 차지하였다. 이 검사는 예비적이고 시험적인 도구로 제안되어서 완전한 지능지수를 산출하는 객관적 방법이 완성되지 않았다. 1908년 검사는 문항들이 늘어났고, 부적절한 문항들이 제외되었다. 그리고 모든 문항들은 3세에서 13세 300명 정상 아동들의 점수에 근거해서 연령수준으로 분류되었다. 한 연령 80-90%의 아동들이 맞는 문항이 그 연령의 문항으로 하였다. 지능점수는 연령수준에 대응하는 정신수준(mental level)으로 나타냈다. 정신수준은 그 이후에 정신연령으로 대치되었다. 1911년 제 3판에서는 지능측정이 성인까지 확대되었다.

5) 집단검사

Binet 지능검사는 개인검사로 말, 손으로 응답하게 되어 있기 때문에 실시자의 전문적 자질이 요구되고 일시에 많은 피험자를 측정할 수 없는 한계가 있다. 집단검사는 실제적 필요에 의해서 개발되었다. 1917년 제 1차 세계대전 때 APA에 의해 위원회가 설치되었는데 그 위원회는 전쟁수행에 도움이 될 수 있는 방안을 연구하였다. 그 위원회는 150만명의 신병들을 일반 지능수준에 따라 신속하게 입대 여부, 복무부서를 결정해야 할 필요성이 인식되었다. 이런 상황에서 집단검사가 개발되었다. 이 때 제작된 검사가 Army α, Army β였다. Army α는 언어성 검사이고 Army β는 문맹자나 외국인용 비언어성 검사이다. 종전 후 일반인에게 공개되었다. 여러 번의 개정을 통해 일반적인 집단 지능검사로 발전되었고 일반 대중에게 급속히 사용되기 시작하였다. 재학생, 입시생, 일반 성인, 심지어 죄수들의 지능을 측정하기도 하였다. 그리하여 지능검사가 발달된 정도보다 사용되는 것이 훨씬 더 앞서 나가게 되었다. 그리하여 증명되지 않은 사실에 대해 만족스러운 설명을 할 수 없게 되었고 지능검사에 대한 회의와 적대감이 생겨나게 되었다.

6) 적성검사

지능검사가 발달되면서 지능검사는 인간의 능력을 모두 측정하는 것이 아니고 주로 언어능력, 수리력을 재고 있으며, 동일한 지능지수를 갖는다 하더라도 어떤 개인은 언어능력이 높고 수리력은 낮으며 어떤 개인은 그 반대일 수일 수 있고 어떤 개인은 모두 높을 수도 모두 낮을 수 도 있다는 사실을 인식하게 되었다. 이런 인식의 결과로 적성검사가 출현하게 되었다. 적성이란 어떤 직업에서 요구되는 능력이다. 교사에게 언어, 수리, 통솔력이 요구되고 경찰에게 공간능력, 지각능력, 수공능력이 요구된다면 언어, 수리, 통솔력이 교사의 적성이고 공간능력, 지각능력, 수공능력은 경찰의 적성이다. 지능검사는 모든 직업분야에서 요구되는 능력들을 다 포함하지 않는다. 뿐만 아니라 지능지수는 지능의 요인들을 통합해서 나타내기 때문에 요인별 점수를 알 수 없다. 이에 반해 적성검사는 지능검사가 포착하지 못한 영역의 능력을 측정할 수 있으며 요인별 점수를 분리해서 나타낼 수 있다. 이외에 진로상담, 산업체나 군대에서의 인원선발과 배치에서 실제적으로 도움을 줄 수 있는 검사의 필요성이 대두되어 적성검사가 개발되고 발전되었다. 적성검사의 개발과 발전을 촉진시킨 것이 요인분석이였다. 요인분석은 여러 검사들에 공통적으로 존재하는 요인들을 찾아내는 기법이기 때문에 적성요인들을 확인하는데 기여하였다.

7)표준화 성취도 검사

지능검사와 적성검사가 한창 개발되고 있을 때 전통적인 학교시험의 기술적 발달이 이루어졌다. 1845년 보스톤 공립학교에서, 종래 구두에 의한 평가에서 필기에 의한 평가로 전환되었다. Man은 필기시험에 있어서도 주관식 대신 객관식으로, 시험상황이 모든 학생에게 동일하게, 내용은 넓은 범위에서, 문항에서 우연적 요소를 제외하고, 검사자의 편견을 제외하는 등 시험관리의 공정을 기하도록 하였다. 20세기 초 표준화 성취검사가 나타났다. Thordike 등은 실험심리학에서 사용되었던 측정원리들을 학업성취도의 평가에서도 사용하였고 여러 학교 여러 교과의 시험을 규준을 사용하여 평가하였다. 당시에 채점자에 따라 점수가 달라지며, 시간이 많이 걸리는 등 주관식검사의 문제점들이 제기되어 객관식 검사가 강조되기 시작하였고 객관식도 단순지식의 평가가 아닌 지식의 이해와 적용의 평가를 강조하였다. 지역단위, 주단위, 국가단위 등 여러 검사 프로그램이 생겨났는데 그 중에서 대표적인 것이 CEEB(College Entrance Examination Board)였다. 이 기관은 20세기 초에 대학입시의 중복적 업무를 줄이기 위해 설립되었는데 그 이후 교육과 검사의 발전들을 반영하여 많은 변화를 보였다. CEEB는 1947년 ETS(Educationl Testing Service)로 통합되었다. ETS는 대학, 전문학교, 정부기관 등을 위해 많은 검사 프로그램을 확대하였다. 성취도검사는 교육을 위해서 뿐만 아니라 산업체나 공무원의 채용을 위해서도 사용되었다. 심리측정에 훈련된 심리학자들이 표준화 성취도 검사에 더 많이 참여하게 됨으로서 성취도검사의 기술적 측면들이 점차 지능검사나 적성검사와 비슷하게 되었다. 종래의 단순지식의 회상을 다루었던 성취도검사가 지능검사나 적성검사와 거의 비슷하게 되었다.

8)성격검사

성격검사란 지능, 적성, 학력 등 지적 검사가 아닌 비지적 영역의 검사 모두를 의미한다. 초기의 성격검사는 Kraepelin, Sommer가 제작한 자유연상검사이다. 이 검사는 자극단어를 주고 그 단어에 연상되는 단어를 말하게 하는 것으로 피로, 굶주림, 약물중독의 효과나 정신질환을 찾는데 사용되었다. 성격검사의 전형적인 모습은 1차 대전시 Woodworth에 의해 제작된, 자기보고식으로 된 개인자료지(personal data sheet)이다. 이 검사는 군대생활이 어려운 신경질 환자를 추려내기 위한 장치로 고안되었다. 이 검사는 신경질 환자들의 공통된 징후들을 다루는 질문들로 구성되어 있다. 종전 이전에는 이 검사가 일상에서 사용하기에는 완전하지 않았다. 종전 후 일반인 사용 검사지가 어린용으로 제작되었다. 그리고 이 검사지는 이후의 정서적 적응검사들의 모델이 되었다. 이 검사지가 모델이 되어 가정적응검사, 학교적응검사, 직업적응검사, 지배복종검사, 흥미검사, 태도검사가 나오게 되었다. 성격검사의 또 다른 방법은 수행검사 또는 상황검사이다. 이 검사들은 검사의 이도가 드러나지 않게 되어 있는 상황에서 피험자들이 어떤 행동을 하게 해서 성격을 파악하는 것이다. 이 검사들은 실제 상황과 거의 같은 상황을 만들어 행동하게 한다. 이 검사는 실시가 표준화되어 있는데 아동들의 속이기, 거짓말하기, 도둑질하기, 협동하기, 인내하기 등을 측정한다. 투사법 역시 성격검사의 일환으로 개발되었다. 비구조화된 장면을 제시하여 자유로운 응답을 하도록 한다. 이 검사는 비구조화된 자극에 피험자는 자신의 속내를 무의식적으로 드러낸다는 생각을 가지고 있다. 상황검사와 같이 검사의 의도가 드러나지 않게 해서 피험자가 의도적으로 좋은 반응을 하지 않도록 한다.

× **제2장** ×

관련 통계학

심리검사와 관련되는 기본 통계학들에는 측정치의 성질, 평균, 표준편차, 표준점수, 백분율, 표준점수와 비율, 구간점수, 상관계수 등이 있다.

1.측정치의 성질

측정치는 그 성질에 따라 명명성 측정치, 서열성 측정치, 동간성 측정치, 비율성 측정치가 있다.

1)명명성 측정치

이 측정치는 이름의 역할을 한다. 주민등록 번호, 차량 번호, 학생 번호, 운동선수 등번호, 지역 번호 등은 특정한 사람이나 자동차 지역을 나타낸다. 이들 측정치들은 크기나 순서를 나타내 주지 못한다. 따라서 명명성 측정치들 간에는 가감승제할 수 없다. 차량번호 2134번과 5324을 더하고 빼고 나누고 곱할 수 없다.

2)서열성 측정치

이 측정치는 측정대상의 크기나 순서를 나타낸다. 키순에 의한 학생번호, 제품의 품질을 나타내는 등급, 성적에 의한 등수, 경기에서의 등수 등이 서열성 측정치이다. 이 측정치는 대상의 상대적 크기만을 나타낼 뿐 어느 정도 크고 적은지를 나타지 못한다. 서열성 측정치들 간에 가감승제할 수 없다.

3)동간성 측정치

이 측정치는 눈금 사이의 간격이 동일하고 임의 영점을 가진 잣대에 의해 측정된 수치를 말한다. 온도, 연대, 산의 높이가 대표적 예이다. 온도는 눈금 사이의 간격이 동일하고 온도의 0도는 물이 어는 기온을 나타내는 임의 영점이다. 산의 높이 0m는 산의 높이가 하나도 없는 것이 아니라 해면의 위치를 나타낸 것이다. 속성이 하나도 없는 상태를 절대영점이라고 한다. 온도의 절대영점은 -273도이며 산높이의 절대영점은 지구의 중심부이다. 동간성 측정치들 간의 가감승제는 동간성 측정치를 절대영점으로부터의 측정치로 바꾼 다음 이루어져야 한다. 예컨대 온도 -100도와 -200도를 더하면 -300도가 아니다. -100도는 -273도에서 173도 위에 있는 것이고 -200도는 -273도에서 73도 위에 있는 것이다. 그러므로 -100도 더하기 -200도는 -300도가 아니라 173도+73도=246도이다. 100도에서 50도를 빼려면 (273+100)-(273+50)=50가 되어야 한다. 400도 나누기 200도는 2가 아니다. (273+400)/(273+200)=1.42이다. 150도 곱하기 5는 750도가 아니다. (273+150)×5=2115이여야 한다. 절대영점과 상관이 없는 눈금의 개수들 간의 가감승제는 일반적인 가감승제와 같다. 눈금 10개 더하기 20개는 30개이며, 눈금 50개에서 30개를 빼면 20개이다. 눈금 60개를 2로 나누면 30개이고 눈금 15개에 3을 곱하면 눈금 60개이다.

4)비율성 측정치

이는 눈금 사이의 간격이 동일하고 잣대의 영점과 절대영점이 일치하는 잣대에 의한 측정치이다. 길이, 무게, 넓이, 부피, 밀도 등을 나타내는 측정치들이 모두 비율성 측정치이다. 이 측정치는 절대영점에서 시작하기 때문에 가감승제가 측정치의 변경 없이 가능하다. 100m는 50m의 2배이며, 30m×5=150m고, 200m+300m=500m이다.

5)행동과학 측정치들의 성질

길이, 무게, 넓이 등 물리적 대상에 관한 측정치들은 비율성을 갖기 때문에 가감승제가 가능하다. 심리학, 경제학, 교육학 등 행동과학에서 사용하는 측정치들은 엄격히 말하면 서열성 측정치들이다. 따라서 행동과학에서 사용하는 지능, 성적, 흥미, 태도 등의 측정치들은 원칙적으로 가감승제할 수 없다. 지능 110은 90보다 높다고 할수 있으나 엄격히 20만큼 높다고 할 수 없다. 성적 95점과 85점의 간격은 성적 60점과 50점의 간격과 동일하다고 볼 수 없다. 그러나 지능, 적성 등 측정치들이 엄격하게 동간성과 비율성을 갖지 않는다 하더라도 어느 정도 동간성과 비율성을 갖는다고 본다. 그래서 어느 정도의 가감승제는 가능하다고 본다. 실제로 적성, 흥미, 지능의 측정치를 가지고 가감승제 모두 하고 있다. 행동과학 측정치들은 자연과학 측정치들만큼의 동간성과 비율성을 가진 것이 아니므로 행동과학 측정치를 가지고 가감승제하는 것은 자연과학의 그것처럼 엄밀하지 않다는 점을 유의해야 한다.

2.평균

평균은 모든 사례의 점수들을 합하고 이 합을 총 사례수로 나눈 것이다. 기호로 나타내면 다음과 같다.

1)단순 빈도분포의 평균

$\bar{X}$ (or M)=$\frac{\Sigma X}{N}$

X - 각 사례의 점수
N - 사례수
ΣX - 각 사례 점수들의 합

사례	X
A	12
B	18
C	8
D	16
E	7
N=5	ΣX=61

$$\bar{X} = \frac{\Sigma X}{N} = \frac{61}{5} = 12.2$$

2)묶음 빈도분포의 평균

공식 $\bar{X} = \frac{\Sigma fX}{\Sigma f} = \frac{\Sigma fX}{N}$ f=급간의 빈도, X=급간의 중간점

급간	f	X	fX
15-17	3	16	48
12-14	4	13	52
9-11	5	10	50
6-8	2	7	14
3-5	1	4	4
	Σf=15		ΣfX=168

$\bar{X}$ =168/15=11.2

3.표준편차

1)의미

표준편차란 점수들 간의 차이의 정도(유사한 정도 또는 다른 정도)를 말한다. 점수들 간의 차이가 클수록 표준편차는 크며 점수들 간의 차이가 적을수록 표준편차는 적고 점수들이 모두 같으면 표준편차는 0이 된다.

점수들의 차이와 표준편차

경우	점수	표준편차
A	10, 2, 4, 15, 25	8.26
B	12, 8, 11, 13, 14	2.06
C	9, 9, 9, 9	0

표에서 보는 바와 같이 A의 경우 여러 점수들 간의 차이가 커서 표준편차는 8.28로서 크고, B의 경우는 여러 점수들 간의 차이가 적어서 표준편차는 2.06으로 적다. C의 경우는 모든 점수가 같기 때문에 표준편차는 0이다. 이와 같이 표준편차는 여러 점수들 간의 차이의 크기를 나타낸다.

2)표준편차의 계산

표준편차의 산출 공식은 편차점수 공식(또는 정의 공식)과 원점수 공식(또는 계산 공식)이 있다. 동일한 자료를 어느 것으로 계산해도 결과는 같다. 실제로는 편차점수 공식보다 원점수 공식이 많이 사용된다.

(1)편차전수 공식

$$S = \sqrt{\frac{\Sigma(X-\overline{X})^2}{N}} = \sqrt{\frac{\Sigma x^2}{N}}$$

$x = X - \bar{X}$, "x"를 편차점수라고 한다.
N=사례수

예)

사례	X	x	x^2
A	15	7	49
B	8	0	0

$$S = \sqrt{\frac{94}{5}} = \sqrt{18.8} = 4.34$$

C	4	-4	16
D	10	2	4
E	3	-5	25
N=5	ΣX =40		Σx^2 =94

$\bar{X}$ =40/5=8

(2)원점수 공식

$$S = \sqrt{\frac{N\Sigma X^2 - (\Sigma X)^2}{N^2}}$$

"ΣX"를 합, "ΣX^2"를 자승합이라고 한다.

예)

사례	X	X^2
A	15	225
B	8	64
C	4	16
D	10	100
E	3	9
N=5	ΣX =40	ΣX^2 =414

$$S = \sqrt{\frac{5 \times 414 - 40^2}{5^2}} = 4.34$$

(3)묶음 빈도분포의 표준편차

공식 $S = \sqrt{\frac{N\Sigma fX^2 - (\Sigma fX)^2}{N^2}}$

예)

급간	f	X(중간점)	fX	fX^2
15-17	3	16	48	768
12-14	4	13	52	676
9-11	5	10	50	500
6-8	2	7	14	98
3-5	1	4	4	16
	$N=\Sigma f=15$		$\Sigma fX=168$	$\Sigma fX^2=2058$

$$S = \sqrt{\frac{15 \times 2058 - 168^2}{15^2}} = \sqrt{\frac{30870 - 28224}{225}} = \sqrt{11.76} = 3.43$$

3)표준편차의 성질

(1)모든 사례의 점수에 일정한 수를 더하거나 빼도 표준편차는 변하지 않는다.

예)

25 28 30 33 22 26 27 29의 8개 수들의 표준편차는 3.12이다.

모든 수에 10을 더하면

35 38 40 43 32 36 37 39가 되는데 이들의 표준편차도 3.12이다.

모든 수에서 10을 빼면

15 18 20 23 12 16 17 19가 되누데 이들의 표준편차도 3.12이다.

이러한 성질을 이용하면 자리수가 큰 숫자들의 표준편차를 계산할 때 일정한 수를 뺌으로서 자리수를 줄여서 간간하게 계산할 수 있다.

예컨대 5명의 키가 176 173 170 179 175일 때 이들의 표준편차를 계산할 때 모든 수에서 170을 빼면 6 3 0 9 5이 되는데 이들을 가지고 표준편차를 계산하면 된다.

(2)모든 사례의 점수에 일정한 수 C를 곱하거나 나누면 원래의 표준편차에 C를 곱하거 C로 나눈 것이 된다.

예)

28 16 20 35 18 25 30 12의 표준편차는 7.30이다.

모든 수에 10을 곱하면

280 160 200 350 180 250 300 120이 되는데 이것들의 표준편차는 7.30×10=73.0이다.

모든 수를 10으로 나누면

2.8 1.6 2.0 3.5 1.8 2.5 3.0 1.2 이것들의 표준편차는 7.30÷10=0.73

이러한 성질을 이용하면 자리수가 큰 숫자들의 표준편차를 계산할 때 일정한 수로 나누어 자리수를 줄여서 간단하게 계산할 수 있다.

예컨데 5마리의 소의 무게가 400 300 600 700 200일 때 이들의 표준편차를 계산할 때 모든 수를 100으로 나누면 4 3 6 7 2가 되는데 이들을 가지고 계산하고 계산된 것에 100을 곱해 주면 된다.

4.표준점수

표준점수(Z)란 개인의 점수(X)가 평균($\bar{X}$)으로부터 이탈되어 있는 정도(X-$\bar{X}$)를 표준편차(S)의 배수로 나타낸 것이다.

$$Z = \frac{X - \bar{X}}{S} = \frac{x}{S}$$

표준점수는 개인의 점수 X의 위치를 상대적으로 나타낸 것이다. 표준점수는 평균과 비교해서 평균보다 큰지 적은지 어느 정도 크고 적은지를 쉽게 알 수 있게 해준다.

사례	X	X^2	x	Z
가	15	225	6	1.05
나	8	64	-1	-0.18
다	4	16	-5	-0.88
라	7	49	-2	-0.35
마	18	324	9	1.58
바	2	4	-7	-1.23
N=6	ΣX=54	ΣX^2=682		

$\bar{X}=54/6=9$

$$S=\sqrt{\frac{6\times 682-54^2}{6^2}}=5.71$$

Z점수들의 평균은 "0"이고 표준편차는 "1"이다. 위의 경우 1.05, -0.18, -0.88, -0.35, 1.58, -1.23의 평균은 0이고 표준편차는 1이다. Z가 양수이면 평균보다 높다는 것을, 음수이면 평균보다 적다는 것을, 0이면 평균임을 의미한다. 0에서 멀어질수록 평균에서 이탈된 정도가 크다는 것을 의미한다.

표준점수는 서로 다른 점수체제에 있는 점수들 중 상대적으로 어느 것이 더 높고 낮은지를 알 수 있게 해준다. 예컨대 국어 62, 과학 56, 사회 76이라고 했을 때 원점수 자체로만 본다면 사회가 가장 높고 과학이 가장 낮다. 그러나 점수 자체의 비교가 아니라 각 점수의 상대적 크기를 비교하려면 각 점수를 표준점수로 바꾸어 비교하면 된다.

만약 국어의 평균이 58 표준편차가 12, 과학의 평균이 50 표준편차 10, 사회의 평균이 78 표준편차가 15라면

국어의 $Z=\frac{62-58}{12}=0.33$

과학의 $Z=\frac{56-50}{10}=0.66$

사회의 $Z=\frac{76-78}{15}=-0.13$

그러므로 상대적으로 과학이 가장 높고 사회가 가장 낮다.

5.변형 표준점수

표주점수 Z는 음수의 값을 갖는다는 점, 소수의 값을 갖는다는 점 때문에 불편하다. 이런 불편을 해소하기 위해서 Z에 10을 곱하고 이에 50을 더해서 Z와 다른 점수체제로 바꿀 수 있다. 이런 점수 체제를 T점수라고 한다. Z에 10을 곱함으로서 소수를 어느 정도 없앨 수 있으며 50을 더해줌으로서 음수를 없앨 수 있다.

$$T=10Z+50=10(\frac{X-\bar{X}}{S})+50$$

사례	X	x	Z	T
가	15	6	1.05	60.5
나	8	-1	-0.18	48.2
다	4	-5	-0.88	41.2
라	7	-2	-0.35	46.5
마	18	9	1.58	65.8
바	2	-7	-1.23	37.7

이 T점수의 평균은 50이고 표준편차는 10이다. T점수에 있을 수 있는 소수를 더 없애기 위해 T에 다시 10을 곱해 주기도 하는데 이를 K점수라고 한다.

$$K=10T=10(10Z+50)=100Z+500\ 100(\frac{X-\bar{X}}{S})+500$$

이 K점수의 평균은 500, 표준편차는 100이다.

여기서 알 수 있는 것은 Z의 앞에 곱해지는 수가 변형 표준점수의 표준편차가 되고 Z의 뒤에 더해지는 수가 변형 표준점수의 평균이 된다는 것이다. 따라서 원하는 변형 표준점수를 얼마든지 만들어 낼 수 있다. 원하는 표준편차를 Z에 곱해주고 원하는 평균을 Z의 뒤에 더해주면 원하는 변형 표준점수가 된다.

원하는 변형 표준점수=원하는 표준편차×Z + 원하는 평균

$$T=10Z+50=10(\frac{X-\bar{X}}{S})+50$$

$$K=100Z+500=100(\frac{X-\bar{X}}{S})+500$$

$$IQ=16Z+100$$

A=5Z+30

B=20Z+80

C=0.5Z+3

:　:　:

여러 표준점수들 간의 관계를 예시하면 다음과 같다.

사례	X	X^2	x	Z	T	IQ	A
가	12	144	4	0.91	59.1	114.56	24.55
나	4	16	-4	-0.91	40.9	85.44	15.45
다	16	256	8	1.82	68.2	129.12	29.1
라	2	4	-6	-1.36	36.4	78.24	13.2
마	7	49	-1	-0.23	47.7	96.32	18.85
바	5	25	-3	-0.68	43.2	89.12	16.6
사	10	100	2	0.45	54.5	107.2	22.25
N=7	$\Sigma X=56$	$\Sigma X^2=584$					

$\bar{X}=56/7=8$

$$S=\sqrt{\frac{7\times 584-56^2}{7^2}}=4.41$$

T점수 59.1 40.9 68.2 36.4 47.7 43.2 54.5의 평균은 50이고 표준편차는 10이다.

T점수가 50보다 크면 평균보다 크다는 의미이며 50보다 적으면 평균보다 적다는 것을, 50이면 딱 평균임을 의미한다. 50에서 멀어질수록 평균에서의 이탈정도가 크다는 것을 의미한다.

A점수 24.55 15.45 29.1 13.2 18.85 16.6 22.25의 평균은 30이고 표준편차는 5이다.

6.백분율

백분율은 백분율을 알고자 하는 점수까지의 사례수가 전체 사례수에서 차지하는 비율을 의미한다. 빈도분포에서 백분율을 구하려면 각 점수까지의 누가빈도(cf)를 구하고 이를 전체 사례수(N)로 나누고 이에 100을 곱한다.

급간Σ	f	cf	P(백분율)
20-22	2	27	100
17-19	4	25	92.59
14-16	5	21	77.78
11-13	7	16	59.26
8-10	5	9	33.33
5-7	3	4	14.81
2-4	1	1	3.70

19점까지의 백분율 = $\frac{25}{27} \times 100 = 92.59$

7.구간점수(stanine score)

이는 100%를 9구간으로 나누고 낮은 비율부터 1, 2, 3.........8, 9를 부여한 것이다.

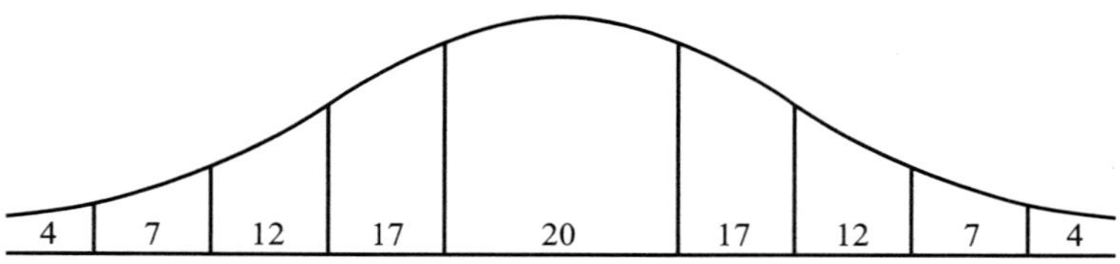

그림 1

4	7	12	17	20	17	12	7	4	%
1	2	3	4	5	6	7	8	9	

0-4% : 1
5-11% : 2
12-23% : 3
23-40% : 4
41-60% : 5
61-77% : 6
78-89% : 7
90-96% : 9
97-100% : 9

백분율이 소수까지 있는 경우 반올림한다. 예컨대 60.4는 60으로 60.5는 61로 한다.

8.표준점수와 비율

1)정상분포

성인 남자의 체중 평균이 만약 63kg이라면 체중이 63kg인 사람들의 수가 가장 많고 64, 65 등 평균보다 커질수록 그에 해당하는 사람의 수는 적어지게 된다. 또한 62, 61 등 평균보다 적어질수록 사람들의 수가 적어지게 된다. 그리고 64와 62에 해당하는 사람의 수가 비슷하고 65와 61에 해당하는 삼의 수 역시 비슷하다. 이를 그래프로 나타내면 다음과 같다.

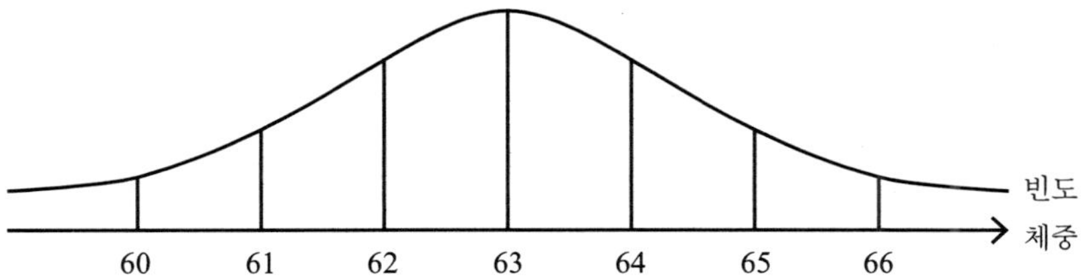

그림 2

이와 같이 평균을 중심으로 좌우 대칭 곡선적 분포를 정산분포라고 한다. 체중 뿐만 아니라 키, 성적, 지능, 수능 등 대부분의 측정치들은 정상분포를 이룬다.

2)정상분포와 비율

체중의 평균이 63이고 표준편차가 14라고 했을 때 어떤 사람의 평균이 66인 경우 66 이상은 전체의 몇 %가 되는가? 58 이하는 몇 %가 되는가? 이런 비율을 알려면 체중(X)를 표준점수(Z)로 바꾸고 Z수표를 보면 된다.

$$Z=\frac{X-\bar{X}}{S}=\frac{x}{S}$$

66 이상의 비율을 알고자 할 때

$$Z(X=66)=\frac{66-63}{14}=0.21$$

Z수표를 보면 Z가 0.21보다 클 비율은 0.4168(41.68%)
이를 그림과 수식으로 나타내면 다음과 같다.

그림 3

$$P(X \geq 166) = P(Z \geq \frac{66-63}{14}) = P(Z \geq 0.21) = 0.4168(41.68\%).$$

58 이하의 비율은?

$$P(X \leq 58) = P(Z \leq \frac{58-63}{14}) = P(Z \leq -0.36) = P(Z \geq 0.36) = 0.3594(35.94\%)$$

그림 4

Z수표는 분포의 오른쪽만 나와 있다. Z분포는 정상분포이고 정상분포는 좌우 대칭이기 때문에 -0.36 이하의 비율은 0.36 이상의 비율과 같다.

3)비율에 해당하는 점수 구하기

어느 점수(X) 또는 표준점수(Z)를 기준으로 우측의 비율을 상위비율 좌측의 비율을 하위비율이라고 한다.

그림 5

상위 또는 하위 P%에 해당하는 점수를 구하고자 할 때 다음의 식을 사용한다.

$$Z = \frac{X - \bar{X}}{S}$$

이 때 Z는 P%에 해당하는 것으로서 Z수표를 보면 알 수 있다. 예컨대 $\bar{X}$ =100, S=16인 지능의 분포에서 상위 1%에 위치한 사람의 점수를 알고자 할 때 상위 1%에 해당하는 Z점수를 수표에서 확인한다. Z수표를 보면 상위 1%에 해당하는 Z=2.33이다.

$$2.33 = \frac{X - 100}{16}$$ 에서

X=2.33×16+100=37.28+100=137.28

하위 5%에 위치한 사람의 지능은?
하위 5%에 해당하는 Z=-1.65이므로

$$-1.65 = \frac{X - 100}{16}$$,에서

X=-1.65×16+100=-26.4+100=73.6

4)변형 표준점수와 비율

어떤 변형 표준점수 이상 또는 이하의 비율을 구하고자 할 때는 변형 표준점수를 Z점수로 바꾸고 Z수표에서 확인한다. T점수의 평균은 50이고 표준편차는 10이므로 T점수는 다음과 같은 방식으로 Z점수로 전환된다.

$$Z = \frac{T - 50}{10}$$

예컨대 T점수 65 이상일 비율은?

$$Z(T=65) = \frac{65 - 50}{10} = 1.5$$

$P(T \geq 65) = P(Z \geq 1.5) = 0.0668(6.88\%)$

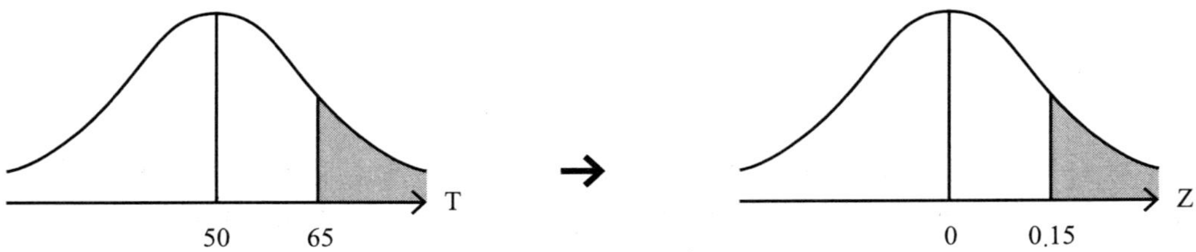

그림 6

평균이 30, 표준편차가 5인 예컨대 B라는 점수가 있을 때 B점수가 17 이하일 비율은?

$$Z=\frac{17-30}{5}=-2.6$$

$P(B \leq 17)=P(Z \leq -2.6)=P(Z \geq 2.6)=0.0047(0.47\%)$

그림 7

여러 점수들 간의 관계

사례	X	Z	T	IQ	P(백분율)	S(구간점수)
A	35	-1.51	34.9	75.84	6.55	2
B	60	0.93	59.3	114.88	82.38	7
C	44	-0.63	43.7	89.92	26.43	4
D	52	0.15	51.5	102.4	55.96	5
E	68	1.70	67	127.2	95.54	8
F	39	-1.12	38.8	82.08	13.14	3
G	56	0.53	55.3	108.48	70.19	6
H	50	-0.05	49.5	99.2	48.1	5

$\bar{X}=50.5$ S=10.27

P(백분율): 정상분포에서 좌측 극단에서 Z점수까지의 비율에 100을 곱한 것이다. A의 백분율이 6.55인 것은 좌측 극단에서 -1.51 사이의 비율이 Z수표를 보면 0.0655이다. 여기에 100을 곱한 것이다. 좌측 극단에서 -1.51 사이의 비율은 1.51에서 우측 극단까지의 비율과 같다.

B의 백분율이 82.38인 것은 좌측 극단에서 0까지의 비율 0.5에다가 0에서 0.93까지의비율 0.3238을 더하면 0.8238이 되는데 여기에 100을 곱한 것이다.

9.단순 상관

단순 상관이란 두 변인이 모두 연속적 변인일 때의 상관을 말한다. 지능과 성적의 경우 지능이나 성적 모두 연속변인이다. 연속변인이란 점수와 점수가 양적으로 연이어져 있는 있는 변인을 말한다. 연속변인의 반대 개념을 비연속변인이라고 하는데 남녀, 지역, 직업 등이 비연속변인이다. 남과 여는 그 사이 어떤 값도 가질 수 없다. 단순 상관의 정도를 숫자로 나타낸 것을 Pearson의 적률상관계수라고 하고 r로 표시한다.

1)상관의 형태

상관이란 두 변인이 관련되어 있는 상태를 의미한다. 상관의 형태에는 정적 상관, 부적 상관, 무상관이 있다.

(1)정적 상관

이는 한 변인이 증가하면 다른 변인도 증가하는 관계이다. 지능이 높으면 성적도 높은 경향이 있으며, 반대로 지능이 낮으면 성적도 낮은 경향이 있다.

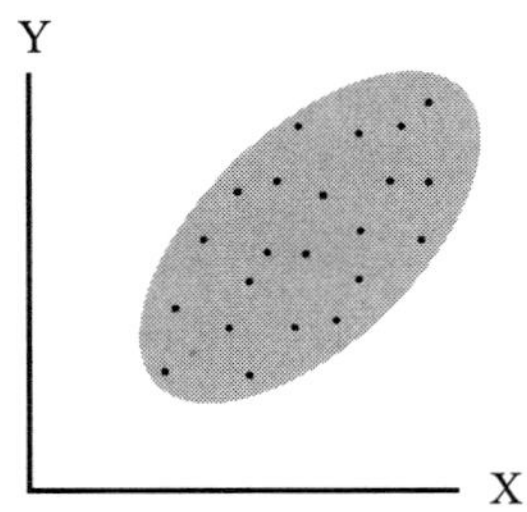

그림 8

지능과 성적 이외에 식사량과 체중, 공부시간과 성적, 운동량과 건강, 키와 체중 등도 정적 상관의 예가 된다.

(2)부적 상관

이는 한 변인이 증가하면 다른 변인은 감소하는 관계이다. 현대인들이 운동을 많이 하는 것은 체중을 줄여서 혈압이나 당을 낮추려고 하기 때문이다. 운동과 체중, 운동과 당은 부적 상관이다.

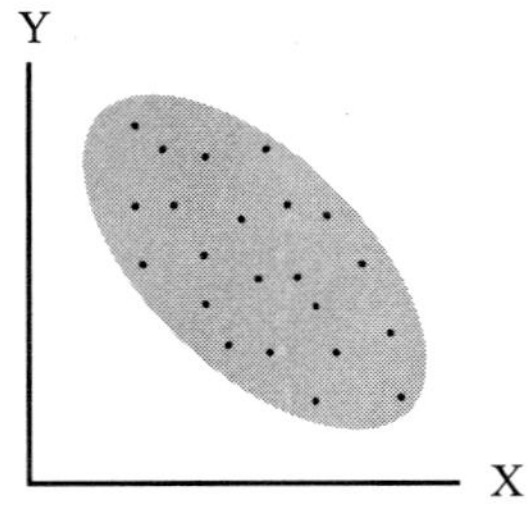

그림 9

TV 시청시간과 성적, 음주와 간의 건강, 욕심과 호감도 등도 부적 상관의 예이다.

(3)무상관

한 변인의 증감과 다른 변인의 증감이 서로 관련되어 있지 않은 경우이다. 키와 성적, 눈의 크기와 시력, 발의 길이와 속력은 서로 관련이 없다.

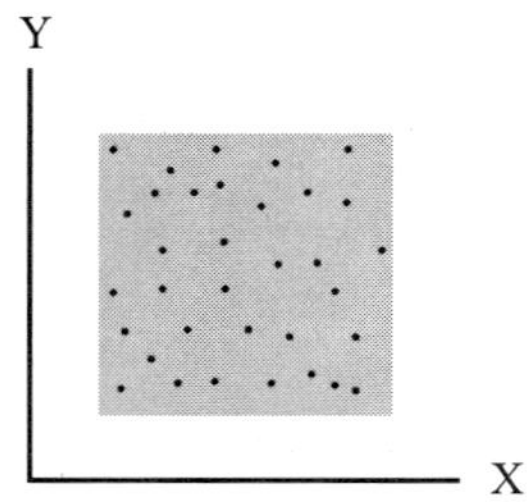

그림 10

2)상관계수의 산출공식

공식에는 편차점수 공식과 원점수 공식이 있다. 동일한 자료를 가지고 어느 공식을 사용하더라도 동일한 상관계수가 산출된다.

(1)편차점수 공식

$$rxy=\frac{\Sigma xy}{NS_xS_y}$$

x=X- $\bar{X}$

y=Y- $\bar{Y}$

Sx=X변인의 표준편차

Sy=Y변인의 표준편차

N=총사례수

여기서 "$\frac{\Sigma xy}{N}$"를 공변량(또는 공분산, covariance)라고 한다. 그러므로 상관계수는 공변량을 두 변인의 표준편차로 나누어 준 것이다.

계산예)

사례	X(지능)	Y(성적)	x	y	x^2	y^2	xy
가	10	12	2	4	4	16	8
나	12	10	4	2	16	4	8
다	8	8	0	0	0	0	0
라	6	4	-2	-4	4	16	8
마	4	6	-4	-2	16	4	8
N=5	ΣX=40	ΣY=40			Σx^2=40	Σy^2=40	Σxy=32

$\bar{X}$ =40/5=8 $\bar{Y}$ =40/5=8

$$S_x = \sqrt{\frac{\Sigma x^2}{N}} = \sqrt{\frac{40}{5}} = \sqrt{8} \qquad S_y = \sqrt{\frac{\Sigma y^2}{N}} = \sqrt{\frac{40}{5}} = \sqrt{8}$$

$$r_{xy} = \frac{\Sigma xy}{NS_xS_y} = \frac{32}{5 \times \sqrt{8}\sqrt{8}} = \frac{32}{40} = 0.8$$

(2)원점수 공식

$$r_{xy} = \frac{N\Sigma XY - \Sigma X \Sigma Y}{\sqrt{N\Sigma X^2 - (\Sigma X)^2}\sqrt{N\Sigma Y^2 - (\Sigma Y)^2}}$$

계산예)

사례	X(지능)	Y(성적)	X²	Y²	XY
가	10	12	100	144	120
나	12	10	144	100	120
다	8	8	64	64	64
라	6	4	36	16	24
마	4	6	16	36	24
N=5	ΣX=40	ΣY=40	ΣX^2=360	ΣY^2=360	ΣXY=352

$$r_{xy} = \frac{5 \times 352 - 40 \times 40}{\sqrt{5 \times 360 - 40^2}\sqrt{5 \times 360 - 40^2}} = \frac{1760 - 1600}{\sqrt{200}\sqrt{200}} = \frac{160}{200} = 0.8$$

3)상관계수의 해석

r은 공식상 $-1 \le r \le +1$의 범위를 갖는다. 부호에 상관 없이 절대값의 크기로 해석한다. 절대값이 1에 가까울수록 높고 0에 가까울수록 낮다고 해석한다.

절대값	해석
0.80-1.0	매우 높다
0.60-0.79	높다
0.40-0.59	어느정도 있다
0.20 -0.39	낮다
0.00- 0.19	거의 없다

4)상관계수의 성질

(1)원래의 점수 X, Y에 일정한 수를 가감승제 해도 r은 변함이 없다.

X	Y	X+5	Y-2	X×3	Y/4	X+1	Y×2	X/2	Y-1
2	3	7	1	6	0.75	3	6	1	2
4	2	9	0	12	0.5	5	4	2	1
3	4	8	2	9	1	4	8	1.5	3
4	3	9	1	12	0.75	5	6	2	2
r=-0.43		r=-0.43		r=-0.43		r=-0.43		r=-0.43	

(2)r의 크기는 집단의 성질에 따라 달라진다. 집단이 이질적일수록 r은 커지고 집단이 동질적일수록 r은 적어진다. 예컨대 지능 70에서 140까지의 60만명의 수능과 지능의 상관계수가 0.7이라면 지능이 100 이상인 집단만 가지고 상관계수를 산출하면 상관계수는 0.7보다 적어진다. 지능이 100보다 높은 학생들과 100보다 낮은 학생들이 합쳐진 집단은 100보다 높은 학생들만의 집단보다 이질적이다.

(3)r은 극단점수(outlier)에 크게 영향을 받는다. 예컨대 대부분의 사람들의 국어 성적이 40에서 70인데 어느 한 두 학생의 국어 성적이 95점 이상인 경우, 대부분의 학생들만의 성적으로 지능과 상관을 구하면 0.65이지만 한 두 학생의 95점 이상의 성적을 포함시키면 상관계수가 0.85정도로 높아진다. 극단점수를 제외하고 상관을 구하는 것이 합리적이라고 할 수 있다.

(4)r의 크기는 표집의 수에 따라 안정성이 달라진다.
키와 체중의 상관계수가 0.85라고 했을 때 N=100이면 어떤 100명이여도 0.85로 거의 변함이 없지만 N=10명인 경우 어떤 10명이냐에 따라 r은 크게 달라진다.

5)상관관계와 인과관계

두 변인이 상관이 있을 때 대부분 두 변인은 인과관계가 있는 것으로 해석하는 경향이 있는데 상관이 있다고 항상 인과관계가 있는 것은 아니다. 상관이 있을 때 인과관계일 수도 있고 아닐 수도 있다. 상관이 있으면서 인과관계가 아닌 관계를 공변관계라고 한다. 인과관계의 예들에는 운동량과 체중, 공부시간과 성적, 일조량과 작물성장, 기온과 식물성장 등이 있다. 공변관계들에는 동일능력 공변관계, 자연적 공변관계, 중개적 공변관계, 우연적 공변관계가 있다. 동일능력 공변관계란 두 변인이 측정하고 있는 능력이 같거나 유사한 것을 말한다. 지능과 성적의 경우 상관이 높은데 이것은 지능검사가 재고 있는 능력과 학력검사가 재고 있는 능력이 같거나 비슷하기 때문이다. 지능이 높아서 성적이 높은 것이 아니고 두 검사가 재고 있는 능력이 같기 때문에 상관이 높은 것이다. 자연적 공변관계란 오른쪽 팔의 길이와 왼쪽의 팔의 길이 처럼 자연히 같도록 되어 있는 관계이다. 오른쪽의 길이가 길기 때문에 왼쪽 길이가 긴 것이 아니다. 중개적 공변관계란 제 3의 변인에 의해 상관이 있게 되는 관계이다. 혈압과 당은 상관이 있는데 이는 제 3의 변인인 운동이나 음식에 의해 두 변인이 동시에 영향을 받아 이루어진 관계이다. 우연적 공변관계란 편파적 표집에 의해 생겨나는 상관으로, 원래는 상관이 없는데 표집이 잘못되어 생긴 관계이다. 키와 성적은 상관이 없는데 우연히 또는 의도적으로 키가 크고 성적이 높고, 키가 적고 성적이 낮은 학생 표집되었을 때 두 변인은 상관이 있는 것으로 나타난다.

10.특수 상관

특수 상관이란 두 변인이 모두 연속변인이 아닌 경우의 상관이다.

(1)양분 상관(r_b)

두 변인 모두 연속성을 가지고 있는데 그 중 한 변인이 어느 점수에 의해 양분되고 나머지 변인은 연속성을 유지한 상태에서의 상관계수를 양분 상관계수라고 한다. 예컨대, 지능과 성적의 상관을 알아 보고자 하는 경우 원칙적으로 Pearson의 적률상관계수를 구해야 하나 어느 한 쪽이 상하, 합격불합격 등으로 이분되어 있을 때의 상관계수이다.(공식과 계산예는 통계서적 참고)

(2)양류 상관(r_{pb})

한 변인은 연속적 변인, 다른 한 변인은 두 유목으로 나누어진 비연속적 변인인 경우의 상관을 양류 상관이라고 한다. 성별과 지능의 상관, 지역과 성적의 상관, 교수법과 성적의 상관 등이 이에 해당한다.(통계서적 참고)

(3)4분 상관(r_{bt})

두 변인 모두 연속변인인데 두 변인 모두 어느 점수에서 양분된 경우의 상관이다. 지능과 성적의 상관의 경우 지능이 상하로, 성적이 상하로 나뉜 상태에서의 상관이 이에 해당한다.(통계서적 참고)

(4)4류 상관(r_p)

이는 두 변인 모두 비연속적 변인이고 두 변인 모두 두 유목으로 나누어진 상태의 상관이다. 지역과 성별, 지역과 직업 등이 이에 해당한다.

공식 $r_p = \dfrac{BC - AD}{\sqrt{(A+B)(C+D)(A+C)(B+D)}}$

		지역		
		도시	농촌	
		A	B	
태도	찬성	12	30	42
	반대	40	16	56
		C	D	
		52	46	98

$$r_p = \frac{30 \times 40 - 12 \times 16}{\sqrt{(42 \times 56 \times 52 \times 46}} = 0.42$$

(5)등위 상관계수(r_s)

등위 상관계수란 두 변인 모두 등위로 나타내어졌을 때의 상관계수이다. 중복 등위가 있을 때는 평균 등위를 부여한다.

공식 $$r_s = 1 - \frac{6\sum D_i^2}{N^3 - N}$$

$D_i = X_i - Y_i$

N = 사례수

$X_i Y_i$ = i번째 사례수의 등위

	X	Y	D	D
A	1	2	-1	1
B	4	3	1	1
C	2	1	1	1
D	7	6	1	1

E	5	7	-2	4
F	3	5	-2	4
G	6	4	2	4
N=5				ΣD=16

$$r_s = 1 - \frac{6 \times 16}{7^3 - 7} = 1 - \frac{96}{336} = 1 - 0.286 = 0.714$$

× **제3장** ×

검사의 양호도

검사의 양호도를 결정하는 요인에는 객관도, 실용도, 신뢰도, 타당도가 있다.

1.객관도와 실용도

1)객관도

이는 채점의 객관도를 말한다. 한 답안지를 누가 채점하더라도 동일한 점수를 주는 정도, 한 답안지를 한 채점자가 언제 어디에서 채점하더라도 동일한 점수를 주는 정도이다. 이러한 의미의 객관도가 가장 높은 것은 객관식 검사이다. 객관식은 응답(또는 정답)이 하나로 정해져 있기 때문에 누가 채점하더라도 언제 채점하더라도 동일한 점수로 채점된다. 반면에 논술식 검사는 답안지를 누가 채점하느냐에 따라 또는 언제 채점하느냐에 따라 크게 달리질 수 있기 때문에 객관도가 낮다고 할 수 있다.

논술식을 포함한 주관식 검사에 대한 채점의 객관도를 산출하는 방식은 상관계수법과 범위법이 있다.

(1)상관계수법

이는 여러 채점자들의 점수들 간의 상관계수를 구해서 평균를 내는 것이다. 예컨대 3명의 채점자가 5명의 피험자의 주관식 답안지를 채점한 결과는 다음과 같다고 하자.

피험자	채점자		
	X	Y	Z
가	1	2	1
나	2	3	2
다	3	1	4
라	4	5	3
마	5	4	5

① X와 Y의 상관계수

	X	Y	X^2	Y^2	XY
가	1	2	1	4	2
나	2	3	4	9	6
다	3	1	9	1	3
라	4	5	16	25	20
마	5	4	25	16	20
N=5	$\Sigma X=15$	$\Sigma Y=15$	$\Sigma X^2=55$	$\Sigma Y^2=55$	$\Sigma XY=51$

$$r_{xy} = \frac{5\times55-15\times15}{\sqrt{5\times55-15^2}\sqrt{5\times55-15^2}} = \frac{30}{50} = 0.60$$

② Y와 Z의 상관계수
위와 같은 요령으로
r_{yz}=0.20

③ X와 Z의 상관계수
위와 같은 요령으로
r_{xz}=0.90

객관도=세 상관계수의 평균= $\frac{0.60+0.20+0.90}{3} = 0.57$

(2)범위법
이는 피험자별 채점자 점수들의 범위를 이용해서 객관도를 구하는 것이다.

공식 = $1-\frac{\sum D/N}{MAX}$

D=피험자별 채점자의 최고점수-최하점수

N=피험자수

MAX=문항의 만점-문항의 최하점수

예) 위 자료를 가지고 범위에 의한 객관도를 계산하면 다음과 같다. 5점 만점

	X	Y	Z	D
가	1	2	1	1(2-1)
나	2	3	2	1(3-2)
다	3	1	4	3(4-1)
라	4	5	3	2(5-3)
라	5	4	3	2(5-3)
N=5				ΣD=9

MAX=5-0=5

$$\text{객관도} = 1 - \frac{9/5}{5} = 1 - \frac{1.8}{5} = 1 - 0.36 = 0.64$$

앞서 상관계수법과 유사하다.

2) 실용도

실용도란 검사를 사용함에 있어서 비용과 시간이 적게 들고 실시가 간편한 정도이다.

아무리 검사가 신뢰롭고 타당하다고 하더라도 감당하기 어려울 정도로 비싸다든가 검사시간이 많이 걸린다면 실제로 사용하기 어려워진다. 대부분의 비표준화 검사는 실용도가 문제가 되지 않는다. 즉 실용도가 높다고 할 수 있다. 학교에서 일상적으로 이루어지는 교과 시험들은 돈이 없어 실시가 어렵다든가 시간이 없어서 실시가 어려운 일은 거의 없다. 또한 비표준화 검사를 이용해서 논문을 작성할 때 돈과 시간이 거의 문제가 되지 않는다. 실용도가 문제가 되는 경우는 표준화 검사를 사용할 때이다. 표준화 검사는 저작권 때문에 돈을 주고 사서 사용해야한다. 피험자가 많다면 비용이 많이 들게 된다. 또한 대부분 검사는 초중고생을 대상으로 실시되는데 40-50분 이상의 시험시간이 소요될 때 학교 수업시간을 초과하게 되어 현실적으로 실시가 어려울 수 있다.

2. 신뢰도

신뢰도의 의미에 대해 학자마다 조금씩 다르게 정의하고 있다. 대부분의 학자들은 (Anastasi, 1976; Gronlund, 1981) 신뢰도를 "점수의 일관성"으로 정의하고 있다. 동일한 대상을 시기를 달리하여 측정했을 때, 또는 비슷한 시기에 동형검사를 실시했을 때 점수들이 비슷하면 즉 일관성이 있으면 신로도가 높다고 하고 있다. 이에 반해 임인재(1983, p52), 이종승(2009, p114)은 신뢰도를 "검사가 정확히 재어주는 정도"라고 정의한다. 이들은 검사도구, 측정도구, 잣대 등 어떤 특성을 측정하는 도구가 특성을 오차 없이 재어주는 것을 신뢰도로 보는 것이다.

전자의 "점수의 일관성"과 후자의 "도구의 정확성"은 모두 "검사도구"의 신뢰도와 관련된다. 검사도구가 측정 대상을 일관성 있게 측정한다면 그 검사도구는 신뢰로운 검사도구라고 본 입장이 "점수의 일관성"으로 신뢰도를 정의한다. 반면에 검사도구가 측정 대상을 오차없이 정확하게 측정해 주면 그 검사는 신뢰로운 검사라고 본 입장이 신뢰도를 "도구의 정확성"으로 신뢰도를 정의한다. 그런데 두 정의는 일치하는 것이 아니다. 검사도구가 정확하게 재어주면 점수가 일관성 있게 측정될 가능성이 있으나 항상 그런 것은 아니다. 왜냐하면 측정도구가 정학하게 측정해도 측정 대상이 시기마다 달라질 수 있기 때문이다. 그러면 점수의 일관성 없어지게 된다. 또한 검사도구가 정확하게 측정하지 않아도 점수는 일관성 있게 측정될 수 있다. 애초에 잘못된 잣대라도 측정대상이 변하지 않는다면 점수는 일관성 있게 측정될 수 있다.

한편 Ebel(1991), Keringer(1973)는 신뢰도를 점수의 정확성으로 정의한다. 앞서의 두 입장이 "검사도구"가 재고 있는 것이 일관성이 있느냐 정확히 재어주고 있느냐 하는 것이라면 Ebel과 Keribger가 말하는 점수의 정확성은 대상의 속성이 오차없이 측정된 상태를 말한다. 어떤 사람의 수학실력이 70이라고 했을 때 70에 가깝게 측정되는 것이 점수의 정확성이다. 진짜 실력이 70인데도 60이나 80으로 측정되었다면 점수는 부정확하다고 할 수 있다. 검사도구가 정확하게 재어주는 것과 점수의 정확성은 일치하는 것이 아니다. 왜냐하면 점수의 정확성은 검사도구의 정확성에 의해서만 결정되는 것이 아니기 때문이다. 수학점수가 정확하게 측정되려면 수학시험지도 정확하게 측정해 주어야 할 뿐만 아니라 수학시험을 치르는 학생 자신이 최선을 다해야 하고, 시험을 치르는 상황이 학생의 수험에 방해되지 않아야 하며, 채점이 정확해야 해야 한다. 이렇게 보았을 때 점수의 정확성은 검사도구의 정확성(검사도구가 정확하게 재어주는 정도)보다 더 넓은 개념이라고 할 수 있다. 점수의 정확성과 검사도구의 정확성은 다르다.

또한 점수의 정확성과 검사가 일관성 있게 재는 것 역시 일치하는 것이 아니다. 검사도구가 재는 점수들 간에 일관성은 있지만 점수는 부정확할 수 있다. 측정할 때마다 동일한 불량도구를 사용한다면 점수들간에 일관성은 있을 수 있으나 점수는 정확하지 않다.

어떤 개념의 정의는 그것을 사용하는 사람들이 합의하면 성립될 수 있다. 신뢰도를 검사가 재는 점수들의 일관성으로 합의하고 사용할 수 있다. 그러나 여러 정의들 중에는 원래의 취지에 보다 적합한 정의가 있을 수 있고 그렇지 않은 정의가 있을 수 있다. 신뢰도의 의미를 검사가 재는 점수의 일관성으로 보는 것은 확실히 적절하지 않다. 검사도구가 재는 점수의 일관성은 검사도구에 의해, 피험자의 지적 정의적 상태에 의해, 검사상황에 의해 달라질 수 있다. 검사가 재는 점수의 일관성은 이들 중 어느 것에 의한 일관성인지 분명하지 않다. 그리고 점수들이 일관성이 있다고 해서 검사가 정확하게 재어준다거나 점수가 정확하다고 할 수 없다.

점수의 일관성은 신뢰도 자체라기 보다 신뢰도를 알아보는 방법이라고 할 수 있다. 좋은 검사도구라면 측정할 때마다 점수가 일치할 가능성이 있기 때문에 점수의 일관성은 검사도구의 신뢰도를 알아보는 하나의 방법이 되는 것이다. 그러나 검사도구가 좋은지를 알아보는 방법은 검사가 재는 점수의 일관성 뿐만 아니라 문항의 수, 문항의 진술, 검사시간 등에 의해서도 확인되어야 한다. 신뢰도를 알아보는 방법 자체가 신뢰도의 의미가 될 수 없다.

신뢰도 하면 가장 일반적으로 검사도구의 신뢰도를 의미하는 것으로 여기고 있다. 따라서 이러한 통념에 의하면 신뢰도를 검사의 신뢰도로 보아야 하는 것이 적절하다. 검사의 신뢰도는 검사를 믿을 수 있는 정도이다. 검사도구를 믿을 수 있다는 것은 검사도구가 측정대상을 오차없이 정확하게 측정하는 것을 의미한다. 따라서 검사도구의 신뢰도에 관한 두 가지 의미 중에서 신뢰도를 "검사도구의 정확성"이 더 적절한 의미라고 할 수 있다.

요약하면 신뢰도는 두 가지가 있다. 하나는 검사도구의 신뢰도이고 다른 하나는 점수의 신뢰도이다. 그리고 검사도구의 신뢰도에 관해서 두 가지 정의가 있는데 하나는 검사가 재는 점수의 일관성이고 다른 하나는 검사도구의 정확성이다.

기존 신뢰도들의 종류

기존의 신뢰도의 종류란 신뢰도를 알아보는 방법의 종류를 말한다. 이러한 방법들에는 전통적으로 재검사 신뢰도, 동형검사 신뢰도, 반분 신뢰도, 문항내적 합치도가 있다.

1)재검사 신뢰도

이 신뢰도는 한 검사를 동일 대상에 시기를 달리하여 두 번 실시했을 때 두 점수들 간의 일관성의 정도이다. 일관성의 정도는 상관계수의 크기로 나타낸다. 이 상관계수가 크면 재검사 신뢰도가 높다고 한다. 재검사 신뢰도가 높다는 것은 일관성이 높다는 것이고 일관성이 높으면 검사도구가 정확하게 재어준다고 본다. 두 시기의 간격은 대개 1-2주이다.

사례	X(5월 10일)	Y(5월 20일)	X^2	Y^2	XY
A	15	14	225	196	210
B	12	10	144	100	120
C	8	10	64	100	80
D	10	8	100	64	80
E	13	11	169	121	143
N=5	$\Sigma X=58$	$\Sigma Y=53$	$\Sigma X^2=702$	$\Sigma Y^2=581$	$\Sigma XY=633$

$$r = \frac{5 \times 633 - 58 \times 53}{\sqrt{5 \times 702 - 58^2}\sqrt{5 \times 581 - 53^2}}$$

$$= \frac{91}{\sqrt{146}\sqrt{96}} = 0.77$$

r=0.77은 높다고 할 수 있다. 이는 재검사 신뢰도가 높다. 잴 때마다 점수들의 일관성이 높다와 같은 의미를 갖는다.

재검사 신뢰도의 문제점

신뢰도의 의미를 검사의 신뢰도 즉 검사가 정확하게 재어주는 정도라고 했을 때, 재검사 신뢰도는 검사가 정확하게 재어주는 정도를 거의 나타내 주지 못한다. 그 이유를 알려면 재검사 신뢰도 즉 상관계수에 영향을 주는 요인들이 어떤 것들이 있고 그 요인들이 상관계수에 영향을 주는 정도를 살펴보면 된다.

상관계수에 영향을 주는 요인들은 4가지가 있다. (1)첫째, 피험자 요인이다. 피험자의 특성, 심리상태, 건강상태가 두 시기 다름으로서 상관계수가 영향을 받는다. 첫 번째 시기에는 최선을 다하려는 자세로 시험에 응하고 다음 번에는 아무렇게 시험에 응한다면 두 시기 점수가 달라져 상과계수가 낮아질 수 있다. 첫 번째는 심리상태가 명랑했는데 다음번에는 우울했다든가 첫 번째는 건강했는데 다음번에는 건강이 나빴다면 역시 두 시기 점수가 달라지기 때문에 상과계수는 낮아질 수 있다. (2)두 번째는 검사상황이다. 이 검사상황과 관련되는 것들에는 감독자의 수험분위기 유지, 지시사항의 전달, 시설 및 환경 등이 있는데 이런 것들이 두 시기 다름으로 인해서 상관계수에 영향을 준다. (3)셋째는 검사도구 자체이다. 검사도구와 관련되는 것들에는 개념이나 문장의 불명료성, 검사시간의 부족, 답지간격의 부적절, 문항수의 부적절 등이 있다. 이런 요인들이 작용하게 되면 두 시기 점수가 달라질 수 있다. 모르는 개념이 있거나 문장이 애매하면 추측하여 응답하게 되고 추측하게 되면 어떤 경우는"1"번이라고 했다가 다음 번에는 "3"이라고 할 수 있다. 그렇게 되면 두 시기간 점수는 달라지고 따라서 상관계수가 달라지게 된다. (4)네번째는 표집에 따라 상관계수는 달라진다. 표집 피험자들이 동질적이면 상관계수는 낮아지고 이질적이면 높아진다.

피험자, 검사상황, 검사도구, 표집 각각은 상관계수에 어느 정도로 영향을 줄까? 그 정도는 정확하게 알 수는 없으나 피험자 요인이 가장 크게 영향을 주리라고 보여진다. 연구자가 검사도구를 제작할 때 모르는 개념이나 애매한 문장을 없애려고 노력하며 시간이 부족하지 않게, 답지들 간의 간격을 비슷하게 한다. 즉 검사도구 자체가 상관계수의 변화에 크게 영향을 주지는 않는다. 피험자의 요인이 상관계수의 변화에 가장 크게 영향을 주고 그 다음이 검사상황이라고 할 수 있다. 피험자 집단의 이질성 또는 동질성은, 재검사 신뢰도의 경우, 동질적 집단을 대상으로 산출하게 되면 재검사 신뢰도가 낮게 되고 이질적 집단을 대상으로 산출하게 되면 재검사 신뢰도가 높아진다.

그런데 피험자 요인이나 검사상황, 집단의 이질성은 검사 자체의 신뢰도 즉 검사가 정확하게 재어주는 것과 관련이 없다. 그러면서 상관계수 즉 신뢰도의 크기에 크게 여향을 준다. 재검사 신뢰도는 대부분 검사 자체의 신뢰도가 아니라 그것과 관련이 없는 피험자나 검사상황의 변화, 집단의 이질성을 나타내고 있는 것이다.

2)동형검사 신뢰도

동형검사란 어떤 검사가 있을 때 그 검사와 내용, 행동, 난이도가 유사한 검사를 말한다. A라는 검사가 있을 때 그 검사와 내용, 행동, 난이도가 유사한 B검사를 A검사의 동형검사라고 한다. 동형검사 신뢰도란 동일한 대상에 거의 같은 시기에 A형과 B형을 실시했을 때 두 검사 점수의 일관성을 말한다. 일관성은 재검사 신뢰도와 같이 상관계수의 크기로 나타낸다.

사례	X(5월15일 오전)	Y(5월 15일 오후)	X^2	Y^2	XY
가	10	11	100	121	110
나	8	7	64	49	56
다	6	5	36	25	30
N=3	ΣX =24	ΣY =23	ΣX^2 =200	ΣY^2 =195	ΣXY =196

$$r = \frac{3\times196-24\times23}{\sqrt{3\times200-24^2}\sqrt{3\times195-23^2}}$$

$$= \frac{36}{\sqrt{24}\sqrt{56}} = 0.98$$

동형검사 신뢰도의 문제

동형검사 신뢰도에 영향을 주는 요인은 5가지가 있다. 이 5가지 중에서 4가지는 앞서의 재검사 신뢰도의 경우와 같다. 그 4가지 중 첫째는 피험자 요인이다. 이 피험자 요인에는 다시 특성 자체의 변화, 심리상태의 변화, 건강의 변화가 있다. 두 번째는 검사상황의 변화이다. 감독자의 감독분위기 변화, 지시사항의 전달의 변화, 날씨의 변화, 시설의 변화가 이에 해당한다. 세번째는 검사 자체의 적절성이다. 이에 해당하는 것들에는 사용된 개념의 이해 가능성, 문장의 명료성, 시간의 적절성, 답지의 심리적 간격의 동일성이 있다. 넷째는 집단의 이질성이다. 재검사 신뢰도와 다르게 동형검사에만 해당하는 요인은 두 검사의 유사성이다. 두 동형검사의 내용, 행동, 난이도가 얼마나 유사하느냐에 따라 동형검사의 신뢰도가 달라진다.

재검사 신뢰도의 경우와 같은 5가지 요인 중 피험자 요인과 검사상황요인은, 동형검사의 경우 두 시간 간격이 짧기 때문에, 동형검사 신뢰도에 주는 영향은 미미하다고 할 수 있다. 검사 자체의 신뢰도의 경우, 재검사 신뢰도의 경우처럼, 동형검사 신뢰도에 주는 영향은 역시 미미하다고 할 수 있다. 동질집단을 대상으로 산출했느냐, 이질집단을 대상으로 산출했냐에 따라 동형검사 신뢰도는 달라진다.

동형검사 신뢰도에 크게 영향을 주는 요인은 두 동형검사의 내용, 행동, 난이도의 유사성이다. 두 검사가 유사한 만큼 대체로 비례해서 동형검사 신뢰도가 높고 유사하지 않은 만큼 동형검사 신뢰도가 낮다고 할 수 있다. 그런데 두 동형검사의 유사성과 검사가 정확하게 재어주는 정도는 논리적으로 관련이 없다. 검사의 정확성은 사용되는 개념과 문장의 명료성, 시간의 적절성, 답지들의 적절성과 답지들 간의 동간격성에 의해 결정되는데 이러한 성질들과 두 검사의 유사성은 논리적으로 관련이 없다. 두 검사가 유사하면서 검사가 정확하게 재어 줄 수도 있고 부정확하게 재어 줄 수 있으며, 두 검사가 유사하지 않으면서 검사가 정확하게 재어 줄 수도 있고 부정확하게 재어 줄 수도 있다.

3)반분 신뢰도

이 신뢰도는 한 검사 결과를 두 부분으로 나누었을 때 나누어진 두 부분의 점수들의 일관성의 정도이다. 구체적으로 산출하는 방법은 나누어진 두 부분 점수들 간 상관계수를 구한 다음 Spearman-Brown 공식으로 교정해 준다. 나누는 방법은 전후 반분, 기우 반분, 무선 반분이 있다. 이 중 기우반분이 주로 사용된다. 기우 반분은 전체 문항을 홀수 문항과 짝수 문항으로 나눈 것이다. 전후 반분은 전체 문항들을 앞부분과 뒷부분으로 나누는 것이다. 무선 반분은 무작위로 반씩 나누는 것이다.

공식 $r_{xy} = \dfrac{2r_{hh}}{1 + r_{hh}}$

r_{hh} = 나누어진 두 부분 점수 간의 상관계수

이 반분 신뢰도는 결국 짝수 문항과 홀수 문항이 얼마나 비슷한가를 나타낸다. 비슷할수록 반분 신뢰도는 높아진다.

예)

피험자	1번	2번	3번	4번	5번	6번	7번	8번	짝수 점수	홀수 점수
A	O	O	O	X	X	O	O	X	2	3
B	O	O	X	O	X	O	O	O	4	2
C	O	X	O	O	O	X	X	O	2	3
D	O	O	O	O	O	O	X	O	4	3
E	X	O	X	O	X	O	O	X	3	1

짝수 점수와 홀수 점수를 가지고 상관계수를 먼저 구하고 공식에 의해 교정해준다.

사례	X(짝수점수)	Y(홀수점수)	X^2	Y^2	XY
A	2	3	4	9	6
B	4	2	16	4	8
C	2	3	4	9	6
D	4	3	16	9	12
E	3	1	9	1	3
N=5	ΣX =15	ΣY=12	ΣX^2 =49	ΣY^2 =32	ΣXY =35

$$r = r_{hh} = \frac{5\times35-15\times12}{\sqrt{5\times49-15^2}\sqrt{5\times32-12^2}} = \frac{-5}{\sqrt{20\sqrt{16}}} = -0.27$$

$$r_{xx} = \frac{2\times(-0.27)}{1+(-0.27)} = -0.74$$

반분 신뢰도의 문제

반분 신뢰도는, 나누어진 두 부분이 동시에 치루어지기 때문에 시간의 변화에 의해 야기되는 영향은 없다. 즉 반분 신뢰도는 피험자 특성의 변화, 심리상태의 변화, 건강의 변화, 실시상황의 변화 때문에 생기는 신뢰도의 변화는 없다.

반분 신뢰도는 두 가지에 의해 영향을 받는다. 하나는 두 부분간 내용, 행동, 난이도의 유사성이고 다른 하나는 집단의 이질성이다. 두 부분간 내용, 행동, 난이도가 유사할수록 반분 신뢰도는 커지며 집단이 이질적일 수록 반분 신뢰도는 커진다.

두 부분의 유사성과 검사가 정확히 재어주는 것은 관련이 있는가? 둘의 관계는 논리적 필연성은 없다. 두 부분이 유사할 때 검사의 정확성이 높을 수도 있고 낮을 수도 있다. 두 부분이 유사하지 않으면서 검사의 정학성은 높을 수도 있고 낮을 수도 있다. 검사가 정확하게 측정하려면 개념과 문항이 명료하고, 검사시간이 적절하고 답지가 적절해야 하는데 이러한 조건들과 나누어진 두 부분의 유사성은 필연적 관계가 아니다.

그리고 집단의 이질성과 검사의 정확성은 전혀 관련이 없다. 집단이 이질적일수록 검사가 더 정확해진다거나 집단이 동질적일수록 검사의 정확성이 떨어지는 것은 아니다. 그러므로 반분 신뢰도와 검사의 정확성은 관련이 없다.

4)문항내적 일치도

이는 문항들에 대한 피험자들의 반응(응답)들이 일관성이 있는 정도이다. 일관성이란 한 개인이 맞으면 계속 맞고 틀리면 계속 틀면 계속 틀리는 것을 말한다. 아래 A의 경우는 일관성이 높고 B의 경우는 일관성이 낮다.

A	문항번호			
	1	2	3	4
가	O	O	O	O
나	O	O	O	O
다	X	X	X	X
라	X	X	X	X

B	문항번호			
	1	2	3	4
가	O	X	O	X
나	X	X	O	O
다	X	O	O	X
라	O	O	X	X

(1)객관식의 경우

객관식이란 응답이 예 또는 아니오, 맞음 또는 틀림으로 되어 있는 경우이다. 예나 맞음은 O으로, 아니오 또는 틀림은 X로 표시한다. 객관식일 때 신뢰도를 산출하는 공식은 2가지가 있다. 동일한 자료를 어느 공식으로 계산해도 결과는 같다.

㉮ Kuder-Richardson 공식

$$r_{tt} = \frac{n}{n-1}\left[1 - \frac{\Sigma\, p_i qi}{s_x^2}\right]$$

n=문항수
p_i=정답율
q_i=오답율
s_x^2=N명 점수들의 표준편차의 제곱

계산예)

n=5

		1번	2번	3번	4번	5번	X	X^2
	가	O	O	O	X	X	3	9
	나	O	X	X	O	X	2	4
N=4	다	O	O	X	X	O	3	9
	라	O	X	X	O	X	2	4
							ΣX=10	ΣX^2=26
	p_i	4/4	2/4	1/4	2/4	1/4		
	q_i	0/4	2/4	3/4	2/4	3/4		

p_iq_i 0/16 4/16 3/16 4/16 3/16

Σp_iq_i= (0+4+3+4+3)/16=14/16

$$s_x^2 = \frac{N\Sigma X^2 - (\Sigma X)^2}{N^2} = \frac{4\times 26 - 10^2}{4^2} = 4/16$$

$$r_{tt} = \frac{5}{5-1}\left[1 - \frac{14/16}{4/16}\right] = \frac{5}{4}\left[1 - \frac{14}{4}\right] = -3.125$$

㉯ Cronbach α

$$\alpha = \frac{n}{n-1}\left[1 - \frac{\Sigma s_i^2}{s_x^2}\right]$$

n=문항수

s_i^2=i문항 N명의 표준편차 제곱

s_x^2=N명의 점수 표준편차의 제곱

$S^2 = \frac{N\Sigma X^2 - (\Sigma X)^2}{N^2}$ 에서 ΣX^2은 자승합을 나타내고 ΣX은 합을 나타낸다.

앞의 KR공식은 맞는 또는 틀린 개수를 가지고 신뢰도를 계산하나, Cronbach α는 점수를 가지고 계산한다. 그래서 "O"을 "1"로, "X"를 "0"으로 바꾸어 계산한다. 위의 자료를 가지고 α를 계산한다.

n=5

		1번	2번	3번	4번	5번	X	X^2
	가	1	1	1	0	0	3	9
	나	1	0	0	1	0	2	4
N=4	다	1	1	0	0	1	3	9
	라	1	0	0	1	0	2	4
	합	4	2	1	2	1	ΣX=10	ΣX^2=26
	자승합	4	2	1	2	1		

$$S_1^2 = \frac{4\times 4 - 4^2}{4^2} = 0/16$$

$$S_2^2 = \frac{4 \times 2 - 2^2}{4^2} = 4/16$$

$$S_3^2 = \frac{4 \times 1 - 1^2}{4^2} = 3/16$$

$$S_4^2 = \frac{4 \times 2 - 2^2}{4^2} = 4/16$$

$$S_5^2 = \frac{4 \times 1 - 1^2}{4^2} = 3/16$$

$\Sigma S_x^2 = (0+4+3+4+3)/16 = 14/16$

$$S_x^2 = \frac{4 \times 26 - 10^2}{4^2} = 4/16$$

$$\alpha = \frac{5}{5-1}\left[1 - \frac{14/16}{4/16}\right] = \frac{5}{4}\left[1 - \frac{14}{4}\right] = -3.125$$

(2)주관식일 때

이 때는 Cronbach의 α만 사용한다.

계산 예, 3점 만점으로 채점되었다고 본다.

n=5

	사례	1번	2번	3번	4번	5번	X	X^2
	가	2	1	1	0	2	6	36
N=4	나	3	3	2	2	1	11	121
	다	1	1	2	0	0	4	16
	라	2	2	1	1	1	7	49
	합	8	7	6	3	4	ΣX	ΣX^2
	자승	18	15	10	5	6	=28	=222

$$S_1^2 = \frac{4 \times 18 - 8^2}{4^2} = 8/16$$

$$S_2^2 = \frac{4\times 15 - 7^2}{4^2} = 11/16$$

$$S_3^2 = \frac{4\times 10 - 6^2}{4^2} = 4/16$$

$$S_4^2 = \frac{4\times 5 - 3^2}{4^2} = 11/16$$

$$S_5^2 = \frac{4\times 6 - 4^2}{4^2} = 8/16$$

$$\Sigma S_i^2 = (8+11+4+11+8)/16 = 42/16$$

$$S_x^2 = \frac{4\times 222 - 28^2}{4^2} = \frac{888-784}{16} = \frac{104}{16}$$

$$\alpha = \frac{5}{5-1}\left[1 - \frac{42/16}{104/16}\right] = \frac{5}{4}\left[1 - \frac{42}{104}\right] = 0.75$$

문항내적 일치도의 문제

문항내적 일치도의 의미는 앞서 반분 신뢰도의 의미와 근본적으로 같다. 반분 신뢰도가 나누어진 두 부분 점수들 간의 일관성을 나타낸 것이라면 문항내적 일치도는 한 검사의 있을 수 있는 모든 반분 신뢰도의 평균이기 때문이다(Cronbach, 1951). 예컨대 1번, 2번, 3번, 4번이라고 하는 4개의 문항이 있을 때 기우반분 신뢰도는 "1번과 3번의 합"과 "2번과 4번의 합" 간의 일관성을 나타낸 것이다. 이 4개 문항의 있을 수 있는 반분은 6가지가 있다. "1과 2"와 "3과 4", "1과 3"과 "2와 4", "1과 4"와 "2와 3", "2와 3"과 "1과4", "2와 4"와 "1과 3", "3과 4"와 "1과 2"이다. 이는 4개를 2개씩 짝지우는 경우의 수와 같다. Cronbach(1951)에 의하면 이 6가지 반분 신뢰도의 평균은 α와 같다. 그러나 허경조의 (2006) 연구에 의하면 같은 경우도 있지만 같지 않은 경우도 있다. 같지 않은 경우도 크게 다르지 않고 대체로 비슷하다.

그러므로 문항내적 합치도는 반분 신리도와 근본적으로 같다. 두 신뢰도의 차이는, 반분 신뢰도가 홀수 문항과 짝수 문항의 동질성을 나타낸 것이라면 문항내적 합치도는 모든 문항들 간의 동질성을 나타낸 것이다. 문항내적 합치도는 반분 신리도와 거의 같기 때문에 반분 신뢰도의 문제는 그대로 문항내적 합치도의 문제와 같다. 문항내적 합치도도 반분 신리도와 같이 문항들의 동질성과 피험자의 이질성에 의해 영향을 받는다. 두가지의 동시적 영향에 의해 문항내적 일치도가 어떻게 달라지는지 예시하면 다음과 같다.

(1)문항들이 대체로 동일, 피험자들이 데체로 동일

	1번	2번	3번	4번	X	X^2
A	3	3	2	2	10	100
B	3	2	2	2	9	81
C	3	2	2	1	8	64
합	9	7	6	5	ΣX	ΣX^2
자승합	27	17	12	9	=27	=245

$\Sigma S_i^2=(0+2+0+)/9=4/9$

$S_x^2=(3\times245\text{-}27^2)/3^2=6/9$

$$\alpha=\frac{4}{4-1}(1-\frac{4/9}{6/9})=\frac{4}{3}(1-\frac{4}{6})=\frac{4}{3}\times\frac{2}{6}=\frac{8}{18}=0.44$$

(2)문항들 대체로 동질, 피험자들 대체로 이질

	1번	2번	3번	4번	X	X^2
A	3	3	2	2	10	100
B	2	2	2	1	7	49
C	1	1	1	0	3	9
합	6	6	5	3	ΣX	ΣX^2
자승합	14	14	9	5	=20	=158

$S_1^2=6/9$, $S_2^2=6/9$, $S_3^2=2/9$, $S_4^2=6/9$

$\Sigma S_i^2=(6+6+2+6)/9=20/9$

$S_x^2=(3\times158-20^2)/3^2=74/9$

$$\alpha=\frac{4}{4-1}\left[1-\frac{20/9}{74/9}\right]=\frac{4}{3}\left[1-\frac{20}{74}\right]=0.97$$

(3)문항 대체로 이질, 피험자 대체로 동질

	1번	2번	3번	4번	X	X^2
A	4	2	1	0	7	49
B	4	2	0	0	6	36
C	4	2	0	0	6	36
합	12	6	1	0	ΣX	ΣX^2
자승합	48	12	1	0	=19	=121

S_1=0/9, S_2=0/9, S_3=2/9, S_4=0/9

ΣS_i^2=(0+0+2+0)/9 =2/9

S_x^2=(3×121−19)/9=2/9

$$\alpha = \frac{4}{4-1}(1-\frac{2/9}{2/9}) = 0$$

(4)문항 대체로 이질, 피험자 대체로 이질

	1번	2번	3번	4번	X	X^2
A	3	2	1	0	6	36
B	2	1	1	0	4	16
C	0	0	1	0	1	1
합	5	3	3	0	ΣX	ΣX^2
자승합	13	5	3	0	=11	=53

S_1^2=14/9, S_2^2=6/9, S_3^2=0/9, S_4^2=0/9

ΣS_i^2=(14+6++0+0)/9=20/9

S_x^2=(3×53−11^2)/3^2=38/9

$$\alpha = \frac{4}{4-1}\left[1-\frac{20/9}{38/9}\right] = 0.63$$

위의 간단한 사례에서 볼 수 있듯이 α는 문항의 동질성에 의해서만 변하는 것이 아니고 피험자의 이질성에 의해서도 변한다는 것을 알 수 있다. 이러한 사실은 앞서 반분 신뢰도의 경우와 같다. 문항의 동질성과 문항이 정확하게 재어주는 것은 논리적으로 관련이 없다. 동질적이면서 정확하게 재어줄 수도 있고 부정확하게 재어줄 수 있다. 이질적이면서도 정확하게 재어줄 수도 있고 부정확하게 재어줄 수 도 있다. 그리고 피험자의 이질성과 검사가 정확하게 재어주는 것은 전혀 관련이 없다. 이렇게 보았을 때 α와 검사의 정확성은 논리적 필연성이 없다.

3.타당도

타당도란 재려고 하는 바를 충실하게 재어주는 정도이다. 신뢰도가 정확성의 문제라면 타당도는 충실성의 문제이다. 지능검사는 지능만을 재야하고 흥미검사는 흥미만을 재어야 한 것이 타당도의 문제이다. 지능검사라고 하면서 적성을 잰다든가 흥미검사라고 하면서 태도를 재고 있다면 타당도가 없거나 낮은 것이다.

기존의 타당도들은 일반적으로 내용 타당도, 준거 타당도, 구인 타당도로 분류된다. 준거 타당도는 공인 타당도와 예언 타당도로 나누어진다.

1)내용 타당도

내용 타당도는 문항표집이 문항전집을 대표해주누 정도(임인재, 1983), 내용을 대표해주느 정도(Kerlinger, 1973), 측정 영역을 대표해주는 정도(Anasitasi, 1976) 등으로 정의되고 있다. 이 정의들의 공통점은 "대표해주는 정도"라는 것이다. 우리는 관심을 가지고 있는 전체를 모두 측정할 수 없고 전체 중에서 표집된 일부만을 통해서 전집을 알고 있는 정도를 추정한다. 이 때 표집된 일부는 전집을 잘 대표해주어야 한다.

내용 타당도의 문제

내용 타당도는 내용을 충실하게 재어주는 정도인데 여기서 내용을 무엇으로 볼 것인가에 대해 학자마다 다소 다르게 보고 있다. Anastasi(1976)는 내용을 행동영역(behavior domain)으로, Gronlund(1981)는 과제영역으로(domain of task)로, 임인재(1883)는 전집으로, 황정규(1984)는 교수목표로 보고 있어서 "내용"이 혼란스럽게 사용되고 있다. Gronlund, Worthen, 황정규 등은 내용 안에 교과서의 내용 뿐만 아니라 성격, 적성, 흥미 등 심리적 특성까지 포함시키고 있다. 반면에 Anastasi, 임인재는 내용 안에는 심리적 특성은 제외하고 교과내용만 포함되어야 한다고 하였다. 학자마다 내용 안에 포함되는 것들이 다른 것이다.

내용 타당도의 또 다른 제한점은 내용 타당도를 제외한 나머지 타당도들이나 신뢰도들은 숫자로 타당도나 신뢰도의 정도를 나타내고 있음에 반해 내용 타당도는 아직 숫자로 나타내는 방법이 없다는 점이다.

2)준거 타당도

준거 타당도는 준거를 충실히 재어주는 정도인데 이것은 다시 예언 타당도와 공인 타당도로 나누어진다.

(1)예언 타당도

이는 현재의 검사 결과가 미래의 기준행동을 예언해 주는 정도이다. 적성검사를 실시하는 것은 적성검사의 결과가 미래의 직업행동을 예언해 줄 수 있다고 보기 때문이다. 공군 사관학교에서 비행 적성검사를 실시하는 것은 그 적성검사의 결과가 장래 비행사의 조종능력을 예언해 줄 수 있다고 보기 때문이다. 예언 타당도는 대체로 검사 결과와 미래의 기준행동의 상관계수로 나타낸다.

	X(공군적성)	Y(비행능력)	X^2	Y^2	XY
A	8	6	64	36	48
B	6	7	36	49	42
C	4	3	16	9	12
D	2	2	4	4	4
N=4	ΣX	ΣY	ΣX^2	ΣY^2	ΣXY
	=20	=18	=120	=98	=106

$$r = \frac{4\times106-20\times18}{\sqrt{4\times120-20^2}\sqrt{4\times98-18^2}} = 0.87$$

(2)공인 타당도

이는 타당도를 알아보려는 검사가 현재 나타나 있는 준거행동들과 얼마나 일치하는가를 말한다. 예언 타당도의 준거가 미래에 있다면 공인 타당도의 준거는 현재에 있는 것이다. 새로 만든 지능검사의 타당도를 알아보는 한 방법으로, 타당도가 높다고 알려진 어느 지능검사와의 일치도를 확인하는 것이 공인 타당도의 예가 된다. 산출은 타당도를 알아보려는 검사와 타당도가 높다고 알려진 검사를 동일 대상에 실시하여 둘 간의 상관계수를 계산하는 것이다.

	X (새 지능검사의 결과)	Y (기존의 지능검사결과)	X^2	Y^2	XY
A	10	9	100	81	90
B	15	13	225	169	195
C	8	10	64	100	80
D	12	10	144	100	120
N=4	ΣX	ΣY	ΣX^2	ΣY^2	ΣXY
	=45	=42	=533	=450	=485

$$r = \frac{4 \times 485 - 45 \times 42}{\sqrt{4 \times 533 - 45^2}\sqrt{4 \times 450 - 42^2}} = 0.81$$

준거 타당도의 문제

(1)준거 자체의 불명료성과 가변성
이는 준거 자체가 분명하지 않는다는 점과 준거가 시대와 지역에 따라 달라질 수 있다는 것이다. 훌륭한 교사행동이 준거인 경우 훌륭한 교사가 어떤 교사인가가 사람마다 다를 수 있고 시대에 따라 다를 수 있기 때문에 여러 예언 타당도들 간에 비교가 용이하지 않다. A검사의 예언 타당도가 0.8이고 B검사의 예언 타당도가 0.6이라면 어느 쪽이 더 정확한 예언 타당도인지 따지기가 쉽지 않다.

(2)예언 타당도의 경우, 예언 타당도를 알아보려는 검사를 예언검사. 미래의 기준행동을 측정하는 검사를 기준검사라고 하는데 예언검사의 방법과 기준검사의 방법이 다를 수 있다. 사범대 입학시 교사적성검사로 10년 후 교사행동을 예언하는 경우, 교사적성검사는 면접으로, 10년 후 교사행동은 관찰로 이루어진다면 두 검사방법의 차이로 실제보다 예언 타당도가 달라질 수 있다.

(3)예언 타당도는 대부분 두 시기 점수간 상관계수로 확인하게 되는데 앞서 신뢰도에서 논의한 것처럼 검사의 양호도와 관련이 없는 피험자집단의 성격 즉 집단의 이질성에 의해 영향을 받는다. 예언 타당도를 나타내는 상관계수는 검사의 예언력 뿐만 아니라 집단의 이질성(또는 동질성)을 같이 나타낸다.

(4)예언 타당도는 즉시 산출할 수 없고 기준검사를 실시할 때까지 기다려야 한다.

3)구인 타당도

구인이란 구성인자의 줄임말로서 우리의 정신과 마음을 구성하고 있다고 보는 심리적 요인을 말한다. 지능, 적성, 성격, 흥미, 태도, 불안, 창의성 등이 구인의 예들이다. 그러므로 구인 타당도란 검사가 구인을 충실하게 재어주는 정도가 된다. 지능검사가 있을 때 그 검사가 정말 지능만을 재어주고 있는가? 어느 정도 지능을 재고 있는가? 전체 측정량 중에서 지능의 측정량은 어느 정도 되는가에 대한 대답이 지능의 구인 타당도가 된다.

구인 타당도의 확인 방법

(1)집단간 비교

이론적으로 경험적으로 두 집단간에 분명한 차이가 존재할 때 사용한다. 적응집단과 부적응집단에 어떤 검사를 실시했더니 두 집단간에 의미 있는 차이가 있다면 그 검사는 부적응(또는 적응)을 재어주고 있다고 본다.

(2)처치 전후 간의 차이

어떤 특성이 어떤 처치에 의해 변한다고 했을 때 그 처치 전후 간 점수에 차이가 있다면 그 검사는 그 특성을 재어주고 있다고 본다. 부끄러움 극복 프로그램이 부끄러움을 감소시켰다면 그 부꾸러움을 측정하는 검사는 부끄러움을 재어준다고 본다.

(3)검사내적 연구

이는 한 검사를 이루고 있는 문항들의 동질성을 확인하는 것이다. 문항들이 동질적이라는 것은 여러 문항들아 같은 특성을 재어주고 있는 것으로 본 것이다.

(4)다른 변인들간의 관계

이는 이미 어떤 구인을 측정하고 있다고 알려진 검사와 구인 타당도를 알아보려는 검사를 비교하는 것이다. 이는 앞서의 공인 타당도의 확인 방법과 완전히 동일한 것이다. 새로 만든 사회성검사가 정말로 사회성을 측정하고 있는지를, 이미 사회성을 측정하고 있다고 알려진 검사와 비교하는 것인데 동일한 대상에 두 검사를 실시해서 상관계수의 크기로 구인 타당도를 알아보는 것이다.

구인 타당도 확인 방법의 문제

(1)집단차 방법의 문제

앞서의 예에서 적응집단과 부적응집단 간에 오직 부적응(또는 적응)에 있어서만 차이가 있고 나머지는 차이가 없어야 이 집단 차의 확인방법이 타당하다고 할 수 있다. 만약 부적응(또는 적응)의 차이 뿐만 아니라 지능이나 자아개념에도 두 집단 간에 뚜렷한 차이가 있다면 부적응(또는 적응) 검사가 부적응(또는 적응)만을 재는 것인지 그 이외에 지능이나 자아개념을 재는 것인지 확실하지 않다.

(2)처치 전후 간의 차이

어떤 처치가 어떤 특성을 변화시킨다고 했을 때 그 처치는 오직 그 특성만 변화시켜야 하고 또한 그 특성은 오직 그 처치에 의해서만 변화되어야 한다. 만약 처치가 다른 특성까지도 변화시킨다거나 그 특성이 다른 것에 의해서도 변한다면 그 특성을 측정하는 검사는 꼭 그 특성만을 측정한다고 할 수 없다.

(3) 검사내적 연구

이 방법은 문항들이 동질적이라고 해서 구인 타당도가 높다고 할 수 없다. 동질적이면서 구인 타당도가 높을 수도 있고 낮을 수도 있다. 예컨대 사회성을 잰다고 보는 검사이지만 실제로 근면성을 재고 있을 수 있다. 그런데 근면성을 재고 있으면서 동질적일 수 있는 것이다. 이 방법의 또 다른 문제는, 신뢰도에서 논의한 바와 같이 집단의 성질에 따라 즉 집단의 이질성 또는 동질성의 정도에 따라 문항내적 일치도 즉 구인 타당도가 달라질 수 있다는 점이다. 그런데 집단의 이질 또는 동질성과 구인 타당도는 논리적으로 관련이 없다.

(4) 다른 변인과의 관계

이 방법은 비교되는 검사가 정말로 구인을 재고 있어야 타당한 방법이 된다. 두 검사 간 상관계수 즉 구인 타당도가 높다고 하더라도 비교되는 검사의 구인 타당도가 낮다면 구인 타당도를 알아보려는 검사의 구인 타당도가 높다고 할 수 없다. 또한 이 방법은 구인 타당도와 관련이 없는 집단의 성질에 의하여 영향을 받는다는 문제가 있다.

× 제4장 ×

대안적 신뢰도와 타당도

1.대안적 신뢰도

본 저서에서는 신뢰도를 "정확한 측정의 정도"라고 정의한다. 이 정확한 측정의 정도는 2가지가 있는데 하나는 측정하는 것의 정확성이고 다른 하나는 측정결과의 정확성이다. 전자를 과정적 신뢰도 또는 수단적 신뢰도, 후자를 결과적 신뢰도 또는 점수의 신뢰도라고 칭한다.

과정적 신뢰도란 결과적 신뢰도가 나타나기 이전의 신뢰도로서 결과적 신뢰도에 영향을 주는 것이다. 이러한 과정적 신뢰도들에는 검사의 신뢰도, 실시과정 신뢰도, 피험자 신뢰도, 채점의 신뢰도, 규준의 신뢰도가 있다. 이러한 과정적 신뢰도들의 결합으로 나타난 것이 결과적 신뢰도 또는 점수의 신뢰도이다.

어떤 개인의 머리 속에 있는 진짜 실력이 예컨대 70점이라고 했을 때 그 70점이 그대로 나타나기 위해서는 첫째, 검사 자체가 양호해야 한다. 이를 검사의 신뢰도라고 한다. 둘째, 시험이 치러지는 상황 즉 감독행위, 시설, 기온 등이 시험에 영향을 줄 수 있다. 이러한 것들이 시험을 치르는데 도움이 되는 정도를 실시과정의 신뢰도라고 한다. 셋째는 피험자들의 여러 상태에 따라서 점수가 영향을 받을 수 있다. 건강해야 하고, 최선을 다하려는 마음을 가져야 하고, 근심 걱정이 없어야 한다. 이를 피험자 신뢰도라고 한다. 넷째, 채점 이기 합산 등에 실수가 없어야 한다. 이를 채점의 신뢰도라고 한다. 마지막으로 표준화 검사에만 해당하는 것으로 규준의 신뢰도가 있다. 규준이 잘못되어 있으면 검사가 양호하고, 시험이 잘 치러지고, 피험자가 최선을 다해서 시험을 치르고, 채점이 완벽하다 하더라도, 최종의 점수가 부정확할 수 있다.

이 5가지 신뢰도가 모두 높을 때 그것들의 결합으로 이루어진 최종의 점수의 신뢰도가 높을 수 있다. 비록 5가지 신뢰도 중 어느 한 두 가지의 신뢰도가 높다고 하더라도 나머지의 신뢰도가 낮다면 점수의 신뢰도는 높을 수 없다.

이렇게 보았을 때 신뢰도의 종류는 6가지가 있다. 그것들은 검사의 신뢰도, 실시과정 신뢰도, 피험자 신뢰도, 채점의 신뢰도, 규준의 신뢰도, 점수의 신뢰도이다.

1) 검사의 신뢰도

이는 검사 자체가 신뢰롭게(정확하게) 재어주는 정도이다. 검사의 신뢰도를 나타내려면 먼저 신뢰롭기 위한 조건(준거)들에는 어떤 것들이 있는지 확인하고, 둘째 각 조건들의 정도를 숫자로 나타내 주어야 한다.

검사 신뢰도의 준거

성격검사의 경우, 이 준거들에는 다음과 같은 10가지가 있다고 보여진다.

(1)검사 안내문에 이 검사는 성적과 관련이 없다는 사실을 말해준다.
검사는 대부분 학생들에게 실시되는데 학생들은 성적에 민감하다. 성적과 관련된다고 생각되면 허위로 반응할 가능성이 높기 때문에 성적과 검사가 관련이 없음을 인식하게 한다.

(2)검사 안내문에 각 문항은 정답과 오답이 없다는 것을 말해준다. 학생들은 습관상 모든 지필검사는 정답과 오답이 있는 것으로 여기기 쉽다.

(3)검사 안내문에 일체의 반응은 연구 이외에 공개되는 일이 없다는 것을 말해준다. 공개된다고 여겨지면 허위로 반응할 가능성이 높다.

(4)검사 안내문에 평소 자기의 마음을 있는 그대로 나타내도록 말해 준다.

(5)피험자 수준에 비추어 이해할 수 있는 단어를 사용한다.

(6)피험자의 수준에 비추어 쉽게 이해할 수 있는 문장을 사용한다.

(7)문장은 길지 않게 간명하게 한다.

(8)검사시간이 부족하지 않게 한다.

(9)문항수는 요인당 10개 이상 되게 한다.

(10)답지수는 5개 이상 되게 한다.

(11)답지들 간의 간격은 동일하게 한다.

검사 신뢰도의 점수화

(1)성적과 관련이 없다는 것이 안내문에 있으면 5점, 안내문에 없으면 1점을 준다.

(2)정답과 오답이 없다는 것이 안내문에 있으면 5점, 없으면 1점을 준다.

(3)검사결과가 공개되지 않는다는 것이 안내문에 있으면 5점, 없으면 1점을 준다.

(4)자신의 마음을 있는 그대로 나타내도록 안내문에 있으면 5점, 없으면 1점을 준다.

(5)모든 문항에 사용된 단어가 이해할 수 있는 것이면 5점, 10% 정도가 이해하기 어려우면 4점, 20% 정도가 이해하기 어려우면 3점, 40% 정도가 이해하기 어려우면 1점, 50% 정도 이해하기 어려우면 0점으로 한다.

(6)모든 문항의 문장이 이해할 수 있는 것이면 5점, 10% 정도가 이해하기 어려우면 4점, 20% 정도가 이해하기 어려우면 3점, 40% 정도가 이해하기 어려우면 1점, 50% 정도 이해하기 어려우면 0점으로 한다.

(7)모든 문항이 20자 이내로 되어 있으면 5점, 10%가 20자를 넘으면 4점, 20%가 20자를 넘으면 3점, 30%가 20자를 넘으면 2점, 40%가 20자를 넘으면 1점, 50%가 20자를 넘으면 0점으로 한다.

(8)검사시간이 부족하지 않으면 5점. 1-3분 부족하면 3점, 6-7분 부족하면 2점, 8-9분 부족하면 1점, 10분이상 부족하면 0점으로 한다.

(9)한 요인당 10문항 이상이면 5점, 8-9문항이면 4점, 6-7문항이면 3점, 4-5문항이면 2점, 2-3문항이면 1점 1문항이면 0점으로 한다.

(10)답지수가 5 이상이면 5점, 4이면 4점, 3이면 3점, 2이면 1점으로 한다.

(11)답지 간격이 동간격이면 5점, 부동간격이면 3점으로 한다.

평정자의 수

신뢰도 산출은 검사 제작자나 사용자 1인이 할 수도 있고 2-5인 하여 평균으로 할 수도 있다. 또한 신뢰도 산출은 피험자의 의견을 물어서 할 수도 있다. 피험자에게 물어서 산출하는 경우 한 명에게 물을 수도 전체에게 물어 볼 수도 있다. 위 11가지 준거에 점수를 준 다음 합해서 "11×5"로 나눈 것이 최종 검사의 신리도가 된다. 가상적인 신뢰도 산출의 예를 제시한다.

준거	제작자	실시자 또는 연구자	피험자
	1인	3인 평균	10인 평균
(1)	5	5	5
(2)	5	5	5
(3)	2	2	2
(4)	3	3	3
(5)	4	4.3	4.4
(6)	4	4.2	4.8
(7)	4	4	4
(8)	5	5	4.8
(9)	4	4	4
(10)	5	5	5
(11)	4	4.5	4.7
계	45	46	46.7
신뢰도(계/55)	0.82	0.84	0.85

2)실시과정 신뢰도

실시과정과 관련되어 있는 요인들에는 유의사항 알려주기, 시간의 준수, 분위기 유지, 기온, 밝기, 시설이 있다.

(1)유의사항 일러주기

학생들이 심리검사에 임해서 알아야 할 사항들을 알려주는 것이다. 안내문 읽어주기, 수험요령, 기타 꼭 알아야 할 사항들을 알려주는 것이다. 잘 알려주었다고 생각하면 5점, 불충분하게 알려주었으면 3점, 알려주지 않았으면 1점을 준다.

(2)시간의 준수

이는 정해진 시간을 피험자들이 모두 사용하도록 하는 것이다. 시간을 잘 지켰으면 5점, 1-2분 덜 사용하게 했으면 4점, 3-4분 덜 사용하게 했으면 3점, 5-6분 덜 사용하게 했으면

2점, 7-8분 덜 사용하게 했으면 1점, 9분 이상이면 0점을 준다.

(3)수험분위기 유지
분위기를 너무 엄격하게 하여 피험자들이 심리적으로 위축되게 한다거나, 너무 방관해서 주의를 산만하게 해서는 않된다. 심리적으로 안정된 상태에서 주의를 집중해서 검사에 임하도록 해야 한다. 분위기를 잘 유지하였으면 5점, 약간 좋지 않았으면 4점, 어느 정도 좋지 않았으면 3점, 대체로 좋지 않았으면 2점, 매우 좋지 않았으면 0점을 준다.

(4)기온
너무 덥지도 너무 춥지도 않아야 한다. 기온이 적합하면 5점, 약간 덥거나 추우면 4점, 어느 정도 춥거나 더우면 3점, 대체로 덥거나 추우면 2점, 매우 덥거나 추우면 0점을 준다.

(5)밝기
너무 어둡거나 밝아서 검사받는데 지장을 주는 정도이다. 밝기가 지장을 주지 않으면 5점, 조금 지장을 주면 4점, 어느 정도 지장을 주면 3점, 대체로 지장을 주면 2점, 매우 지장을 주면 0을 준다.

(6)시설
책상, 의자, 청소상태 등이 수험에 지장을 주지 않은 정도이다. 시설이 지장을 주지 않으면 5점, 조금 지장을 주면 4점, 어느 정도 주었으면 3점, 대체로 지장을 주었으면 2점, 매우 지장을 주었으면 0점을 준다.

실시과정 신뢰도는 검사 제작자나 실시자 또는 피험자에 의해 산출한다. 산출자가 복수이면 평균을 낸다.

준거	제작자 1인	실시자2인(평균)	피험다다수(평균)
1	5	4.8	4.5
2	3	3.2	3.6
3	2	2.4	2.6
4	4	3.5	3.1
5	3	2.3	2.2
6	4	3.2	3.5
계	21	19.7	19.5
신뢰도(계/5×6)	0.7	0.66	0.65

3)피험자 신뢰도

이는 검사를 받는 피험자가 자신을 잘 나타내 주는 정도이다. 자신을 잘 나타내 주는데 관련된 요인들에는 동기, 심리상태, 건강상태가 있다.

(1)동기는 최선을 다해 자신을 잘 나타내려는 의지이다. 최선을 다했으면 5점, 대체로 열심히 했으면 4점, 어느 정도 열심히 했으면 3점, 조금 열심히 했으면 2점, 아무렇게나 했으면 0점을 준다.

(2)심리상태는 심리적으로 안정되어 있는 정도 또는 불안이 없는 정도이다. 매우 안정되어 있으면 5점, 대체로 안정되어 있으면 4점, 어느 정도면 3점, 조금 불안하면 1점, 매우 불안하면 0점을 준다.

(3)건강은 건강이 검사를 받는데 지장을 주지 않는 정도이다. 전혀 이상이 없으면 5점, 조금 이상이 있으면 4점, 어느 정도 있으면 3점, 많이 있으면 1점, 매우 많이 있으면 0점을 준다.

어느 개인 피험자 신뢰도는 세가지 신뢰도의 평균으로 한다. 예컨대 동기가 0.8, 심리상태가 0.9, 건강이 0.98이라면 피험자 신뢰도는 (0.8+0.9+0.98)/3=0.89가 된다. 피험자 신뢰도는 피험자에게 물어 볼 수밖에 없다. 그래서 성격검사 말미에 피험자의 의견을 묻는 다음과 같은 질문지를 첨부한다.

여러분이 검사를 받는 동안 마음이나 건강상태는 어떠하였습니까? 해당되는 답지에 동그라미를 치세요.

동기: 최선을 다했다, 대충하였다, 아무렇게나 하였다.

심리: 불안이 전혀 없었다, 약간의 불안이 있었다, 불안이 상당히 있었다, 불안이 매우 심했다.

건강: 건강했다, 약간 건강이 좋지 않았다, 건강이 상당히 좋지 않았다, 건강이 매우 좋지 않았다.

준거	피험자1	피험자2	피험자3	피험자4
1	5	4	4	5
2	3	3	3	4
3	4	4	5	3
계	12	11	12	12
합계	12+11+12+12=47			

집단 피험자 신뢰도 =합계/3×4×5=47/60=0.78

4)채점의 신뢰도

채점, 합계, 이기 등에서 착오가 생겨 점수에 영향을 줄 수 있다. 채점의 신뢰도란 채점이 오차 없이 이루어진 정도이다.

채점의 신뢰도=1-잘못 채점된 점수/만점

예컨대 50개 중에서 2개가 잘못 채점되었다면,

채점의 신뢰도=1-2/50 =0,96

5)규준의 신뢰도

규준의 신뢰도는 표준화 검사에서만 해당된다. 규준이 잘못되어 있으면 점수가 왜곡될 수 있다. 규준에 영향을 줄 수 있는 것들에는 표집의 수, 표집의 대표성, 제작년도가 있다.

(1)표집의 수

표집의 수는 많을수록 전집과 비슷해질 수 있다. 대체로 관행적으로 표집수는 1000으로 하고 있다.

표집수의 신뢰도=1-0.0005(1000-N), 500≤N≤1000

이 식은 표집수가 1씩 적어질 때마다 신뢰도가 0.0005씩 감소하는 것으로 본다.

N=1000이면

표집수의 신뢰도=1-0.0005(1000-1000)=1-0.0005×0=1.00

N=800이면

표집수의 신뢰도=1-0.0005(1000-800)=1-0.0005×200=0.90

N=500이면

표집수의 신뢰도=1-0.0005(1000-500)=1-0.0005×500=0.75

N=100이면

표집수의 신뢰도=1-0.0005(1000-100)=1-0.0005×900=0.55

(2)표집의 대표성

심리검사의 규준의 작성 시 전집을 대표하기 위해 주로 3가지를 고려한다. 그것들은 지역비율, 학년비율, 남녀비율이다. 이 3가지 중에서 각 학년의 비율을 같게 하고 각 성의 비율을 같게 한다고 하면 각 지역의 표집비율이 각 지역의 전집비율과 얼마나 일치하느냐로 표집의 대표성 신뢰도를 산출할 수 있다.

표집의 대표성 신뢰도=1-(지역 전집비율보다 표집비율이 적은 경우의 전집비율과 표집비율의 차이들의 합)

	전집비율	표집비율	부족비율
서울	20	25	
경기, 강원	25	20	5
충청	15	20	
호남	15	20	
영남	25	15	10

부족비율의 합 15%

표집 대표성 신뢰도 1-0.15=0.85

(3)제작년도 신뢰도

시대가 변하면 문화, 생활방식, 지식이 달라질 수 있으며 이런 변화로 인해 규준도 변할 수 있다. 가장 정확한 규준은 최근에 제작된 규준이다. 대략 1년에 0.3%(0.003)씩 변한다고 보았을 때 제작연도 신뢰도는 다음과 같다.

제작연도 신뢰도=1-0.003n

n=제작이후 현재까지의 연수

제작한지 40년이 지났다면,

제작연도 신뢰도=1-0.003×40=0.88

제작한지 100년이 지났다면,

제작년도 신뢰도=1-0.003×100=0.70

제작한지 10년이 지났다면,

제작년도 신뢰도=1-0.003×10=0.97

전체 규준의 신뢰도는 표집수 신뢰도, 대표성 신뢰도, 제작연도 신뢰도의 평균이 된다. 만약 표집수 신뢰도가 0.92, 대표성 신뢰도가 0.94, 제작연도 신뢰도가 0.90이라면 규준의 신뢰도는 (0.92+0.94+0.90)/3=0.92가 된다.

6)점수의 신뢰도

개인의 점수는 여태까지 논의한 5가지 즉 검사 자체의 신뢰도, 실시과정 신뢰도, 피험자 신뢰도, 채점의 신뢰도, 규준의 신뢰도(표준화 검사에 한함)에 영향을 받는다. 아무리 검사의 신뢰도가 높다고 하더라도 실시과정, 채점이 잘못 되었다면 개인의 진점수는 제대로 나타날 수 없다. 검사 자체 신뢰도, 실시과정 신뢰도, 채점의 신뢰도가 높다고 하더라도 피험자 신뢰도가 낮다면 진점수는 왜곡될 수 있다. 점수의 신뢰도는 5개 신뢰도의 평균으로 한다. 만약 여러 사람이 평정하였다면 여러 사람 평정점수의 평균이 점수의 신뢰도 평균이 된다.

	평정자			
	A	B	C	D
검사의 신뢰도	0.85	0.90	0.96	0.80
실시과정 신뢰도	0.92	0.82	0.98	0.90
피험자의 신뢰도	0.88	0.86	0.95	0.70
채점의 신뢰도	0.94	0.88	0.92	0.60
규준의 신뢰도	0.90	0.80	0.90	0.50
점수의 신뢰도	0.898	0.852	0.942	0.70

4명 평정자의 점수신뢰도의 평균=(0.898+0.852+0.942+0.70)/4=0.848

2.대안적 타당도

타당도의 종류에는 크게 교과 타당도와 특성 타당도가 있다. 교과 타당도는 내용 타당도와 목표 타당도로 나누어진다. 내용 타당도는 이미 배운 내용을 검사가 충실히 재어주는 정도이고 목표 타당도는 그 내용과 관련된 목표를 충실히 재어주는 정도이다.

특성이란 뚜렷이 의도적으로 가르치거나 배운 것은 아니고 성장하면서 자연스럽게 형성된 정신적 심리적 실재로서 지속성과 강도를 갖는다. 지능, 적성, 성격, 흥미, 등이 이러한 특성에 해당하다. 특성 타당도는 특성을 충실히 재어주는 것이다. 이 특성 타당도는 2가지가 있는데 하나는 준거 타당도이고 다른 하나는 구인 타당도이다.

1) 내용 타당도

내용은 교과서의 내용을 말한다. 내용 타당도는 이미 배운 내용을 충실히 재어주는 정도이다. 내용을 충실히 재어주는 정도란 출제 범위에서 골고루 출제한 정도이다. 이 내용 타당도는 교과서의 내용의 구성 비율과 출제의 비율을 비교함으로서 산출할 수 있다. 교과서 비율보다 출제 비율이 적은 비율들을 합하고 이를 1에서(또는 100%에서) 빼면 된다.

대주제	소주제	교재구성비율	출제비율	부족비율
A	a	8	11	
	b	12	6	6
	c	6	9	
B	e	15	12	3
	f	7	18	

C	g	16	17	
	h	14	16	
D	i	10	5	5
E	j	12	6	6
			부족비율합계	20

내용 타당도=1-부족비율의 합계

1- 0.2=0.80

2)목표 타당도

목표란 학생이 배우고 나서 도달되기를 바라는 바람직한 상태를 말한다. 이 목표는 일반적으로 내용과 행동으로 진술된다. 예컨대 "정삼각형을 그릴 수 있다", "이차방정식을 계산할 수 있다" 등이 목표인데 여기서 정삼각형, 이차방정식이 내용이고 그리다, 계산하다가 행동이다. 목표 타당도는 목표를 충실히 재어주는 정도이다. 목표 타당도는 원래 설정했던 목표와 실제 출제한 목표 간의 일치율로 산출한다. Bloom(1956) 등에 의하면 행동은 지식, 이해, 적용, 분석, 종합, 평가로 나누어지고 허경조(2008)에 의하면 암기, 이해, 발견으로 나누어진다.

원래의 목표		출제된 목표		일치여부	
내용	**행동**	**내용**	**행동**	**내용**	**행동**
개념	이해	개념	암기	일치	불일치
사실	암기	사실	발견	일치	불일치
규칙	암기	단어	이해	불일치	불일치
요지	찾기	요지	찾기	일치	일차
공식	암기	규칙	이해	불일치	불일치
인명	암기	인명	암기	일치	일치
원리	이해	원리	찾기	일치	불일치
법칙	발견	법칙	발견	일치	일치
단어	이해	인명	이해	불일치	일치

일치의 개수	6개	4개
일치율	내용 6/9	행동 4/9

목표 타당도=(6/9+4/9)/2=(0.67+0.44)/2=0.56

또는 (6+4)/(9+9)=10/18=0.56

3)준거 타당도

준거 타당도는 준거를 충실히 재어주는 정도인데 대부분 준거 타당도는 준거검사(또는 기준검사)와 타당도를 알아보려는 검사(또는 예언검사)와의 상관계수로 나타낸다. 상과계수법의 문제를 극복하는 방법은 준거검사와 타당도를 알아보려는 검사를 의미적으로 경험적으로 직접 비교하여 일치도를 판단하는 것이다.

산출과정은 다음과 같다.

(1)기준검사의 문항들 및 예언검사의 문항들을 요인별로 묶는다.

(2)기준검사의 요인과 예언검사의 요인이 같은 것끼리 문항들을 직접 의미적으로 경험적으로 비교하여 일치도를 판단한다. 그리고 평균을 산출한다.

(3)어느 한 쪽 요인만 있고 그에 대응하는 요인이 없는 경우 일치도는 0으로 한다.

(4)요인들의 비중을 정하고 비중을 반영해서 평균을 산출한다.

공인 타당도의 예-불안검사

예언검사

1. 사다리를 올라갈 때 떨어질까 겁이 난다.
2. 높은 곳에서 아래를 쳐다 보면 무섭다.
3. 총과 같은 물건을 보면 무섭다.
4. 예리한 물건을 보면 섬뜻하다.
5. 혼자 있는데 이상한 소리를 들으면 놀란다.
6. 깊은 밤에 사이렌 소리가 들리면 가슴이 뛴다.
7. 밤이 되면 밖에 나가기 두렵다.
8. 밤거리를 혼자 거닐지 못한다.
9. 병에 걸릴까 바 늘 조바심이다.
10. 몸이 아프면 죽을 지 몰라 불안하다.

기준검사

1. 높은 곳에 가면 떨어질까 겁이 난다.
2. 고층건물에 오르면 건물이 흔들리는 것 같다.
3. 칼이나 면도날을 보면 섬뜻하다.
4. 소리에 놀라 잠을 깨는 경우가 종종 있다.

5. 집에 혼자 있으면 무서움을 느낀다.
6. 누군가가 옆에 있어야만 잠이 온다.
7. 병원에 갈 때 겁이 난다.
8. 병에 걸릴까 바 걱정이 많다.
9. 몸이 약해서 오래 살지 못할 것 같다.

(1)문항들을 종류(요인)별로 분류한다.

예컨대 예언검사 1번 "사다리를 올라 갈 때 떨어질까 겁이 난다"와 2번 "높은 곳에서 아래를 쳐다보면 무섭다"는 모두 높은 위치에 있게 되었을 때 느끼게 되는 불안을 나타내고 있다. 이를 고소불안이라고 할 수 있다. 기준검사 5번 "혼자 집에 있으면 무서움을 느낀다"와 6번 "누군가 옆에 있어야만 잠이 온다"는 모두 혼자 있게 되면 느끼는 불안을 나타낸다. 이를 홀로불안이라고 명명할 수 있을 것이다. 이와 같이 예언검사는 예언검사별로 기준검사는 기준검사별로 문항들을 요인별로 묶는다. 그런 다음 한 표에다 요인별로 두 검사 문항들을 대비시킨다. 위의 경우 요인별 두 검사의 대비표는 다음과 같다.

문항들의 요인별 분류

요인	예언검사	기준검사
고소불안	1, 2	1, 2
흉기불안	3, 4	3
소리불안	5, 6	4
홀로불안		5, 6
암흑불안	7, 8	
질병불안	9, 10	7, 8, 9

(2)예언검사와 기준검사 일치도 판단

요인	예언검사	기준검사	일치도	평균
고소불안	1	1	0.9	
		2	0.9	
	2	1	1.0	
		2	0.9	0.925
흉기불안	3	3	0.8	
	4	3	1.0	0.9
소리불안	5	4	0.85	
	6	4	0.95	0.9
홀로불안		5	0	
		6	0	0
암흑불안	7		0	
	8		0	0

질병불안	9	7	0.8	
		8	1.0	
		9	0.85	
	10	7	0.85	
		8	0.85	
		9	0.95	0.883

(3)공인 타당도

①모든 요인들의 비중을 동일하게 했을 때

공인 타당도=(0.925+0.9+0.9+0+0+0.883)/6=0.601

②비교의 수에 따라 비중을 달리할 때

비교의 수

고소불안=4, 흉기불안=2, 소리불안=2, 홀로불안=2, 암흑불안=2, 질병불안=6

공인 타당도=(0.925×4+0.9×2+0.9×2+0×2+0×2+0.883×6)/(4+2+2+2+2+6)

=(3.7+1.8+1.8+0+0+5.298)/18=0.699

4)구인 타당도

구인이란 구성인자의 약자로서 우리의 정신과 마음을 구성하고 있다고 보는 심리적 특성을 말한다. 그러므로 구인 타당도란 검사가 심리적 특성을 충실히 재어주고 있는 정도이다. 지능검사가 지능을 충실히 재어주고 있는가, 성격검사가 성격을 충실히 재어주고 있는가가 구인 타당도의 관심이다. 준거 타당도도 심리적 특성을 재어준다는 점에서 구인 타당도와 같다. 다른 점은 타당도를 산출하는 방법의 차이이다. 준거 타당도가 이미 알려진 검사와 비교해서 타당도를 확인하는 것이라면 구인 타당도는 구인 즉 심리적 특성을 검사가 충실히 재고 있는지 직접 확인하는 것이다.

구인 타당도의 산출과정은 다음과 같다. 첫째, 구인(특성)의 의미를 정의한다. 하위요인이 있는 경우 하위요인을 확인하고 각 하위요인을 정의한다. 둘째, 문항 하나 하나가 구인의 의미, 하위요인의 의미와 어느 정도 일치하는지 논리적 경험적으로 판단한다. 이 경우 한 사람이 할 수도 있고 여러 사람이 할 수도 있다. 셋째, 판단자 별로 전체 문항의 평균을 구한다. 복수인이 판단했다면 복수인들의 평균을 다시 평균한다.

예, 불안검사의 구인 타당도

(1)불안의 정의 및 하위요인의 확인과 정의

불안이란 심리적으로 안정되지 못한 상태이다. 불안은 시험불안, 대인불안, 고소불안, 질병불안, 암흑불안이 있다.

시험불안-시험에 응했을 때 발생하는 불안으로 시험을 제대로 치를 수 없게 한다.
대인불안-사람을 만났을 발생하는 불안으로 정상적인 대화에 지장을 준다.
고소불안-높은 위치에 있을 때 발생하는 불안으로 높은 곳에서의 활동에 지장을 준다.
질병불안-사소한 병에도 과민 반응한다.
암흑불안-어두움에 대해 공포감을 가진다.

시험불안

문항	판단자A,	B,	C,	D	평균
1. 시험이 다가오면 걱정이 된다.	0.9	0.8	1.0	0.85	0.80
2. 시험을 보면 손이 떨린다.	0.95	1.0	0.9	0.92	0.94
3. 책 보기가 싫다.	0.2	0.15	0.25	0.0	0.15
4. 글씨가 잘 안 써진다.	0.1	0.1	0.15	0.05	0.10
5. 시험을 보는 동안 가슴이 뛴다.	0.95	1.0	0.95	1.0	0.9
6. 시험지가 보기 싫다	0.65	0.70	0.55	0.55	0.61

대인불안

문항					
1. 사람 만나기 싫다.	0.80	0.90	0.75	0.80	0.81
2. 사람을 보면 불편하다.	0.85	0.95	0.90	0.95	0.91
3. 영화를 싫어한다.	0.10	0.15	0.30	0.20	0.19
4. 치구가 없다.	0.5	0.45	0.65	0.55	0.54

고소불안

문항					
1. 사다리를 타기 겁난다.	0.75	0.85	0.80	0.90	0.82
2. 고층 아파트가 싫다.	0.65	0.75	0.85	0.80	0.76
3. 기차 타기 싫다.	0.00	0.10	0.05	0.15	0.08

질병불안

문항					
1. 감기에 잘 걸린다.	0.10	0.00	0.20	0.15	0.11
2. 건강이 나빠 걱정이다.	0.60	0.65	0.70	0.50	0.61
3. 병에 걸릴까바 걱정이 많다.	0.90	0.95	0.85	0.95	0.91
4. 몸이 약해서 삶이 절망적이다.	0.95	0.90	0.95	1.00	0.95

암흑불안

문항					
1. 어두워지면 두려워진다.	1.00	0.95	0.95	1.00	0.98
2. 밤에 밖에 나가지 못한다.	0.95	0.90	1.00	0.95	0.92

	A	B	C	D
판단자별 평균	0.65	0.64	0.67	0.68

구인 타당도=개별 구인 타당도의 평균=(0.65+.64+67+.68)/4=0.66

판단자는 판단능력이 있어야 한다. 판단을 연습한 후에 판단하도록 한다.

문항별 또는 검사의 구인 타당도의 해석

0.9-1.0: 매우 높음

0.7-0.89: 높음

0.6-0.69: 미흡-수정

0.59미만: 수정 또는 폐기

위의 예에서 시험불안 3번의 구인 타당도 0.15, 4번 0.10, 대인불안 3번 0.19, 4번 0.54, 고소불안 3번 0.08, 질병불안 1번 0.11으로 매우 낮으므로 폐기해야 한다.

× **제5장** ×

지적능력 표준화 검사

1.표준화 검사

1)표준화 검사의 의미

표준화 검사란 전문가가 제작하고 실시와 채점이 객관화 되어 있으며 점수가 규준에 의해 해석되는 검사이다. 전문가란 검사의 내용과 검사의 제작에 대해 전문적인 지식을 가진 사람이다. 실시와 채점이 객관화 되어 있다는 것은 요강이 있어서 요강대로 실시되고 채점된다는 것을 의미한다. 객관적이란 요강대로만 실시되고 채점된다면 누가 실시하고 채점해도 동일한 점수를 얻는다는 것을 의미한다. 규준에 의한 해석이란 점수를 상대적으로 해석한다는 의미이다. 상대적 해석이란 원점수를 T점수나 백분율(P)로 바꾸어 해석하는 것을 의미한다.

표준화 검사는 대체로 상업적 목적으로 제작되기 때문에 저작권이 있어서 복제나 무단 사용이 금지된다. 표준화 검사는 전문가가 많은 시간과 경비를 들여 제작한 것이기 때문에 비교적 믿을 수 있는 검사 결과를 얻고자 할 때 사용하게 된다.

2)규준의 제작

표준화 검사에서 규준은 핵심적 개념이다. 한 마디로 규준이 있으면 표준화 검사이고 규준이 없으면 표준화 검사가 아니다. 규준이 정확해야 표준화 검사의 점수가 정확할 수 있다. 규준이란 원점수(X)를 상대적 점수(T점수나 백분율)로 바꾸어 놓은 표라고 할 수 있다.

규준은 원칙적으로 전집을 가지고 제작되어야 하나 현실적으로 전집을 가지고 제작하기 어렵기 때문에 대부분 표집을 가지고 제작하게 된다. 원점수를 상대적 점수로 전환하는 과정은 다음과 같다.

X	f	fX	fX^2	x	Z	T
8	3	24	192	3.91	1.72	67.2
7	3	21	147	2.91	1.28	62.8
6	4	24	144	1.91	0.84	58.4
5	4	20	100	0.91	0.40	54.0
4	6	24	96	-0.09	-0.04	49.6
3	5	15	45	-1.09	-0.48	45.2
2	4	8	16	-2.09	-0.92	40.8
1	3	3	3	-3.09	-1.36	36.4
0	2	0	0	-4.09	-1.80	32.0
	$\Sigma f=34$	$\Sigma fX=139$	$\Sigma fX^2=743$			

M=139/34=4.09

$$S=\sqrt{\frac{34\times 743-139^2}{34^2}}=2.27$$

x=X−M

T=10Z+50

이 표에서 X난과 T난만 남기고 중간에 있는 f fX fX Z를 생략하고 제시한 것이 규준이다. 어느 개인의 점수가 6이라면 그 개인의 T점수는 58.4이다.

동일한 자료를 가지고 백분율(P)을 구하는 과정은 다음과 같다.

X	f	cf	P
8	3	34	100
7	3	31	91.18
6	4	28	82.35
5	4	24	70.59
4	6	20	58.82
3	5	14	41.18
2	4	9	26.47
1	3	5	14.71
0	2	2	5.88

T에 해당하는 백분율과 P의 백분율 차이

X	Z	T	T의 백분율	P
8	1.72	67.2	95.73	100
7	1.28	62.8	89.97	91.18
6	0.84	58.4	79.95	82.35
5	0.40	54	65.54	70.59
4	-0.04	49.6	48.40	58.82
3	-0.48	45.2	31.56	41.82
2	-0.92	40.8	17.88	26.47
1	-1.36	36.4	8.69	14.71
0-1.80	-1.80	32	3.59	5.88

여기서의 예처럼 규준제작에 동원된 사례수가 34명 밖에 되지 않기 때문에 T의 백분율과 P의 백분율 간에 차이가 크다. 표준화 검사에서 실제 규준작성에 동원되는 사례수는 대체로 1000 정도 된다. 1000명 정도이면 T의 백분율과 P의 백분율 간에 차이가 거의 없다.

3)규준의 종류

규준은 전집을 어떻게 규정하느냐에 따라 여러가지가 있을 수 있다. 성별에 따라 규준은 여자규준, 남자규준이 있다. 지역에 따라 도시규준, 농촌규준이 있다. 연령에 따라 8세규준....10세규준......15세규준 등이 있을 수 있다. 나라에 따라 한국규준, 영국규준, 인도규준 등이 있을 수 있다. 여러 변인들의 복합에 따라 한국 도시 남자 13세 규준, 미국 농촌 여자 10세 등의 규준이 있을 수 있다. 개인의 원점수를 그 개인에 해당하는 규준을 보고 T점수나 백분율을 확인한다.

4)좋은 규준의 조건

표준화 검사에서 규준은 잣대와 같은 것이다. 잣대가 좋아야 길이를 정확히 잴 수 있듯이 표준화 검사에서 규준이 좋아야 개인의 심리의 정도를 정확히 잴 수 있다. 좋은 규준의 조건은 3가 이다. 첫째, 규준작성에 동원되는 사람의 수는 가급적 많아야 한다. 많을수록 좋지만 현실적으로 어려우므로 대개 1000명으로 작성한다. 둘째, 표집은 전집을 잘 대표해 주어야 한다. 연령, 성, 지역, 학년 등 전집을 구성하는 변인들이 모두 포함되고 각 변인내에서 표집이 골고루 이루어지도록 한다. 셋째, 규준은 가급적 최근에 제작되어야 한다. 지식이나 성격 흥미 태도 등은 시간이 지남에 따라 변할 수 있다. 현재의 심리의 정도를 파악하려고 하면 현재와 가까운 규준을 사용해야 한다.

2.지능검사

1)지능의 의미

지능은 우리의 두뇌에 있는 것으로 여겨지는 정신적 능력이라고 할 수 있는데 그 능력이 무엇이냐에 대해 학자마다 다르게 정의하고 있어서 지능을 한 마디로 정의하기 어렵다. 지능검사를 최초로 제작했던 Binet는 지능이 무엇이냐에 대해 확실하게 정의하지 않고 대신 지능의 특징에 대해 4가지의 특징을 말하고 있는데 그것들은 방향성, 적응성, 자동비판성, 이해성이다. 방향성이란 목적의식이다. 적응성이란 목적을 달성하기 위한 수단들의 발견이다. 자동비판이란 판단력이다. Binet에 의하면 지능이 높다는 것은 목적의식이 분명하고, 목적달성을 위한 수단들을 잘 강구하고, 잘 이해하고, 잘 판단하는 것이다. Wechsler는 지능을 목적으로 행동하고, 합리적으로 사고하며, 환경을 효과적으로 다루는 능력이라고 하였다.

Wechsler의 목적적 행동은 Binet의 목적성과 같고 환경을 효과적으로 다루는 능력은 Binet의 적응성과 같다. Wechsler의 합리적 사고는 Binet의 판단력과 유사하다.

지능을 추상적인 것들을 다루는 능력(Gage & Berliner, 1978), 학습하는 능력(Guilford, 1967), 지능검사가 측정하고 있는 능력(Boring)(Guilford,1967)으로 정의하기도 한다. 추상적인 것들이란 구체적 사물이나 감각이 아닌 아이디어, 상징, 관계, 원리 등을 말하는데 지능은 이러한 추상적인 것들을 이해하고 발견하고 사용하는 능력이다. 학습이란 아직 모르는 새로운 것을 알게 되는 것이다. 새로운 것이란 아직 모르는 아이디어, 상징, 관계, 개념, 원리 등을 의미한다고 볼 수 있으므로 학습하는 능력은 추상적인 것을 다루는 능력과 거의 같다고 할 수 있다. 정범모와 김호권의 일반 지능검사는 어휘 적용, 수열 추리, 언어 추리, 산수 추리, 도형 추리로 이루어져 있다. 어휘 적용은 많은 어휘를 정확하게 알고 있는가, 그것들이 어떻게 쓰이고 있는가를 아는 것이다. 이것은 추상적 아이디어나 상징, 개념을 다루는 것과 같다. 언어 추리, 수열 추리, 산수 추리, 도형 추리에서 추리란 언어들, 수들, 도형들에 깃들어 있는 규칙을 찾아 내고 사용하는 능역이다. 이 능력은 추상적 원리, 관계들을 다루는 것과 같다. 그러므로 지능검사에서 측정하고 있는 것은 결국 추상적인 것을 다루는 능력과 같은 것이다. 위의 지능에 대한 3가지 정의는 비록 표현은 달라도 근본적인 것은 같다고 할 수 있다. 그래서 지능을 가장 일반적이고 포괄적으로 정의하면 추상적인 것들을 다루는 능력이라고 할 수 있다.

지능은 인간의 모든 능력을 포함하는 것은 아니다. 지능은 인간이 다루는 여러 내용들 중에서 주로 언어, 수, 도형을 다룬다. 인간이 다루는 내용들에는 이외에 마음, 행동, 게임, 음악, 움직임, 감각 등이 있다. 이런 것들을 다루는 능력을 지능은 측정하지 못한다. 지능의 또 다른 특징은 지능지수는 시간과 밀접히 관련되어 있다는 점이다. 지능이 높다는 것은 언어, 수, 도형을 다루는 시간이 적게 걸린다는 것을 의미한다. 대부분의 인간은 지능검사에 나타난 문제를 풀 수 있으되 사람마다 시간의 차이가 있는 것이다. 지능이 높은 사람은 빨리 풀고 지능이 낮은 사람은 느리게 푼다.

2) Binet-Simon 지능검사

1905년 프랑스의 Binet는 그의 동료 Simon과 함께 문교부 장관의 요청으로 정신지체아를 선별할 목적으로 3-11세 50명을 대상으로 문항들을 검토하여 30문항을 만들었는데 그 문항들을 난이도 순으로 배열하였다. 일부 동작성 문항이 포함되어 있으나 대부분 언어성 문항으로 되어 있다.

백치들(idiot, 지능이 20-25이하)은 1번에서 6번까지는 풀고 그 이상은 풀지 못한다. 저능아(imbecile, 지능이 25-50 사이)들은 15번 까지는 풀고 그 이상은 풀지 못한다. 노둔(moron, 8-12세 지능의 성인)들은 경계가 분명하지 않는데 27번이 노둔 여부를 결정한다고 보았다.

1번: 불 켜진 성냥개비를 눈 앞에서 움직였을 때 머리와 눈이 따라가기
6번: 몸동작 따라 하기
15번: 15개 단어로 된 문장 따라 하기
27번: 25개의 질문에 응답하기(잠잘 때 무엇을 해야 하는가? 왜 참아야 하는가?)
30번: 추상적 단어들의 의미구별하기(좋아하는 것과 존경하는 것은 어떻게 다른가?)
(Sattler, 1974)

1908년에 이전의 문항들을 수정 삭제하여 개정하였다. 특징적인 변화는 정신연령을 도입하는 것이였다. 이전의 검사가 나이에 관계없이 동일하였으나 개정판에서는 연령에 따라 문항을 달리하였다. 검사를 통해 정신연령을 확인하고 지능을 산출하엿다.

3-13세 300여명을 대상에게 검사를 실시하여 동일 연령 아동들의 80-90%가 통과한 문항들을 그 연령의 문항으로 하였다. 각 연령마다 5문항으로 되어 있는데 5문항 중 4문항을 맞추면 그 연령의 정신연령이 된다.

3세 문항
-눈, 코, 입 가리키기
-문장 따라 반복하기
-숫자 따라 반복하기
-그림속에 있는 것들 말하기
-가족의 성 말하기

8세 문항
-두 개의 물체 비교하기
-그림에서 빠진 것 지적하기
-날짜 대기
-5개의 숫자 외우기

12세 문항

-세 개의 단어를 가지고 한 문장을 만들기

-3분에 60개 단어 말하기

-세 개의 추상적 단어 정의하기

-무질서한 문장 이해하기

정신연령은 5개 문항 중 4개를 맞추는 연령을 기저연령으로 하고 그 이상의 연령에서 맞는 문항 하나에 0.2씩 가산해 준다(황정규, 1984).

3) Stanford-Binet 지능검사

1916년 Stanford대학의 Terman은 Binet 지능검사를 미국 실정에 맞게 일부 문항들을 수정하고 일부 문항들을 새로 만들고 1400여명을 대상으로 규준을 작성해서 Stanford-Binet 지능검사를 제작하였다. Stanford-Binet 지능검사의 지능지수는 정신연령(mental age: MA)을 생육연령(chronical age: CA)으로 나눈 다음 100을 곱해서 산출한다.

$$IQ=\frac{MA}{CA}$$

예컨대 생육연령이 8세 6개월인데 정신연령이 9세 4개월이라면

$$IQ=\frac{9\times 12+4}{8\times 12+6}\times 100=109.8$$

이 방식은 인간의 지적 능력은 연령이 증가함에 따라 직선적으로 발달한다는 믿음에서 나온 것이다.

1937년에 1916년판을 개정하였다. 이 개정판에서는 규준작성에 동원된 사람수를 3184명으로 대폭 확대하였고, 이전 검사가 언어 중심 이였음에 반해 비언어적 동작성 검사를 추가하였다. 그리고 검사를 L형과 M형 두 동형검사로 분리해서 제작하였다.

이전의 검사에 새로운 문항을 추가하여 정신연령이 최고 22세 10개월이 되도록 하였다. 1.5세에서 5.5세까지는 매 6개월 단위로 6문항으로 되어 있으며 1문항당 1개월의 정신여령 커지는 것으로 하였다. 6세에서 14세까지는 매 12개월 단위로 6문항으로 되어 있고 문항 당 2개월의 정신연령 커지는 것으로 하였다. 그 위 성인 평균 단계는 8문항으로 되어 있고 문항당 2개월의 정신연령이 커지는 것으로 하였다.

그 위에 다시성인 1, 성인2, 성인3의 단계가 있는데 각 단계마다 6문항으로 되어 있다. 성인1에서는 문항당 4개월, 성인2에서는 문항당 5개월, 성인3에서는 문항당 6개월의 정신연령을 추가한다.

어떤 연령단계의 6문항(성인 평균의 경우 8문항)을 모두 맞추었을 때 그 연령을 기저연령

(base age)이라고 한다. 어떤 단계의 모든 문항(6문항 또는 8문항)을 모두 틀렸을 때 그 연령을 최대연령(ceiling age)이라고 한다. 기저연령과 최대연령 사이의 각 연령단계에서의 푼 문항수에 각 연령단계에 정해진 문항당 정신연령 개월수를 곱한다. 곱해진 것들을 모두 합하고 그 합해진 것에 기저연령을 더하면 정신연령이 된다. 정신영령을 생육연령으로 나누고 100을 곱하면 지능이 산출된다.

연령단계	푼 문항수(A)	문항당 정신연령 개월수(B)	AB
3(기저연령)	6		
4	4	1	4
5	3	1	3
6	3	2	6
7	2	2	4
8	1	2	2
9(최대연령)	0		

계 19개월(4+3+6+4+2)

정신연령=12개월×3세(기저연령)+19개월=36+19=55개월
만약 생육연령이 4년 3개월이라면 개월수로는 12개월×4세+3개월=51개월

$$IQ=\frac{55}{51}\times 100=107.8$$

만약 생육연령이 12세 4개월인 학생이 14세까지의 문항을 모두 맞고 성인평균 단계 8문항 중 5개를 맞았다면

정신연령=기저연령 14년×12개월+추가연령 5개문항×2개월=168+10=178개월
생육연령 12세×12개월+4개월=144+4=148개월

$$\text{지능지수는 }\frac{178}{148}\times 100=120.2$$

만약 생육연령 15세 8개월이 학생이 13세 문항을 모두 맞고 14세 문항 6문항 중 5개, 성인평균 8문항 중 6개, 성인 1단계 6문항 중 3개, 성인 2단계 6문항 중 1개를 맞았다면

정신연령=(기저연령)13세×12개월+(14세)5×2개월+(성인평균)6×2개월+(성인1단계)3×4개월+(성인2단계)1×5개월=156개월+10개월+12개월+12개월 +5개월=195개월

생육연령=15세×12개월+8개월=180+8=188

$$\text{지능지수}=\frac{195}{188}\times 100 = 103.7$$

1960년에는 이전의 L형과 M형 두 동형 검사를 통합하였다. 통합된 문항들 중에서 연령이 증가함에 따라 정답율이 증가하는 문항들, 전체 점수와의 상관이 높은 문항들을 고르고 그것들을 재배치하고 수정하였다. 1960년 개정판의 가장 큰 변화는 종전의 비율지능지수(RIQ)를 편차지능지수(DIQ)로 바꾸었다는 점이다. 비율지능지수는 인간의 정신능력은 연령이 증가함에 따라 직선적으로 발달한다는 가정하에 산출된 것이다. 그런데 인간의 정신능력은 15세 경까지는 직선적으로 발달하다가 15세와 20세 사이에서는 곡선적으로 발달하며 20세 이후에는 오히려 연령이 증가함에 따라 감소한다는 사실이 밝혀지면서 비율지능지수 산출의 정당성이 약화되었다. 종전의 비율지능에 의하면 최대 정신연령은 274개월로 이를 12로 나누면 22.83세이다. 만약 어떤 사람의 최고 정신연령이 22,83세이고 생육연령이 40세라면 비율지능에 의하면

$$\text{그의 지능지수}=\frac{22.83\text{세}\times 12\text{개월}}{40\text{세}\times 12\text{개월}}\times 100=\frac{274}{480}\times 100=75.08$$

(최고의 정신연령=14세×12개월+성인평균 8문항×2개월+성인 1단계 6문항×4개월+성인 2단계 6문항×5개월+성인 3단계 6문항×6개월=168+16+24+30+36=274개월(274/12=22.83세))

그리하여 그 대안으로 편차지능지수가 도입되었다. 편차지능지수는 동일연령집단의 평균으로부터 얼마나 이탈되었느냐로 산출된다. 이 편차지능지수의 평균은 100, 표준편차는 16이다. 1972년에 검사내용은 그대로 두고 규준을 새로 작성하였는데, 대표적 표집이 되게 새로 2011명을 표집하여 작성하였다.

1986년에, 종전에는 연령별로 문항을 달리했던 방식을 탈피하여, 요인별로 문항을 달리하는 방식을 택하였다. 요인은 크게 결정성 지능, 유동성 지능, 단기 기억으로 나누어진다. 결정성 지능이란 정식으로 학교에서 배우는 지식과 관련되는 것으로서 다시 언어추리와 양적 추리로 나누어진다. 언어추리는 어휘, 이해, 불합리, 언어관계로 이루어지고 양적 추리는 수량, 수열, 방정식 만들기로 이루어져 있다. 유동성 지능은 정규 교과와 비교적 관련이 적은 자연적으로 형성된 능력으로 추상적 시각적 추리로서 유형분석, 모방, 행열, 종이접기와 절단하기로 이루어져 있다. 단기기억은 구슬기억, 문장기억, 숫자기억, 물건기억으로 되어 있다. 총 15개 하위검사로 되어 있으며 각 하위검사는 난이도 순으로 배열되어 있다.

4)Wechsler 지능검사

Wechsler는 이전에 제작되어 사용되어 오던 여러가지 지능검사들을 참고해서 1939년 Wechsler-Bellevue Intelligence Scale을 제작하였다. 이 검사는 이전의 Stanford-Binet 지능검사가 주로 아동용이였음에 반해 성인용도 제작되었다. 이 검사들은 5-15세 아동에 맞게

1949년에 수정한 것이 WISC (Wechsler Intelligence Scale for Children)이고, 16-64세 성인을 위해 1955년에 수정한 것이 WAIS(Wechsler Adult Intelligence Scale)이다. WISC를 4-6.5세 아동에게 맞게 1967년에 다시 수정한 것이 WPPSI(Wechsler Preschool and Primary Scale of Intelligence)이다. WAIS는 1981년에 WAIS-R로, 1997년에 WAIS-3으로 재개정되었다. WISC는 1974년에 WISC-R로, 1991년에 WISC-3으로 재개정되었다. WPPSI는 1989년 WPPSI-R로 재개정되었다.

한국에서는 전용신, 서봉연, 이창우가 1963년에 WAIS를 번안하여 K-WIS(Korean Wechsler Intelligence Scale)를 출판하였으며, 1974년 서봉연과 이창우가 WISC를 번안해서 K-WISC를 출판하였고, 박혜원, 곽금주, 박광배가 1996년 WPPSI를 번안해서 K-WPPSI를 출판하였다.

Wechsler 지능검사가 이전의 Stanford-Binet 지능검사와 다른 점은 다음과 같다. 첫째, Stanford-Binet 지능검사가 주로 아동용이였다면 Wechsler 지능검사는 아동용과 성인용이 별도로 되어 있다. 아동용은 다시 6-15세용(WISC)와 4-6세용(WPPSI)으로 나누어진다. 둘째, Stanford-Binet 지능검사의 지능산출은 정신연령을 생육연령으로 나눈 비율에 의해 이루어지는데(이를 비율지능지수라고함) 반해 Wechsler 지능검사는 동일연령의 평균으로부터의 이탈정도에 의해(이를 편차지능지수라고함) 지능을 산출한다. 셋째, Stanford-Binet 지능검사는 단지 지능의 정도를 산출하는 것이 주목적이라면 Wechsler 지능검사는 지능의 산출 뿐만 아니라 정신과적 질환을 진단하는 목적으로도 활용된다.

Wechsler 지능검사의 구성

언어성 검사(verbal scale)

(1)일반지식(information): 특수하고 학문적인 지식이 아닌, 어떤 문화권에서 일반적으로 획득하게 되는 다양한 지식들을 얼마나 많이 알고 있는가를 알아보는 검사이다.
-일주일은 몇 일인가?
-1년은 몇 달인가?
-고양이의 다리는 몇 개인가?

(2)이해(comprehension): 어떤 상황에서 무엇이 만들어져야 하는지, 관습들이 왜 지켜져야 하는지, 속담의 의미가 무엇인지 등 일상적 판단능력과 상식을 묻는다.
-왜 좌측통행을 해야 하는가?
-청소는 왜 해야 하는가?
-왜 산에 나무를 심어야 하는가?
-가화만사성이 무엇인가?

(3)산수(arithmatic): 연필과 종이를 사용하지 않고 초등학교 수준의 산수 문제를 구두로 물어보고 구두로 답하게 한다.
-10개들이 사과상자 5개가 있다. 사과는 모두 몇 개인가?
-1만원을 주면 500원 짜리 오랜지를 몇 개나 살 수 있는가?

(4)유사성(similarities): 비슷한 사물들, 사실들, 개념들을 제시하고 공통점을 찾게 한다.
-개와 고양이의 같은 점은?
-비 오는 것과 눈 오는 것의 공통점은?
-책과 영화는 어떤 점에서 같은가?

(5)숫자 외우기(digit span): 3개 내지 9개 숫자를 구두로 불러주고 바로 그것들을 따라하게 한다. 2개 내지 8개를 불러주고 바로 그것을 거꾸로 따라 하게 한다.
-4, 5, 1, 2 불러주고 따라하기
-7, 2, 8, 3 불러주고 거꾸로 따라하기

(6)어휘(vocabulary): 쉬운 단어부터 어려운 단어 순으로 구두로 그리고 글씨로 듣고 보게 한 다음 그것의 의미를 말하게 한다.
-"망치"가 무엇인가?
-"파충류"가 무엇인가?
-"매진하다"가 무엇인가?

동작검사(Performance Scale)

(1)숫자-상징(digit-symbol): 바꿔 쓰기라고도 한다. 9개의 숫자와 9개의 기호가 결합되어 있는 표를 보여준 다음, 답안지의 숫자 밑에 방금 전에 보았던 기호를 쓰도록 한다.

(2)그림완성(picture completion): 빠진 곳 찾기라고도 한다. 일부분이 지워진 그림을 제시하고 무엇이 지워져 있는지 말하게 한다.

(3)토막 맞추기(block design): 빨간 색과 흰 색으로 되어 있는 나무토막들이 쌓여 있는 그림을 보여주고 그대로 빨간색과 흰색으로 된 실제 나무토막을 짜맞추어 보도록 한다.

(4)그림배열(picture arangement): 차례 맞추기라고도 한다. 3-6장의 그림카드를 보여주고 그것들이 하나의 이야기가 되도록 그 그림들을 재배열하도록 하는 것이다.

(5)토막그림 짜맞추기(object assembly): 사람 얼굴, 코끼리, 손, 인형의 그림들을 각각 여

러 조각으로 나누어 흩으러 놓고, 그것들을 맞추어 그림이 완성되도록 한다.

원래 WAIS를 구성하는 11개 소검사들은 검사대상과 수정본에 따라 약간씩 삭제, 추가되었다(김영환 외, 2011). WAIS-3에서는 언어성의 경우 기존 소검사들에 "글자-숫자배열"이 추가되었으며, 동작성의 경우 기존 소검사들에 "행열추리", "동형찾기"가 추가되었다. WPPSI-R에서는 언어성의 경우 숫자외우기가 빠지고 "문장"이 추가되었으며, 동작성의 경우 그림배열, 기호쓰기가 빠지고 "미로", "도형","동물 짝짓기"가 추가되었다. WISC-3에서는 언어성은 변함이 없고 동작성의 경우 기존 소검사들에 "미로", "동형찾기"가 추가되었다.

Wechsler검사의 실시 및 해석

Wechsler검사는 개인검사이기 때문에 검사자가 검사를 어떻게 실시하느냐에 따라 결과가 크게 달라질 수 있다. 그러므로 검사자는 검사절차를 완벽하게 숙지하고 실시해야 한다. 피험자가 정신이 맑고 신체적으로 건강한 상태에서 최선을 다할 수 있을 때 실시해야 한다. 4,5월경 오전 10-11시에 실시한다. 검사장소는 시설, 조명이 잘 되어 있어야 하고 통풍이 잘 되어 있어 수험에 장애가 없도록 한다. 검사에 필요한 물건들을 빠짐없이 준비한다. 피험자가 심리적으로 안정된 상태에서 최선을 다하도록 래포가 형성되게 한다. 그 외에 구체적인 유의사항이나 방법을 숙지하고 그에 따른다.

채점 및 해석

지능지수는 언어성 지능(VI), 동작성 지능(PI), 전체 지능(FI) 3가지로 나타낸다. 각 지능은 소검사 원점수를 평균이 10이고 표준편차가 3인 환산점수로 바꾼다. 각 소검사 환산점수를 모두 더한 다음 피험자의 연령에 맞는 규준을 보고 지능을 산출한다. 각 지능은 평균이 100, 표준편차는 15로 되어 있다.

지능지수의 해석 및 백분율

IQ	해석	백분율(%)
130이상	최우수	2.2
120-129	우수	6.7
110-119	평균상	16.1
90-109	보통	50
80-89	평균하	16.1
70-79	경계	6.7
69이하	정신박약	2.2

Wechsler 지능검사의 타당도

Wechsler는 자신의 지능검사의 타당성에 대해 다음과 같이 주장하고 있다(Anasitasi, 1979). 첫째, 각 소검사의 심리적 기능들은 지능의 정의에 맞다. 둘째, 유사한 검사들이 이전의 검사들에서 사용되었다. 셋째, 각 검사들이 임상적으로 가치 있는 것으로 밝혀졌다.

연구들에 의하면 화이트칼라들은 언어성 지능이 높으며 숙련된 노동자들은 동작성 지능이 높다. 이는 언어성 검사는 언어능력을, 동작성 검사는 동작성 능력을 재어주고 있음을 의미한다. Stanford-Binet 지능검사와 Wechsler 지능검사 간의 상관계수는 0.8인데 이는 매우 높은 상관계수로서 Stanford-Binet 지능검사와 Wechsler 지능검사는 매우 유사하다는 것을 의미한다. 이는 Stanford-Binet 지능검사가 타당한 검사라면 Wechsler 지능검사도 타당한 검사라는 것을 의미한다. 언어성 검사와 동작성 검사간의 상관계수는 대략 0.8로 조사되었다. 이는 언어성 검사와 동작성 검사는 매우 유사함을 의미한다.

Wechsler 지능검사 11개 소검사들을 요인분석한 결과 언어이해적 요인(verbal comprehension factor), 지각조직적 요인(perceptual organization factor), 기억 요인(memory factor)이라는 3가지의 요인으로 구성되어 있음이 밝혀졌다. 언어이해 요인은 어휘, 지식, 이해, 유사성과 상관이 높다. 지각조직적 요인은 토막쌓기, 물건맞추기와 상관이 높다. 기억 요인은 산수, 숫자쓰기와 상관이 높다.

언어성과 동작성의 점수 차이는 진단적 정보를 제공한다. 두 점수의 차이가 15점 이상이면 정신과적 문제가 있는 것으로 본다. 정상인은 언어성 지능이 동작성 지능보다 약간 높은 것으로 나타난다. 언어성 지능이 동작성 지능 보다 15점 이상이면 뇌손상, 우울증이나 중추신경계가 손상되어 있을 가능성이 높다. 동작성 검사 중 바꿔쓰기, 모양맞추기, 토막세기가 일반적으로 낮다. 동작성 지능이 언어성보다 높은 경우 지능이 낮으며, 청소년 범죄자에 많다. 그리고 이들은 히스테리, 자기애적 성격장애일 가능성이 높다. 이런 사람은 또한 행동지향성이 높기 때문에 사고력, 집중력, 정교화 기능이 약하다. 하위 척도간 분산(점수의 차이)이 크면 뇌손상에서 오는 심리적 장애가 나타난다. 억압이라는 방어기제를 많이 사용하는 히스테리성 환자들에서 많이 나타난다.

Anastasi(1979)에 의하면 지난 30여년간 WAIS 검사점수들 간의 차이에 관한 여러가지 연구가 이루어져 왔지만 그 연구들은 WAIS의 진단적 가치를 거의 뒷받침 해주지 못했다고 한다. 따라서 위에 언급한 진단적 주장들이 사실인지 확신하기 어렵다.

5)K-ABC

K-ABC는 Kaufman-Assessment Battery for Children의 약자로 Kaufman이 만든 아동용 지능검사로 2세 6개월에서 12세 5개월에 해당되는 아동에게 사용된다.

이 지능검사에 의하면 지능은 정보를 효과적으로 처리하는 정도라고 정의된다. 이전의 지능검사들이 주로 얼마나 많은 내용을 알고 있느냐를 재고 있다면 이 지능검사는 내용보다 그

내용을 다루는 정신의 처리(작용)의 능력을 잰다. 그러한 처리에는 2가지가 있는데 하나는 순차처리(sequential processing)이고 다른 하나는 동시처리(simultaneous processing)이다. 순차처리란 문제를 해결할 때 정보를 한 번에 하나씩 시간 순서대로 처리하는 것이다. 동시처리는 문제를 처리할 때 여러 정보들을 동시에 종합적으로 처리하는 것이다.

K-ABC는 두 부분으로 되어 있다. 하나는 인지처리 척도이고 다른 하나는 습득 척도이다. 인지처리 척도는 앞서 말한 순차처리 척도와 동시처리 척도로 되어 있다. 인지처리 척도는 새로운 상황에서 문제를 해결하는 능력을 측정하는 것이고, 습득 척도는 학교에서 정식으로 배운 사실적 지식들을 측정하는 것이다. 인지처리 척도는 Catell의 유동성 지능과 유사하고 습득 척도는 Catell의 결정성 지능과 유사하다.

K-ABC는 총 16개의 소검사들로 되어 있는데 모든 연령에 걸쳐 16개 모든 검사를 사용하는 것은 아니다. 연령에 따라 사용되는 소검사의 수가 다르다, 최대 13개 검사가 사용되는데 어릴수록 언어가 사용되는 검사의 수가 적고 검사시간도 적다. K-ABC는 아동의 언어능력이나 어휘능력의 영향이 최소가 되도록, 문화의 차이가 주는 영향이 최소가 되도록 개발되었다.

16개 소검사들 중 순차처리에 해당하는 것들은 손움직임, 수회상, 단어순서이고 동시처리에 해당하는 것들에는 마법의 창, 얼굴의 인식, 형태 인식, 삼각형, 행열유사, 공간기억, 사진연속이고 습득도 검사에 해당하는 것들에는 표현어휘, 산수, 수수께끼, 해독, 이해, 얼굴위치이다.

(1)손 움직임(hand movement): 검사자가 손의 동작을 나타내 보이면 피험자가 그것을 그대로 재생하는 것이다. 주의력, 단기기억력과 관련된다.

(2)수 회상(number recall): 검사자가 소리내어 읽어준 숫자들을 순서대로 소리내어 화상하도록 한다. 주의력, 단기기억력과 관련되다.

(3)단어 순서(word order): 검사자가 사물의 이름이나 색깔을 소리내어 말하면 피험자가 그것에 해당하는 그림이나 색깔을 그 순서대로 지적하는 것이다. 주의력, 단기기억과 관련된다.

(4)얼굴 인식(face recognition); 검사자가 한 명 또는 두 명의 얼굴 사진을 보여준 다음 포즈가 약간 달라진 그 사진이 포함된 여러 사진들을 보여 주고 검사자가 보여준 얼굴을 찾아내도록 하는 것이다. 단기기억, 동시처리능력과 관련된다.

(5)마법의 창(magic window): 조금만 틈을 통해서 연속적으로 나타나는 그림을 보게 한 다음 그것이 무엇인지 말하게 한다. 단기기억, 동시처리능력과 관련된다.

(6)형태 완성(gestalt closure): 일부가 빠뜨려진 잉크 얼룩으로 된 그림을 보여 주고 그것이 무엇인지 말하게 하는 것이다. 장기기억, 부분과 전체의 통합(동시처리)능력과 관련된다.

(7)삼각형(triangle): 동일한 모양의 여러 삼각형들을 짜 맞추어서 제시된 모양과 같게 하는 것이다. 비언어적 개념형성, 부분과 전체의 통합(동시처리), 추리력, 분석력 등과 관련된다.

(8)행열 유추(matrix analogies): 보기로 주어진 2×2칸 중 3칸에 연속적으로 나열된 점들이나 모양들을 보고 이어지는 점들이나 모양의 형태를 찾는 것이다. 동시처리능력이나 추리력과 관련된다.

(9)공간 기억(spatial memory): 4각형 공간내에 몇 개의 사물 그림들이 배치되어 있는 것을 보여주고, 그것들의 위치를 3×3 또는 4×4칸으로 이루어진 격자 각 칸에 그것들의 위치를 배치하게 하는 것이다. 위치 추정능력, 동시처리, 단기기억과 관련된다.

(10)사진 순서(photo series): 어떤 사건을 나타내고 있는 사진들을 무선적으로 배열하고 그것들을 의미 있는 사건이 되도록 배열하도록 한다. 동시처리능력, 추리력, 공간능력과 관련된다.

(11)표현적 어휘(expressive vocaburary): 사진 속에 있는 사물들을 보여주고 그 사물에 해당하는 이름을 말하게 한다. 장기기억, 경험의 정도, 언어능력과 관련된다.

(12)얼굴과 위치(face and place): 이미 잘 알려진 인물의 사진이나 장소를 보여 주고 그것이 누구이며 어디인지 말하게 한다. 장기기억, 문화적 경험의 정도를 잰다.

(13)산수(arithmatics): 수 읽기, 수 비교, 계산하기이다. 검사자가 산수문제를 구두로 제시하면 피험자가 그에 대답한다. 수에 대한 이해, 계산방법의 이해를 잰다.

(14)수수깨기(ridiculous): 어떤 사물이나 개념에 해당하는 몇 가지 단서를 말해 주고 그 단서들에 해당하는 사물이나 개념을 알아 맞추게 하는 것이다. 언어능력, 장기기억, 순차적 경험과 관련된다.

(15)독서 해독(reading decoding): 문자나 단어를 보여 주고 그것을 소리내어 읽어 보게 하는 것이다. 언어능력, 장기기억, 문화적 경험과 관련된다.

(16)독해 이해(reading understanding): 문장을 읽고 그대로 행동하도록 한다. 언어능력, 장기기억, 문화적 경험과 관련된다.

3.집단 지능검사

Binet 검사, Stanford-Binet 검사, Wechsler 검사, Kaufman 검사는 모두 개인 지능검사이다. 개인 지능검사는 개인의 지능을 확인하려는 목적도 있지만 임상적 목적으로도 사용된다. 개인 검사는 피험자의 수험과정을 섬세하게 기록해야 하기 때문에 실시가 복잡하고 검사자는 상당한 훈련이 필요하다. 한 번에 한 명만 실시하기 때문에 여러 명에게 실시하려면 시간이 많이 걸린다.

집단검사는 검사자 1명이 여러 피험들을 대상으로 동시에 실시하기 때문에 일시에 수많은 대상을 적은 시간에 실시할 수 있어 경제적이다. 그래서 학교, 군대, 회사 등 많은 대상을 신속히 검사해야 하는 경우에 집단검사를 실시할 수밖에 없다. 집단검사는 임상적 목적보다 교육적 처치, 인사 배치, 지능과 관련된 연구를 목적으로 사용된다.

집단검사는 검사자가 개인 검사처럼 특별히 훈련을 받을 필요는 없고 정상적인 의사소통만 할 수 있으면 되기 때문에 실시가 용이하다. 집단검사의 결과는 집단검사 대부분이 선다형이기 때문에 객관적으로 신속하게 채점될 수 있다. 집단검사는 대규모 실시가 가능하기 때문에 규준 작성시 표집수를 개인 검사보다 크게 늘릴 수 있다.

집단 지능검사는 제 1차 세계대전 중에 미국 심리학회가 제작한 군대 알파검사(Army α)와 군대 베타검사(Army β)가 처음이다. 전자는 언어성 검사로 언어를 읽고 쓸 줄 아는 사람용이고 후자는 외국인이나 문맹자용이다. 제 2차 세계대전 중에 군인의 선발 배치를 위해서 AGCT(army general classification test)가 제작되었다. 이 검사는 어휘, 수추리, 공간능력을 재고 있다. 이 검사의 평균은 100, 표준편차는 20이였다.

1)정범모 일반 지능검사(고교용)

구성

이 검사는 5개 요인으로 구성되어 있다.

(1)어휘적용: 언어의 뜻과 그 용도를 적절히 가려내는 능력

문항 예) 자신에게 영향을 주는 (　)은 생각하지 않고 올곧은 말을 주장했던 사람을 만인들이 숭배한다.

①믿음은　②불신은　③희망은　④불행은　⑤소신은

(2)언어추리: 언어들 간의 관계를 분석, 종합하여 추출하는 능력

문항 예) 근면 : 성공=나태 : (　)

①행운 ② 약속 ③ 희망 ④ 실패 ④우승

(3)산수추리: 수량을 포함하는 문제 사태에서 수리적 관계를 분석, 종합하는 능력

문항 예) 사과를 3개씩 주려니 4개가 부족하고 4개씩 주려니 12개가 부족하다. 모두 몇 명인가?

①4명 ②6명 ③8명 ④10명 ⑤ 12명

(4)수열추리: 수의 나열에서 일정한 관계를 분석, 종합하는 능력

문항 예) 2 4 7 11 16 22 ( )

①25, ②26, ③27, ④28, ⑤29

(5)도형추리: 도형의 나열에서 일정한 관계를 분석, 종합하는 능력

문항 예) ○○○와 ○의 관계는 ━와 ( )의 관계와 같다.

○ ━

━

① ▌ ② | | | ③ | | ④ ▤

검사 시간

요인	문항수	준비시간	검사시간
어휘적용	25	5분	6분
언어추리	25	2분	4분
산수추리	20	2분	12분
수열추리	20	2분	6분
도형추리	20	2분	5분
5요인	110	11분	33분

실시

(1)일반적 유의사항

①최선을 다하도록 동기 부여(선생님이 관심이 많다. 우리학교 명예와 관련되어 있다.)

②학생은 50명 이내가 되도록. 50명이 넘으면 보조자를 둔다.

③검사시간은 4,5월 오전 10-12시경에 실시. 실내는 밝고 소음이 없고 청결해야 한다.

④본 검사 전에 세부적인 사항을 이야기 하고 질문을 처리한다. 검사가 시작되면 일체의 질문에 응답하지 않는다.

(2)준비
검사자-검사지, 요강, 초시계
피험자-연필, 지우개

(3)지시
전체 지시-검사자의 지시에 잘 따르도록 한다.
연습, 검사를 다 못해도 “그만”하면 시험을 멈춘다.

채점

(1) 한 문제에 대해 2개 이상의 답지에 응답한 것은 무효로 한다. 그 답안을 빨간 연필로 긋는다. 이 문항은 채점하지 않는다. 이 문항을 적선항이라고 한다.

(2) 요인별로 정답수(R)를 헤아린다.

(3)요인별로 오답수(W)를 헤아린다. 오답이란 일단 응답한 것들 중에서 틀린 것이다. 적선항, 손대지 않은 문항은 오답이 아니다.

(4)요인별로 소점(S)을 계산한다. 소점은 맞은 개수(R)에서 추측으로 맞은 개수(G)를 뺀 것이다.

S=R-G

G=W/(k-1)

k=답지수

(5)요인별 소점을 수표를 보고 환척점수(DS, derived score)로 바꾼다.

(6)요인별 환척점수를 모두 더한다. 모두 더한 것을 TDS라고 한다,
ΣDS=TDS

(7)피험자의 연령, 지역에 맞는 규준에서 그 개인의 TDS에 해당하는 지능지수를 확인한다.

예)
답지수 k=4, G=W/(k-1)=W/(4-1)= W/3, 소수인 경우 반올림

요인	문항수	R	W	G	S	DS
어휘	25	11	5	2(1.66)	9	30
언어	25	16	6	2	14	34
산수	20	10	3	1	9	36
수열	20	13	4	1(1.33)	12	39
도형	20	8	6	2	6	32
					TDS	171

피험자의 나이가 16세 5개월, 도시지역이라면 이에맞는 규준에서 TDS 171을 보면 IQ는 111이 된다.

환척점수

요인별 문항들의 난이도, 평균, 표준편차가 다르기 때문에 요인별 소점을 그대로 합할 수 없다. 그래서 모든 요인을 평균 30, 표준편차 8의 변형표준점수로 바꾼 것이 환척점수이다.

예)

소점(S)

어휘	언어	산수	수열	도형	DS
:	:	:	:	:	:
17	19	11	15	12	39
16	18	10	14	11	38
:	:	:	:	:	:
9	10	5	8	6	30
8	8	4	7	5	28
:	:	:	:	:	:
5	5	2	5	3	25
4	4	1	4	2	24
:	:	:	:	:	:
-3	-4	-4	-2	-3	16
-5	-7	-5	-4	-5	13
:	:	:	:	:	:
:	:	:	:	:	:

규준

규준의 예)

전국규준

			TDS			IQ
15세		16세		17세		
0-5개월	6-11개월	0-5개월	6-11개월	0-5개월	6-11개월	
136-139	140-143	144-147	148-149	150-153	154-159	100
132-135	134-139	140-143	144-146	147-149	150-154	98
:	:	:	:	:	;	:
109-111	112-113	114-116	117-118	119-123	124-127	87
107-108	109-111	112-113	114-115	116-118	119-123	86
:	:	:	:	:	:	:

농촌규준

			TDS			IQ
15세		16세		17세		
0-5개월	6-11개월	0-5개월	6-11개월	0-5개월	6-11개월	
115-117	117-120	120-122	123-125	126--127	127-129	100
112-114	114-116	117-119	121-122	124-125	125-126	98
:	:	:	:	:	:	:
101	104	105	107-108	110-112	113-114	87
100	102-103	104	106	108-109	111-112	86
:	:	:	:	:	:	:

도시규준

			TDS			IQ
15세		16세		17세		
0-5개월	6-11개월	0-5개월	6-11개월	0-5개월	6-11개월	
153-156	156-159	160-163	163-166	166-169	168-169	100
150-152	153-155	157-159	160-162	163-165	165-167	98
:	:	:	:	:	:	
122-125	126-130	132-135	135-137	138-141	143-145	87
119-122	122-125	127-131	131-134	135-137	139-142	86
:	:	:	:	:	:	:

추축점수 공식의 유도

왜 추측점수 공식이 G=W/(k-1)인가? 60문항 4지선다형이 있는데 어떤 피험자가 그 60문항을 모두 모르고 무작위로 응답한다고 했을 때 모두 틀리는 것이 아니고 확률적으로 60/4=15문항은 맞는다. 마찬가지로 40문항 5지 선다형을 무작위로 응답한다고 했을 때 40/5=8문항은 확률적으로 맞는다. 그러므로 모르는 문항들을 확률적으로 맞을 수 있는 문항의 수는 위의 예에서 알 수 있듯이 "모르는 문항수/답지수"가 된다.

한편 전체 문항들은 맞은 문항수, 틀린 문항수, 미달항수(시간이 없어서 풀지 못한 문항수), 월번항수(모르고 빠뜨리거나 다음에 풀려고 건너 뛴 문항수), 적선항수(2개 이상의 답지에 응답한 문항수)으로 구성되어 있다. 그런데 이들 중 맞은 문항수(R)는 알아서 맞은 문항수와 추측으로 맞은 문항수(G)로 구성되어 있다. 추측으로 맞은 문항수(G)와 틀린 문항수(W)는 모르는 문항수이다. G는 모르는데도 추측으로 맞는 것이고 W는 모르는데 추측으로 틀린 것이다. 미달항수와 월번항수는 응답하지 않은 문항수이므로 아는 것인지 모르는 것인지 알 수 없으므로 제외한다. 적선항수도 아는 것인지 모르는 것인지 확인하기 어렵기 때문에 제외한다.

앞서 추측으로 맞은 문항수(G)는 "모르는 문항수/답지수"라고 하였고 모르는 문항수는 "G+W"이므로 다음과 같은 식이 성립한다.

$G=(G+W)/k$

$\Rightarrow Gk=G+W$

$\Rightarrow Gk-G=W$

$\Rightarrow G(k-1)=W$

$\Rightarrow G=W/(k-1)$

4.적성검사

교직적성은 교사에게 요구되는 능력이고 운전적성은 운전자에게 요구되는 능력이다. 운전자의 역할을 잘 수행하려면 공간지각, 지각속도, 수리력이 요구된다. 따라서 운전적성은 공간지각, 지각속도, 수리력이 된다. 반면에 지능은 특정 직업이나 활동영역에서만 요구되는 것이 아니고 좀 더 포괄적인 영역에서 작용하는 능력이다. 지능은 주로 인간생활에서 가장 보편적으로 사용되는 언어, 수, 추상능력을 측정하고 있기 때문에 무수하게 다양한 특정의 구체적인 영역에서 요구되는 능력들을 모두 측정하지 못한다. 지능의 이러한 한계 때문에 적성이라는 개념이 필요하게 되었고 적성의 요인들과 적성의 측정방법이 발달하게 되었다.

적성이 학문적으로 연구된 것은 요인분석이라는 통계적 방법에 의한 것이다. 요인분석을 이용해서 Thurstone은 7가지의 적성요인들을 제안하고 있다. 이를 PMA(primary mental ability)라고 한다. PMA를 이용해서 적성검사가 제작되고 사용되었으나 여러가지 한계 때문에 더 발전되지 못하였다. 이후에 실용적 목적으로 DAT, GATB 등이 제작되어 사용되고 있다.

1)Thurstone의 PMA

(1)언어 이해(verval comprehention)
독해력, 유사어, 문장완성, 언어추리

(2)언어유창(word fluency)
해당되는 단어들을 많이 정확히 회상하는 능력이다. 글자 수수깨기, 남자 이름대기, t자로 시작하는 단어 쓰기, 동일한 철자를 포함하는 단어 쓰기

(3)수(number)
숫자들의 계산

(4)공간(space)
주어진 도형을 회전시켰을 때의 모습을 보기에서 찾아내는 것이다.

(5)연합기억(associable memoy)
짝을 이루는 사항들(숫자-단어, 성-이름)을 보여주고 난 후에 어느 한 쪽을 제시하면 다른 쪽을 회상하게 함

(6)지각속도(perceptual space)
비슷한 그림 3개를 제시하고 나머지 두 개와 다른 한개를 지적하도록 한다.

(7)일반추리(general reasoning)
주어진 알파벳들의 나열에서 나열규칙을 찾도록 한다.

2)적성 진단검사

이 검사는 이상노와 김경린이 제작한 것으로 중앙적성연구소에서 출판하였다. 이 검사는 11개의 하위검사로 이루어졌다.

구성

(1)언어사용능력
단어, 문장의 의미의 이해력을 검사
예) 물건값의 ( )으로 돈 가치가 떨어졌다.
①하락 ②상승 ③범람 ④부족

(2)언어추리검사
단어와 단어의 관계를 파악하는 능력을 검사
예) 토끼 : 풀=사자 : ( )
①나무 ②꽃 ③고기 ④물

(3)계산능력검사
숫자들간의 가감승제
예) 17+5×3-2=( )
①29 ②25 ③ 50 ④30

(4)수리력검사
사물, 현상들의 관계를 숫자로 나타내는 능력
예) 6월 12일 이후 100일째 되는 날은 몇 월 몇 일인가?
①9월 15일 ② 9월 20일 ③8월 31일 ④10월 2일

(5)추리력검사
문항 그림에 있는 점의 위치와 같은 원칙으로 점을 찍을 수 있는 도형들을 찾는 것이다.

(6)수계열검사
수의 나열들에서 나열규칙을 찾는 것이다.
예) 2, 5, 9. 14 ( )
①10 ②18 ③22 ④19

(7)지각속도
좌우 비슷한 숫자들이나 기호들을 나열해 놓고 좌우가 같은지 다른지 판단하게 하는 검사

(8)공간관계
문항에 펼친 그림이 제시되어 있고 답지에서 그것의 입체 모양을 찾는 것이다.

(9)물상추리

물리적 원리들을 아는 정도를 검사

예) 무지게의 7가지 색을 혼합하면 무슨 색이 되는가?

①흰색 ②검은색 ③노란색 ④노란색

(10)생물추리

생물현상을 아는 정도를 검사

예) 선인장이 사막에서 살 수 있는 이유는?

①가시가 있어서 ②줄기가 두툼해서 ③뿌리가 가늘해서 ④꽃이 안 피어서

(11)미로검사

검사요인, 문항수, 검사시간

적성요인	하위검사	문항수	준비시간	검사시간
언어적성(V)	언어사용(L)	20	1분	3분
	언어추리(V)	20	1분	3분
수리적성(N)	계산능력(C)	20	1분	6분
	수리력(N)	15	1분	8분
사고적성(R)	추리력(Rd)	15	1분	4분
	수계열(Ri)	20	1분	5분
공간지각(SP)	지각속도(P)	20	1붐	1분30초
	공간관계(S)	15	1분	4분
과학기계(SM)	물상추리(H)	20	1분	8분
	생물추리(B)	20	1분	8분
	미로추적(F)	20	1분	2분

일반능력	언어추리	추리력
	수리력	수계열
	지각속도	공간관계

채점

맞은 개수(R)에서 추측으로 맞은 개수(G)를 제외한 소점(S)를 가지고 적성을 산출한다.

(1)미로추적: 추측이 없으므로 맞은 개수가 바로 소점이 된다.

(2)지각속도: 답지수(k)는 O.X로 2개이므로 추측점수 G=W/(k-1)=W/(2-1)=W이 된다.

따라서
S=R-W이 된다.

(3)나머지는 모두 4지 선다형이므로 추측점수 G=W/(4-1)=W/3이 된다. 따라서 S=R-W/3이 된다. 이 때 W는 응답한 것들 중 틀린 것의 수가 개수가 된다. 시간이 없어서 풀지 못한 것, 두 개 이상의 답지에 응답한 것은 오답에 포함되지 않는다.

구간점수(stanine score)로 전환

요인별 소점을 피험자에 해당하는 규준에서 구간점수로 바꾼다.

규준의 예(고 2, 남자)

	구간								
	1	2	3	4	5	6	7	8	9
언어사용	-1	2,3	4,5	6,7	8,9,10	11,12	13,14	15,16	17-
수리력	-2	-1,0	1,2,3	4,5	6,7	8,9	10,11	12	13-
미로추적	5	6	7,8	9	10,11	12	13	14	15-

요인별 구간점수 확인(예)

요인	소점	구간점수	요인	소점	구간점수
언어사용	5	3	지각	40	9
언어추리	1	2	공간	9	7
계산	6	4	물상	12	9
수리	9	6	생물	6	4
추리	5	3	미로	15	9
수열	7	5			

일반능력 =언어추리+수리+추리+수열+지각+공간
=2+6+3+5+9+7=32

일반능력 구간점수의 합32를 해당규준을 보고 다시 구간점수로 바꿈 → 6

직업군 확인

먼저 각 직업군에서 요구하는 적성요인들과 그 적성요인의 구간점수를 확인한다.

직업군별 요구되는 적성요인과 적성요인점수

직업군	수준	일반능력	언어사용	언어추리	계산	수리	추리	수열	지각	공간	물상	생물	미로
어문	a	8	7	7			7						
어문	b	6	6	6			5						
사무	a	7		6	6	7			7				
사무	b	5	5		5				5				5
설득	a	7	7	6		6	5	6					
설득	b	5	5	5		4	5						
봉사	a	7	7	6			6	6					
봉사	b	5	5	5			4						
옥외	a	6						6		6			7
옥외	b	4								5	5		5
수공	a	6							7	6	5		6
수공	b	4								5	4		6
기계	a	7						6		6	7		6
기계	b	5									6		5
물상	a	7				7		6			7		
물상	b	6			5			5			5		5
생물	a	7				7		7			6	7	
생물	b	6				5		5				5	5
예술	a	6		6		6			7	7			6
예술	b	5				4			6	5			5

a:전문직, 관리직
b:기능직, 숙련직

위 피험자의 경우 일반능력 6, 언어사용 3, 언어추리 2, 추리 3이므로 어문 a에서 요구하는 점수 중 어느 하나도 충족시키지 못하므로 어문 a는 해당되지 않는다. 어문 b의 경우 일반능력에서만 6으로 충족되고 나머지 언어사용, 언어추리, 추리의 경우 점수가 미달이므로 역시 어문 b에 해당되지 않는다. 예술 b의 경우 요구점수가 5, 4, 6, 5, 5인데 피험자의 점수가6, 6, 9, 7, 9이므로 예술 b에 해당한다.

3)GATB

이 검사는(general aptitude test battery) 미국 고용국에서 고용 상담자들의 진로상담용으로 제작되었다. 2156명을 대상으로 예비검사를 실시하고 요인분석을 거쳐 제작되었는데 10개 적성요인과 15개의 검사로 구성되어 있다. 이후에 이 검사는 9개 요인 12개 검사로 축소되었다.

10개요인과 15개 검사

(1)일반지능(general ability 또는 general learning ability), G 이 요인은 3가지 검사로 되어 있다.
① 3차원 공간검사(three dimentional space)
펼친 그림을 보여주고 그것을 조립했을 때의 모습을 찾도록 한다.
② 어휘검사(vocaburay)
4개의 어휘들 중에서 비슷한 또는 반대의 뜻을 가진 2개의 어휘를 찾도록 한다.
더운 괴로운 배고픈 추운 → (더운) (추운)
③ 산수추리검사(arithmetic reason)
숫자들 간의 계산
500m애서 8cm를 잘라 내면 몇 cm가 남는가?

(2)손 운동속도(motor speed), T
-손 움직임의 속도. 자극에 대한 순간적인 반응. 이 요인은 2개의 검사로 되어 있다.
① 타점속도(speed)
연이어 연결되어 있는 직사각형 안에 3개의 점들을 찍어 나가는 검사
② 기호 기입검사(mark making)
분리되어 나열된 사각형 안에 정해진 기호를 그려 나가는 검사

(3)형태지각(form perception), P
① 공구비교(tool matching)
문항에 제시된 연장과 같은 연장을 답지들에서 고르는 검사
② 형태비교(form matching)
숫자로 표시되어 있는 모양과 같은 도형을 알파벳으로 표시되어 있는 도형들에서 찾아내는 검사

(4)사무지각(clerical perception), Q
-사무를 보는 사람에게 필요한 능력인데 명칭비교로 검사한다.
-좌우 철자가 같은지 확인하도록 한다.
무궁화 꽃: 무구화 꽃
바른 생활: 바른 생활

(5)운동조절(motor cordination), K
① 종선 기입검사(H marking)
H글자 중 횡선 "—"에 종선 "ㅣ"을 그어 "+"의 형태를 만들어 나간다. "__"의 양쪽 "ㅣㅣ"에 닿지 않게 한다.
②타점속도검사-앞서 (2)의 ①과 같음
③기호기입검사-앞서 (2)의 ②와 같음

(6)공간적성(spatial aptitude), S
① 2차원 공간검사(two dimensional space)
문제에 있는 도형이 변형된 것을 답지 도형들에서 찾음
② 3차원 공간검사 (three dimentional space)
앞서 (1) 일반지능의 ①과 같음

(7)언어적성(verbal aptitude), V
-이 요인은 어휘검사로 측정한다. 이는 (1)일반지능의 ②와 같다.

(8)수적성(numerical aptitude), N
① 산수추리검사(arithmetic reasoning)
앞서 (1)일반지능 ③과 같다.
② 계산검사(computation)
가, 감, 승, 제하기
47+28=(　)

(9)손 재치(manual dexterity), M
-이 요인은 실제의 기구를 가지고 실연하게 해서 측정한다.
① 환치검사(place)
상반부와 하반부에 각각 48개의 구멍이 뚫려 있는 펙보드(peg board)에서 상반부에 꽂힌 펙(조그만 원통형 막대)을 양 손으로 하나씩 뽑아 상반부 구멍에 대응하는 구멍에 꽂는다.
② 회전검사(turn)
환치검사에서 사용한 펙보드를 그대로 사용한다. 이번에는 하반부에 꽂힌 막대기를 한 손으로 뽑아 막대기를 상하로 뒤집어 원래 뽑힌 구멍에 다시 꽂는다.

(10)손가락재치(finger dexterity), F
-이 요인은 실제 기구를 가지고 작동해 보도록 한다.
① 조립검사(assemble)
상반부와 하반부에 각 50개 구멍이 뚫려 있는 금속판, 못, 링, 50개 링이 꽂힌 원주가 있다. 상반부 50개 구멍에 모두 못이 박혀 있다. 피험자는 상반부에 박힌 못을 하나씩 빼어내 원

주에 있는 링을 꺼내 못에 끼운 다음 하반부 대응되는 구멍에 끼워 나간다.

② 분해검사(dissemble)

조립검사와 반대로 해 나간다. 하반부에 꽂힌 못을 빼어내 링을 빼서 원주에 끼우고 못은 상반부 대응되는 구멍에 끼워 나간다.

4) 한국판 GATB

중앙적성연구소에서 GATB를 번역하여 출판하였다. 원래의 검사는 10요인 15검사로 되어 있으나 한국판 GATB은 7요인 11검사로 되어 있다.

GATB는 크게 지필검사와 도구검사로 나누어진다. 도구검사는 손재치적성과 손가락재치적성을 측정한다. 손재치적성은 환치검사와 회전검사로 측정한다. 손가락재치적성은 조립검사와 분해검사로 측정한다.

지필검사는 공간적성, 언어적성, 수적성, 형태지각적성, 사무지각적성, 운동조절적성을 측정한다. 공간적성은 2차원공간검사와 3차원공간검사로 측정한다. 언어적성은 어휘검사로 측정한다. 수적성은 산수추리검사와 계산검사로 측정한다. 형태지각적성은 공구비교검사와 형태비교검사로 측정한다. 사무지각적성은 명칭비교검사로 측정한다. 운동조절적성은 종선기입검사와 타점속도검사와 기호기입검사로 측정한다.

위 11가지 검사들 중 3차원공간검사와 어휘검사와 산수추리검사는 일반지능을 측정하는 것으로 되어 있다. 이 3가지 검사는 공간적성과 언어적성과 수적성을 측정하면서 동시에 일반지능도 측정하는 것이다. 한국판 GATB는 GATB 중 도구검사가 제외되어 있다. 한국판 GATB는 도구검사가 제외된 지필검사 모두 측정하고 있다.

검사 문항수와 검사시간

검사명	문항수	검사시간
2차원공간	21	3분
3차원공간	15	1분 30초
어휘	30	2분
산수추리	15	3분 30초
계산	35	3분 30초
공구비교	20	2분
형태비교	30	2분
명칭비교	100	3분
종선기입	50	15초
타점속도	210	30초
기호기입	100	30초

(검사시간　계 21분 45초)

준비시간

(1)전체 검사 준비시간은 검사 전체에 해당하는 유의사항을 알려주는 시간이다.

(2)소검사별 준비시간은 소검사에 해당하는 유의사항 전달시간과 연습시간이다.
전체 검사시간은 검사시간의 합으로 대략 50분 정도이다.

채점

각 검사마다 맞은 개수를 헤아린다.
검사별 만점
공구대조 20, 명칭비교 100, 종선기입 50, 계산 35, 2차원공간 21, 타점속도 210, 3차원 15, 산수추리 15, 어휘 30, 기호기입 100, 형태비교 30

점수환산

각 검사의 원점수를 피험자에 맞는 환산표를 보고 환산한다.

예) 고교용

기구대조		타점속도	
원점수	환산점수	원점수	환산점수
20	84	210	175
:	:	:	:
15	64	100	25
:	:	:	:
5	25	20	-12

요인별 환산점수의 합산

예컨대 공간적성은 2차원 공간과 3차원 공간으로 되어 있으므로 2차원 공간의 환산점수와 3차원 공간의 환산점수를 합하여 공간적성의 점수로 한다.

직업군별 요구되는 요인점수와 위에서 계산된 요인점수를 비교하여 적성판정한다.
GATB는 모든 직업을 크게 15가지로 분류하고 있다. 그리고 15가지를 다시 수준으로 나누어 총 32개의 직업으로 분류하고 있다. 그리고 각 직업에서 요구되는 요인점수를 제시하고 있다. 예컨대 15개 직업군들 중에서 인문계 전문직이 있는데 이 직업군을 GVN으로 나타내고 있다. 여기서 G는 지능, V는 어휘, N은 수적성을 의미한다. 이는 인문계 직업군은 G, V, N 적성 요인이 요구됨을 의미한다.

이 직업군은 다시 수준에 따라서 인문계 전문직, 법무계 전문직으로 나누어진다. 인문계 전문직은 G가 환산점수 합계 125이상, V가 125, N이 100이상이여야 함을 제시하고 있다. 이를 125-125-100으로 표시하고 있다. 법무계 전문직은 110-110-100으로 표시되어 있는데 이는 G는 110이상 125 미만아어야 하고 V는 110 이상 125 미만이여야 하고 N은 100이상이여야 함을 의미한다. 전문직에 따라 요구되는 요인별 적성점수(환산점수 합계)는 다음과 같다.

대분류직업군	중분류직업군 요구적성점수	직업의 예
G-V-N	(1)인문계전문직125-125-100	인문사회학자, 변호사, 회계사
	(2)법무계 전문직 110-110-100	사법서사, 기자, PD, 작가
G-V-Q	(3)기획 관리사무 125-110-100	전문기획사무원, 인사관리 사무원
	(4)일반 기획사무직 100-100-100	교육사무, 상담, 아나운서
	(5)일반 사무직 90-90-90	안내계, 접수계
:	:	:

(중앙적성연구소)

적성 산출의 예(고교)

요인	검사명	원점수	환산점수	적성요인점수
공간적성(S)	2차원공간	12	49	49+63=112
	3차원공간	9	63(G13)	
언어적성(V)	어휘	18	105(G56)	105
수적성 (N)	산수추리	11	25(G24)	25+93=118
	계산	19	93	
형태지각(P)	공구비교	15	64	64+33=97
	형태비교	8	33	
사무지각 (Q)	명칭비교	62	115	115
운동조절(A)	종선기입	35	36	36+31+16=83
	타점속도	114	31	
	기호기입	31	16	
일반지능(G)	3차원공간	9	13	13+56+24=93
	어휘	18	56	
	산수추리	11	24	

*3차원공간, 어휘, 산수추리는 2가지 요인과 관련된다. G에 관계될 때는 G환산점수를, 공간, 언어, 수적성과 관련될 때는 공간, 언어, 수환산점수를 사용한다.

요구적성과의 비교

G V N	(1)125	125(100)
	(2)110	110(100)

이 학생의 G=93으로 (1) (2) 모두 해당되지 않음. V=105로 (1) (2) 무두 해당되지 않음. N=118로 (1) (2) 모두에 해당. G V N 모두 요구점수 이상이여야 하는데 N만 충족되므로 이 학생은 G V N 계통의 직업을 갖기 어렵다.

G V Q	(4)100(100)(100)
	(5)(90)(90)(90)

이 학생의 G=93, V=105, Q=115이므로(4)는 V Q 충족. (5)는 G V Q 모두 만족. 따라서 이 학생은 (5)의 직업군을 선택할 수 있다.

G S P	(18)(90)(90)(90)
	(19)(75)(90)(75)

이 학생의 G=93, S=112, P=97이므로 (18) (19) 모두 G S P를 충족시킴. (18) (19) 모두 선택 가능함

5)적성 종합검사

이 검사는 정범모가 제작하였다.

검사내용

이 검사는 8개의 적성요인으로 되어 있다.

(1)언어추리(verbal reasoning, V)
이는 단어들이 어떤 관계인지를 찾아 내는 것이다.

( ) : 시간 = 저울 : ( )
①흐르다 ② 시계 ③정확 ④과거
(ㄱ)무게 (ㄴ)추 (ㄷ) 가볍다 (ㄹ)재다

(2)기계추리(mechanical reasoning, M)
이는 각종 기계와 도구 및 물리법칙의 이해, 법칙의 유추를 잰다.

(3)수리력(numerical ability, N)
숫자들 간의 가감승제하는 능력을 검사
$(\frac{2}{3}\times\frac{4}{5})\div(\frac{2}{6}\times\frac{2}{3})$

(4)공간지각(spatial visualization, S)
입체적 공간관계의 이해력을 잰다. 두 가지로 되어 있는데 하나는 나무토막 세기이고 다른 하나는 평면도형을 입체화했을 때 입체모양을 찾아 내는 것이다.

(5)추리력(reasoning, R)
숫자들 또는 단어들의 나열에서 규칙을 찾아 내는 것이다.
라 가 마 가 바 ( )
8 13 19 26 34 ( )

(6)지각속도(clergical speed, C)
지각대상에 대한 반응의 속도와 정확한 식별능력을 측정한다.
좌우가 같으면 O표, 다르면 X표
3 5 6 7 .... 3 5 7 6 ( )
ㄱ ㄴ ㄷ ㄹ ...... ㄱ ㄴ ㄷ ㄴ ( )

(7)어휘력(word fluency)
정해진 시간에 어떤 문자와 관련한 단어들을 많이 생각해내는 것이다.
"ㅁ"으로 시작하는 단어를 쓰기
"ㄴ"으로 시작하는 단어를 쓰기

(8)수공능력
손과 손가락의 움직임이 정확하고 신속한 정도를 잰다.
다음 O안에 점을 찍어 나감
○ ○ ○ ○ ○ ○ ○

검사요인들과 검사시간

요인	문항수	준비시간	검사시간
언어추리	25	6분	4분
기계추리	25	2	4
수리력	20	2	4
공간지각	20	2	4
추리력	20	2	5
지각속도	50	2	2
어휘력		2	4
수공능력	수공1,2 각 160	2	2

채점 및 해석

(1)언어추리, 기계추리, 수리력, 공간지각, 추리력, 지각속도는 객관식이기 때문에 맞은 개수를 헤아린다. 어휘력, 수공능력은 올바르게 수행한 개수를 헤아린다.

(2)규준을 보고 원점수를 T점수나 백분율로 바꾼다.

예)

	언어	기계	수리	공간	추리	지각	어휘	수공
원점수	12	15	9	6	15	28	40	90
T점수	50	48	32	40	65	55	60	45
백분율	50	42	3.6	15.8	93.3	69.2	84.1	30.8

규준의 예(여고3)

백분율	언어	기계	수리	공간	추리	지각	어휘	수공
75	11	12	12	10	11	41	45	110
50	8	9	9	8	9	36	37	100
25	6	7	7	6	7	32	29	82
:	:	:	:	:	:	:	:	:

(3)직업이나 학문분야에서 요구하는 요인들의 확인

계열	언어	기계	수리	공간	추리	지각	어휘	수공
어문학계	O				O		O	
인문과학계	O				O		O	
사회학계	O				O		O	
자연이학계			O	O	O		O	
자연공학계		O	O	O	O			
가정계	O		O	O	O			
교육인문사회계	O				O	O	O	
교육자연계	O		O		O		O	
농학계	O		O	O				O
의학계		O	O	O	O	O	O	
약학계			O		O		O	
간호계	O					O		O
음악계	O					O		O
미술계				O		O		O
체육계		O	O			O		O
해양수산계		O	O	O		O		
항공학계		O	O	O	o	O		O

(4)직업이나 학분분야에서 요구하는 요인들의 T점수와 백분율의 평균산출(예 백분율)

	언어	기계	수리	공간	추리	지각	어휘	수공	평균
어문	50				93.3		84.1		75.8
이학			3.6	15.8	93.3		84.1		49.2
농학	50		3.6	15.8					23.1
의학		42	3.6	15.8	93.3	69.5	84.1		51.3
음악	50					69.5		30.8	49.9

75이상이면 높다고 하고 25이하이면 낮다고 하고, 26-74이면 보통이라고 한다.
위 학생의 경우 어문학계가 75.8이기 때문에 어문학계의 적성이 높다고 할 수 있다. 농학계는 23.1이기 때문에 낮다고 할 수 있다. 이학, 의학, 음악은 보통이다.

6)KMDAT-H 적성검사

이 검사는 이종구, 현성용, 최인수가 제작하였다. 이 검사는 지능과 적성을 동시에 측정할 수 있게 되어 있다. 측정요인은 어휘적용, 언어유추, 수리력, 공간지각, 수치이해, 공간활용, 기계이해 7가지이다. 이들 중에서 어휘적용, 언어유추, 수리력, 공간지각은 지능을 재는데 관련되고 전체 7가지는 적성을 재는데 관련된다.

검사내용

(1)어휘적용

이 검사는 어휘력과 문장의 이해력, 문맥에 맞는 적절한 어휘를 선택하는 능력을 측정한다. 이 검사는 빈칸에 알맞은 말을 넣어 뜻이 가장 잘 통하는 문장으로 만들도록 한다.

예) 그는 키가 너무 ( ), 농구선수가 되면 좋을 것이다.

①작아서 ② 커서 ③비대해서 ④말라서

(2)언어추리

이 검사는 단어들 간의 인과관계, 위계관계, 범위관계를 파악하고 단어들을 분류한 것을 바탕으로 새로운 관계를 도출해 내는 능력을 측정한다. 단어들의 짝을 보고 관계를 파악하여 정답을 찾도록 한다.

예) 연필 : 종이=호미 : ( )

①풀 ②나무 ③잠자리 ④사과

(3)수리력

수와 기초적인 연산개념에 대한 이해를 바탕으로 수량을 빠르고 정확하게 계산하는 능력을 잰다.

예) 사과를 4개씩 주면 1개가 부족하고 3개씩 주면 8개가 남는다. 사과의 개수와 사람의 수는?

①45, 8 ②35, 7 ③25, 6 ④35, 9

(4)공간지각

이 검사는 공간과 위치를 파악하기 위한 시각적인 사고력과 공간 환경에서 적응력을 잰다. 종이를 여러 번 접어서 구멍을 뚫은 후 종이를 펼쳤을 때 뚫린 구멍의 위치를 찾게 한다.

(5)수치이해

주어진 자료에서 요약된 정보를 빠르고 정확하게 보고 그 의미를 파악하는 능력을 잰다. 각종 그래프와 표에서 자료들을 보고 자료가 바라는 바를 찾도록 한다.

예) 지난 5년간 B대학에 지원한 합격자를 조사한 결과이다. 잘못된 것은?

	1995	1996	1997	1998	1999
지원자	1500	1800	2100	2500	3000
합격자	800	850	900	950	1000

①지원자가 매년 증가하였다. ②합격자는 매년 증가하였다.

③합격율은 매년 증가하였다.　④지원자 합격자 모두 증가하였다.

(6)기계이해
물리적 법칙을 알고 그것을 실제 사태에 적용하는 능력을 잰다.

(7)공간활용능력
공간에 대한 정확한 지각과 공간의 위치, 방향, 크기 파악 등 시각적 사고와 공간환경에서 적응능력을 잰다.

(8)일반능력
이것은 적성요인이 아니고 피험자에 관한 일반적 사항들-지능, 성격, 흥미, 가치관-을 묻는 것이다.

문항수와 검사

요인	문항수	준비시간	검사시간
전체설명		3분	
어휘적용력	25	1분 10초	3분 20초
언어유추	25	1분 10초	3분
수리력	20	1분 10초	9분
공간지각력	20	1분 10초	6분
수치이해력	20	1분 10초	9분
공간활용능력	20	1분 10초	6분
기계이해	20	1분 10초	4분
일반영역	20	1분 10초	2분

계 53분 40초

채점 및 해석

이 검사는 문항마다 난이도가 다르기 때문에 문항마다 점수의 비중이 다르게 되어 있다. 이 검사는 규준이 마련되어 있지 않다. 요인별로 개인의 T점수를 산출해서 해석한다.

$$T=10Z+50=10(\frac{X-M}{S})+50$$

(이 적성검사는 규준이 없기 때문에 T점수를 구하기 위해 요구되는 평균(M)과 표준편차(S)

를 구하는 방식이 제시되어야 하는데 이에 대한 설명이 없다. 원칙은 규준집단을 가지고 평균과 표준편차를 구해야 한다. 규준집단이 없기 때문에 실시 집단별로 평균과 표준편차를 구해야 할 것이다. 그렇게 되면 실시집단 내에서만 적성의 위치나 비율이 해석되어야 한다. 전국 단위의 해석은 원칙적으로 불가능하다.)

적성계열별 점수는 적성계열마다 요구되는 요인의 비중이 다르기 때문에 요인별 T점수에 가중치를 부여하여 더하고 평균을 산출한다.

전공 계열별 요구되는 요인의 가중치

	어휘적용	언어유추	수리력	공간지각	수치이해	공간활용	기계이해
어문계열	◎	○					
인문계열	○	◎			△		
사회계열	○	○	△		◎		
법정계열	◎	◎			○	△	
경상계열	○	○	○		◎		
수학전산			◎	△	◎	△	○
건축토목			◎	◎	○	◎	◎
공학			◎	◎	○	◎	◎
의학		○	△	○	○	◎	
자연과학			◎	○	○	△	◎

A라는 개인의 요인별 T점수 및 계열 적성T점수

어휘	언어	수리	지각	수치	공간	기계
54	52	46	38	50	43	48

만약 ◎에 3점, ○에 2점, △에 1점의 비중을 준다면

A의 어문계열 적성 $T = \dfrac{54\times3+52\times2}{3+2} = 53.2$

A의 인문계열 적성 $T = \dfrac{54\times2+52\times3+50\times1}{2+3+1} = 52.3$

A의 자연과학 적성 $T = \dfrac{46\times3+38\times2+50\times2+43\times1+48\times3}{(3+2+2+1+3)} = 45.54$

5.창의력 검사

1)Guilford의 확산적 사고력 검사

Guilford에 의하면 인간의 지능은 3차원으로 되어 있다. 그것들은 내용차원, 작용차원, 결과차원이다. 그에 의하면 내용차원은 다시 4가지, 작용차원은 5가지, 결과차원은 6가지로 나누어진다. 그래서 지능은 4=120개의 하위요인으로 구성되어 있다.

작용차원은 인지, 기억, 수렴적 사고, 확산적 사고, 평가로 나누어지는데 이 중 확산적 사고가 창의력과 같은 것으로 본다(1967). Guilford는 이 확산적 사고를 측정하기 위한 12가지 검사를 제작하였다.

(1)연합적 유창성(associational fluency)
주어진 단어와 유사한 단어를 쓰게 한다.
예) "성격"과 유사한말은? (성미, 성질, 성향, 마음씨....)

(2)표현적 유창성(expressional fluency)
4개의 단어들 각 첫 알파벳이 주어지면 그 철자가 들어 가는 단어들로 문장을 만든다.
예) ㄱ ㄴ ㅁ ㅊ (가을의 날씨는 매우 청명하였다)

(3)대안적 사용(alternate use)
어떤 사물의 보편적 용도 이외의 용도 열거하기
예) 재떨이는 담배의 재를 터는데 사용된다. 이 재털이의 "담뱃재 터는 것" 이외의 용도들을 생각나는데로 쓰기 (밥그릇, 국그릇, 쓰레기통, 화분, 동전그릇, 술잔, 악기...)

(4)직유(simile interpretation)
사물을 어떤 것에 비유한 문장을 주고 비유의 이유를 쓰게 한다.
예) 남자는 돌맹이와 같다. (남자는 거칠고 강하다)

(5)용도검사(utilitty test)
어떤 목적을 위해 사용될 수 있는 사물 열거하기
예) 재털이로 쓰일 수 있는 것들을 열거함. (밥그릇, 국그릇, 컵, 병, 종이, 손바닥...)

(6)구성제목(plot titles)
3, 4줄 정도의 짧은 이야기를 주고 거기에 맞는 제목 붙이기

(7)결과 예상하기(consequence)
가상적 상황을 주고 결과가 어떻게 될지 예사해 보기

예) 만약 겨울이 없어진다면 어떤 일이 일어날까?

(8)**가능한 직업들**(possible jobs)
어떤 사물을 제시하고 그것과 관련되는 직업들을 나열하기
예) 돌과 관련된 직업들을 열거하기

(9)**사물 만들기**(making objects)
몇 가지의 도형들(원, 세모, 네모...)을 주고 그것들을 이용해서 사물을 그리게 한다.

(10)**스켓치**(sketches)
예컨대 원들을 여러 개 나열하고 그 원을 바탕으로 그림을 그리게 한다.

(11)**성냥개비 문제**(match problems)
여러 개의 성냥개비들이 정사각형을 이루고 있을 때 성냥개비 몇 개를 제거해서 정사각형의 수를 줄이도록 한다.
예) 16개 성냥개비가 6개의 정사각형을 이루고 있을 때 여기서 3개의 성냥개비를 제거해서 3개의 정사각형이 되도록 한다.

(12)**장식**(decoration)
일상적 사물의 윤각만 제시하고 그것을 여러가지로 장식하게 한다.

2)표준화 창의성 검사

이 검사는 정원식, 이영덕이 제작하였다. 초등학생용과 중고등학생용이 있는데 여기 소개하는 검사는 중고등학생용이다.

검사의 구성

이 검사는 유창성검사, 융통성검사, 독창성검사, 정교성 검사, 조직성검사, 지각적 개방성검사, 성격검사로 되어 있다.

(1)**유창성검사**(fluency, Fl)
주어진 자극에 대하여 정해진 시간에 얼마나 많이 반응할 수 있느냐를 측정한다. 질보다 양을 측정한다. 이 요인은 2가지 검사로 측정한다.

검사1: 문장 만들기

제한된 시간에 얼마나 많은 문장을 만들어 낼 수 있는가를 측정한다.

예) 다음 3개의 글자가 있는데 각 글자를 첫글자로 해서 문장이 되게 하라.

나-　　　　　　가-　　　　　　인-

(나가서 가다가 사람을 보면 인사를 하여라.)

검사2: 그림완성

원이 여러 개 주어져 있다. 각 원을 이용해서 하나의 그림이 되게 하라. 그리고 그림 밑에 그림의 제목을 붙이라.

○　○　○　○　○　○　○

↓　↓　↓　↓　↓　↓　↓

그림 그리기

제목 붙이기

사과　얼굴　그릇　냄비　시계　공　화분

(2)융통성(flexibility)

한 가지 문제 사태에 대해서 접근하는 방법이 얼마나 다양한가를 측정한다. 3가지 검사로 되어 있다.

검사1: 색채어휘검사(colour word test)

이검사는 다시 1부, 2부, 3부검사로 되어 있다.

1부검사- 빨강, 파랑, 노랑, 초록의 4가지 색깔 이름이 무작위로 나열되어 있다. 빨강은 "ㅂ"으로, 노랑은 "ㄴ"으로, 파랑은 "ㅍ"으로, 초록은 "ㅊ"으로 답안지에 써 넣는다.

1.초록, 2.빨강, 3.노랑, 4.파랑, 5.노랑

(ㅊ)　(ㅍ)　(ㅊ)　(ㅍ)　(ㄴ)

2부검사- 빨강, 파랑, 노랑, 초록색으로 된 직사각형이 나열되어 있다. 빨간색 직사각형이면 "ㅂ", 파란색 직사각형이면 "ㅍ" 등으로 표기한다.

3부검사-빨강을 파란색으로, 초록을 빨강색으로, 파랑을 노란색으로 쓰여진 단어들이 나열되어 있다. 단어에 개의치 말고 단어의 색깔에 따라 빨강색 글자에면 "ㅂ"으로, 노란색 글자에는 "ㄴ" 등으로 답지에 써 넣어라.

검사2: 수식검사(nunber grouping test)

1부터 6까지 6개의 숫자를 가감승제는 물론 여러가지 수식을 만들어 9가 되도록 한다.

주의- 한 식에서는 동일 숫자를 한 번 이상 사용되어서는 안된다.

예) 1 2 3 4 5 6

답) 5+6+4-3-2-1=9

검사3: 성냥문제검사(match problem test)

성냥개비 여러 개가 여러 개의 4각형(또는 3각형)들을 이루고 있을 때, 성냥개비 몇 개를 제거해서 현재보다 적은 4각형(또는 3각형)의 개수를 만들도록 하는 것이다.

예) 17개의 성냥개비가 6개의 4각형을 이루고 있다. 3개의 성냥개비를 제거해서 4개의 4각형이 남게 한다. 제거해야 할 성냥개비를 "/"로 표시한다.

예) 17개의 성냥개비가 9개의 삼각형을 이루고 있다. 6개의 성냥개비를 제거해서 5개의 삼각형이 남도록 하라.

(3)독창성(originality, Oy)

새로운 것을 생각해 내는 능력을 잰다.

이검사는 2가지로 이루어졌다.

검사1: 어휘 연상검사

처음 간단히 보면 관계가 없는 두 낱말들이 있을 때 새로운 낱말을 괄호에 써 넣으면 관계가 있게 된다. 새로 쓴 단어에 "비슷한 말 " 또는 "식물성", "어류" 등 공통된 성격을 써서는 안된다.

예) 우산-뚝 (비)

검사2: 동화검사(fable test)

짤막한 이야기를 읽어 보고 마지막 줄이 처진 부분을 채우는 것이다. 이때 3가지의 글을 채운다.

도덕적으로-

재미있게-

슬프게-

예) 영수는 성적이 아주 좋지 않았으나 열심히 노력해서 중간 정도에 도달하였다. 자신감이 생긴 영수는 노력을 덜하게 되었다. 그러다가 ______________________.

도덕적-부모님을 생각해서 더욱 열심히 노력하였다.

재미있게-절반이나 도달했으니 놀아도 된다고 생각했다.

슬프게-다시 과거로 되돌아 가게 되었다.

(4)정교성(elaboration, El)

이는 주어진 문제를 세분화해서 전개시키거나 의미를 더 자세하게 파악하고, 결합을 채워 넣는 능력이다. 단일검사가 사용된다.

검사1: 등식검사 (symbol elaboration test)

주어진 등식을 다른 등식으로 바꾸는 것이다. 3개의 등식이 주어져 있는데, 각 등식만을 변형시킬 수 있고, 또는 두 개나 세 개의 등식을 가지고 다른 등식을 만들 수도 있다.

예) 문제 C-E=Y, C+F=E, Y×F=C

답) C=Y+E, C=E-F, Y+E=E-F, ...

(5)조직성(organization, Org)

이는 복잡한 문제사태를 보다 간결하게 하여 새로운 의미를 부여하고 사물 또는 사상 간의 관련성이나 구조적 관련성을 고려하여 서로 관련지을 수 있는 능력을 잰다. 단일검사가 사용된다.

검사1: 사물분류검사(object sorting test)

여러가지 사물들을 어떤 공통적 속성에 따라 묶는 것이다.

-묶인 것들의 제목을 쓰고 그것에 해당되는 사물들을 번호로 열거한다.

-한 번 열거된 것은 다시 다른 곳에 들어 갈 수 없다. 한 번 열거된 것을 X표시하라.

-분류되지 않은 것은 나머지 난에 번호를 쓴다.

예) 1 2 3 4 5 6 7
감 고등어 조기 밤 나무 대추 민들레

답) 과일- 1, 4, 6
생선-2, 3
나머지-5, 7

(6)지각적 개방성(openness, Os)

문제사태에 대하여 민감하게 사실대로 지각할 수 있는 능력. 관련이 없는 자극에 의해 장애받지 않고 독립적으로 지각할 수 있는 능력. 단일 검사가 사용된다.

검사1: 도형찾기 검사(figure embeded test)

문제로 제시된 복잡한 도형내에 어떤 도형이 있는지 찾는 것이다.

(7)성격(personality, P)

창의성에는 성격적 요인이 작용해서 창의적 성격의 정도를 알아보는 문항들을 사용한다. 이 요인의 검사는 45개의 문항으로 되어 있는데 전체 창의성 점수에는 포함되지 않고 참고만 한다.

문항의 예) 다음 진술문에 대해 자기 생각과 같으면 "그렇다"에, 다르면 "아니다"에, 잘 모르겠으면 "?"에 표시한다.

	그렇다	아니다	?
1.남의 간섭이 싫다			
2.내 기분대로 행동한다.			
3. 새로운 것을 좋아한다.			
4.엉뚱한 생각을 할 때가 있다.			

검사시간

검사명	검사시간	검사명	검사시간
도형찾기	10분	사물분류	10분
문장만들기	5분	성냥개비	10분
색채어휘1부	1분	어휘연상	5분
색채어휘2부	1분	등식	5분
색채어휘3부	2분	동화	10분
그림와성	5분	자기진단	5분
수식	5분	합계	74분

전체검사시간=본검사시간74+각 검사의 설명과 연습시간

채점

(1) 도형찾기
소점(S)=정답수(R)-오답수(W)/3

(2) 문장만들기
뜻이 통하면 맞는 것으로 한다. 추측이 없기 때문에 맞은 개수가 바로 소점이 된다.

(3)색채어휘
제1부, 제2부는 채점하지 않는다. 3부 100문항만 채점하여, 정답수에서 오답수를 뺀것이 소점이 된다.

(4) 그림완성검사
채점 유의사항
-그림 밑에 이름을 쓰지 않는 것은 무효로 한다.
-똑 같은 성질의 그림이라도 변형된 것은 점수를 준다. 예컨대 같은 얼굴이라도 웃는 얼굴, 우는 얼굴, 찡그린 얼굴 등은 각각 1점을 준다. 동전도 1원, 10원 각각 1점을 준다.

(5)수식검사
-동일 숫자가 두 번 이상 사용되면 무효
-숫자의 순서만 바꾸면 한 쪽은 무효(1+2+6, 6+2+1 등)
- +, -, ×, ÷, ( ) 다섯 개 부호 중 3개 이상 사용했으면 추가 1점
-분수, 루트를 사용했으면 추가 1점

(6)사물 분류검사
분류되지 않고 남은 것의 개수(r)를 40에서 뺀다. 즉,
s=40-r
같은 번호가 두 번 사용되어도 무방하다.

(7)성냥개비 검사
맞은 개수가 바로 s가 된다.

(8)어휘연상검사
맞은 개수가 s가 된다.

(9)등식검사
세 등식 중 어느 하나만을 변형시켰다면 1점, 2개 이상의 식을 결합해서 변형시켰다면 2점이 된다.

(10) 동화검사
맞은 개수가 소점이 된다.

(11)자기진술
"그렇다"의 개수가 소점이 된다.

소점의 전환

각 소점을 수표를 보고 변형표준점수(Q)로 바꾼다. 이 변형표준점수는 평균이 20 표준편차 5로 되어 있다.

예) 변형표준점수

각 검사의 소점

검사1	검사2	검사3	검사4	검사5	검사6	검사7	검사8	검사9	검사10	Q
23	13		31	37		16	10	27		38
:	:	:	:	:	:	:	:	:	:	:
13	6	85-	17	20-	24		5	13	5	25
:	:	90	:	21	:	:	:	:	:	:
4	0	:	4	:	3	1		0		13
:	:	15-	:	6	:	:	:	:	:	:
수식	5분	20	74분	:						
		:								

요인별 합계를 준거에 의해 백분율 산출

요인별 변형표준점수를 합하고 해당 규준에서 백분율을 확인한다.

예) 규준(고교)

유창	융통	독창	정교	조직	개방	총점	자기진술	P
53-54	75	52	29	28	29	235-239	31	98
:	:	:	:	:	:	:	:	:
41	61	41	20	20	19	203	23	58
:	:	:	:	:	:	:	:	:
32	51	32	14	14	15	179	16	16

전체 창의성 백분율 산출

요인	검사번호	S	변형표준전수	P(%)
유창성	2	15	42	
	4	10	18	
		계	60	98
융통성	3	57	20	
	5	18	23	
	7	8	24	
		계	67	79
독창성	8	6	27	
	10	4	23	
		계	50	91
개방성	1	20	34	63
정교성	9	14	26	89
조직성	6	26	26	89
창의성전체			263	99.5
자기보고			25	74

× 제6장 ×

정의적 특성 표준화 검사

1.다면적 인성검사(MMPI)

이 검사는(Minesota Multiphasic Personality Inventory) 미국 미네소타 대학 심리학자 Hathaway와 정신과 의사 Mckinley가 정신과 환자들의 관찰과 여러 성격검사들을 토대로 1943년에 제작하였다. 정신과 진단용으로 널리 사용되어 왔으며 그에 대한 광범위한 연구들이 이루어져 왔다. 전체 검사는 크게 타당성 척도와 임상척도로 되어 있다. 타당성 척도는 4가지로, 임상척도는 10가지로 되어 있다. 전체 감사 문항수는 566문항인데, 그 중 16개는 중복되어 있다.

1)검사의 실시와 채점

실시

조용한 곳에서 오전 중에 실시한다. 래포를 형성하여 편안한 상태에서 검사받도록 한다. 검사의 목적을 설명하되 구체적으로 무엇을 측정한다고 언급하지 않는다. 검사의 요령을 말해주고 연습시킨 후 본 검사에 임하게 한다. 제한 시간은 없으나 대략 90-100분이 소요된다. 문항수가 많기 때문에 끝까지 마치도록 격려하고 문항별 답지별로 잘 맞추어 응답하게 한다.

채점

(1)답안지를 검토하여 그렇다, 아니다 모두에 응답하지 않거나, 모두에 응답한 것은 무응답으로 간주한다. 무응답이 100개 이상이면 검사를 무효로 한다.

(2)척도별로 채점판을 이용해서 개수를 헤아린다.

(3)교정
K점수를 가지고 다음 척도를 교정한다.
Hs+0.5K
Pd+0.4K
Pt+1K
Sc+!K
Ma+0.2K

(4)원점수를 해당되는 규준을 보고 T점수로 바꾸어 준다.

(5)T점수를 가지고 프로파일을 작성한다.
타당성 척도(L, F, K) 끼리, 임상척도 끼리 실선으로 연결한다.

(6)어느 한 임상척도 점수가 T70 이상이면 일단 정신과적으로 문제가 있는 것으로 본다.

2)검사의 구성

검사는 크게 타당성 척도와 임상척도로 구성되어 있다. 타당성 척도는 피험자가 얼마나 성실하게 정직하게 응답했는가를 알아보는 검사이다. 반면에 임상척도는 정신과적인 문제의 정도를 알아보는 검사이다. 타당성 척도는 4가지가 있고, 임상척도는 10가지가 있다.

타당성 척도

(1)무응답 척도(can not say, ?)
MMPI는 문항에 대해 예, 아니오 중 하나에 응답하게 되어 있다. 그런데 피험자에 따라서는 어느 쪽에도 응답하지 않거나 모두에 응답하기도 한다. 이런 응답형태는 무효이기 때문에 검사문항의 수를 줄이는 결과를 초래한다. 30문항 이상을 응답하지 않으면 모두에 응답하라고 하고 2개 이상에 응답하면 피험자에게 하나에만 응답하라고 다시 지시한다.

(2)L척도(Lie, L)
거짓말을 하는 정도를 측정하는 검사이다. 매우 도덕적인 사람들만이 "예"라고 할 수 있고 보통 사람이라면 "아니오"라고 응답할 수 있는 문항들로 되어 있다. 예컨대 "나는 거짓말을 한 번도 한 적이 없다"라는 문항이 있을 때 매우 도덕적인 사람은 "예"라고 할 수 있지만 대부분의 보통 사람은 "아니오"라고 응답한다고 할 수 있다. 이런 류의 문항들 15개가 여기저기 나열되어 있는데 이런 문항들에 "예"라고 한 문항수가 많으면 보통 사람의 수준에서 거짓말을 하고 있다고 할 수 있다.

(3)F척도(Frequency. F)
보통 사람이라면 흔히 반응하지 않은("예"라고 하지 않은) 문항들로 되어 있다. 이 문항들은 정상인의 10% 미만이 "예"라고 응답하는 문항들이다. 예컨대 "내 정신은 가끔 내 육체를 떠난다"라는 문항은 보통 사람이라면 대부분 "예"라고 하지 않는다. 그런데 이런 문항들에 대해 "예"의 개수가 많으면 정상적인 사람과 많이 다르다고 할 수 있다. 읽기 능력의 부족, 망상적 사고, 어떤 목적을 위해 의도적으로 나쁘게 보이려는 의도, 반항 등의 이유에서 이 점수가 높아질 수 있다.

(4)K척도(correction)
교정척도라고 한다. 이는 실제보다 자신을 좋게 보이려는 정도를 측정하는 문항들이다. 분명히 정신적으로 문제가 있는 사람이 검사 결과 정상인으로 나타나는 경우가 있는데 이는 정신적으로 문제가 있는 사람이 정상인으로 보이게 하기 위해서 의도적으로 반응을 왜곡하는 것이다. 이 점수가 높은 사람은 방어적이고, 정신치료에 저항을 보인다. 학력이 높고 심리적으로 예민한 사람들은 이 점수가 높은 경향이 있다고 한다. 이 점수가 높으면 다른 점수는 낮아지는 경향이 있기 때문에 K점수에 따라 임상척도의 점수를 높혀 주는 식으로 교정해 준다. 이 점수가 낮으면 위와 반대로 자신을 과소평가하고 나쁘게 보이려는 것이다.

임상척도

(1)건강 염려증(Hypochondriasis, Hs)
사소한 질병이라도 지나치게 병적 관심을 가지고 있는 정도를 측정하는 문항들이다. 이 점수가 높은 사람은 자신의 신체에 대해 불만이 많고 자기중심적이고 염세적이며 신체적 증상을 이용해서 남들을 조정하고 통제하려고 한다.

(2)우울증(Depression, D)
자기비하, 염세, 비관, 무가치감, 절망, 불만족, 우유부단, 회의, 감정의 억제 등의 정도를 측정하는 문항들이다.

(3)히스테리(Hysteria, Hy)

히스테리는 일반적으로 병적 흥분을 의미하나, MMPI에서의 히스테리는 심리적 어려움에 처했을 때 그것을 신체적 문제로 전환시켜 그 어려움을 회피 모면하려는 성향을 말한다. 이런 사람은 책임회피적, 자기중심적이고 미성숙하다.

(4)반사회성 척도(Psychopathic deviate, Pd)

이 척도에서 높은 점수를 보이는 사람은 권위적 인물에 대한 강한 적대감을 보이며 자기중심적이고 무책임하고 비도덕적이다. 충동적이고 거짓말을 잘하고 다른 사람을 이용하려 한다. 알콜중독, 조직폭력배, 흉악범, 절도범, 강도 등의 행동과 관련이 높다.

(5)남성-여성성(Masculinity-femininity, Mf)

이 척도는 남성이면서 얼마나 여성화되어 있고 여성이면서 얼마나 남성화 되어 있는가를 알아보는 것이다. 남성으로서 이 점수가 높으면 남성성이 약한 것이며 남성의 역할에 불안한 생각을 가지고 여성의 역할에 편안함을 느낀다. 동성연애자일 가능성이 높다. 여성으로서 이 점수가 높으면 공격적, 경쟁적이고 자신감이 있고 자발적이라는 면에서 남성적 성향을 보인다.

(6)편집증(Paranoia, Pa)

다른 사람의 언행에 과민, 의심이 많음, 남의 탓 돌리기, 적대적임, 과대망상, 피해망상 등의 정도를 재는 검사이다.

(7)정신쇠약증(또는 강박증)(Psychasthenia, Pt)

병적인 공포, 만성적 불안, 과도한 죄악감, 우유부단, 지나친 완벽주의, 주의집중 곤란, 자기의심, 비융통적 사고, 사소한 것에의 집착, 강박관념의 정도를 잰다. 강박증이란 자신의 부정적 사고에 얽매여서 헤어나지 못한 사람이다.

(8)정신분열증(Schizophrenia, Sc)

이 검사에 높은 점수를 보인 사람은 냉담하고 무감각적이다. 사회적 접촉을 꺼리며 백일몽이나 환상을 즐긴다. 각종 환상(환청, 환촉, 환시)에 자주 빠진다. 자아통합이 결여되어 있다. 현실과 환상을 구별하지 못하고 사고와 행동의 모순을 보인다.

(9)경조증 척도(Hypomania, Ma)

지나친 흥분, 인내심 결핍, 관념의 비약, 사고의 과잉, 과도한 낙천주의, 의욕의 과잉 등이 특징이다.

(10)사회적 내향성(Social introversion, Si)

대인기피, 자기비하, 사회적 상황에서의 불편함을 느낀다. 자신감이 부족하고 다른 사람이 자신을 어떻게 보는지에 대해 매우 민감하다.

3)해석

정신적으로 예민한 검사이기 때문에 피험자가 자신을 있는 그대로 나타낼 수 있게 동기를 부여하여 래포를 형성하며 검사자를 믿게 한다. 대체로 T70이상이면 정신과적인 문제가 있는 것으로 해석한다. 이런 해석은 절대불변적인 것이 아니다. 그렇게 해석할 수도 있다는 가능성을 말해 준다고 보아야 한다. 해석을 보다 올바르게 하기 위해서는 MMPI내 여러 검사결과들을 종합적으로, MMPI 뿐만 아니라 보호자의 의견, 다른 검사 결과, 생활사적 정보 등 여러가지 사항들을 알아보고 종합적으로 판단한다. 수검자의 수검태도나 행동도 임상적 해석에 정보를 줄 수 있다. 수검태도와 행동도 면밀히 관찰한다.

척도별로 해석할 수도 있지만 여러 척도들은 연관되어 있는 경우가 많으므로 점수가 두드러진 2, 3가지를 묶어서 해석하는 것이 일반적이다. T70 이상 중에서 2, 3개를 묶어서 해석 한다. 10개의 임상척도를 2개씩 짝지우는 경우의 수는 45, 3개씩 짝지우는 경우의 수는 120가지이기 때문에 2, 3개를 묶는 경우의 수는 160가지가 된다. 그러나 실제로 흔히 나타나는 것만을 다루게 되는데 이런 것들에는 20여가지가 있다. 여기서는 그들 중 몇 가지만 설명한다.

임상척도의 결합을 척도의 번호의 결합으로 나타내는데 먼저 쓰여진 것일수록 점수가 높은 것을 의미한다.

1-2(또는 2-1)(Hs와 D의 결합)

건강 염려증과 우울증이 동시에 높은 경우이다. 이들은 성격이 내성적이고 수동적 의존적이며 자신감이 부족하고 불안 근심 걱정 염세에 빠져 있다. 두통, 식욕감퇴, 복통, 불면 등 여러가지 신체적 고통을 호소한다.

2-4(또는 4-2)(D와 Pd)

우울과 반사회성이 높은 경우이다. 자신의 충동을 억제하지 못해 주변과 불화를 빚거나 범법하는 경우가 많고 비난과 처벌로 인해 우울해진다. 과도한 음주와 약물남용이 빈번하고 이로 인해 정상적인 생활이 이루어 지지 않으므로 좌절감에 빠져 있다. 자신의 행동이 초래할 결과를 무시하고 장래에 대한 계획력이 부족하다. 미숙하고 자기중심적이며 내향적, 의존적이고 권위에 적대적이다.

3-6(또는 6-3)(Hy와 Pa)

히스테리와 편집증이 높은 경우이다. 이들은 분노하고 적개심이 있으면서도 이를 억누르고 있다. 남들과 사이가 깊어지면 자신의 부정적인 측면이 드러날까봐 남들과 깊이 사귀는 것을 꺼린다. 남들의 비난에 매우 민감하고 불안해한다. 두통, 위통, 요통 등 신체적인 문제를 자주 언급한다.

4-7(또는 7-4)(Pd와 Pt)
반사회성과 강박증이 높은 경우이다. 이 점수가 높은 사람은 죄책감이 많고 생각이 많으며 자기행동을 통제할 수 없기 때문에 분노를 잘 나타낸다. 분노 표출 후 그에 대한 죄책감과 불안을 느끼고 그로 인해 공격적 행동을 통해 자기의 욕구를 충족시키려고 한다. 자신의 사고와 감정에 대해 관심이 많지만 타인의 사고와 감정에 대해서는 냉담 무관하다.

6-8(8-6)(Pa와 Sc)
편집증과 정신분열증이 높은 경우이다. 자기만의 환상적 세계에 빠져 있어서 의심이 많고 적개심, 불신이 크고 수줍어 하고 냉담하고 화를 잘 낸다. 사고가 비상식적이고 괴상하고 피해망상 과대망상이 많다.

7-8(8-7)Pt과 Sc)
정신쇠약과 정신분열증이 높은 경우이다. 이런 사람은 지나치게 근심, 걱정, 불안해 하며 우유부단하고 주의집중이 부족하다. 자신감이 결핍되어 열등감, 죄책감을 많이 느낀다. 망상, 환상, 백일몽에 자주 빠지고 정상적인 이성관계를 이루지 못한다.

3 내지 4개의 척도들을 결합해서 해석하는 경우도 있다(전용신,1980)

1-2-3형
Hs, D, Hy가 70 이상
Hs 〉D 〉Hy
특징: 복통, 현기증, 불면, 불안, 성욕결핍, 조급성

2-7-8형
D, Pt, Sc가 70 이상
D, Sc 15 이하
특징: 우울, 열등감, 주의집중 결핍, 망상, 내향적, 의욕 상실

8-1-2-3형
Hs, D, Sc가 80 이상
Hs 〉D 〉Hy
특징: 적대적, 분열적, 부적감, 의존적

2.간편 MMPI 성격검사

이 검사는 진위교, 김형립이 제작하였다. 원래의 MMPI 검사는 14가지 요인 566문항으로 되어 있으나 이 검사는 12개 요인 207문항으로 축소된 것이다. 타당성 요인은 그대로이고 임상 요인은 10개 중 Mf, Si가 제외 되었다.

1)요인별 검사 문항수

타당성 척도

허구척도(L) 10

신뢰성 척도(F) 30

수험태도 척도(K) 20

임상척도

Hs 21

D 21

Hy 29

Pd 24

Pa 23

Pt 32

Sc 48

Ma27

원래의 MMPI가 정신과적 문제를 가진 사람을 진단하기 위해 만들어졌으나 본 검사는 다음과 같은 목적으로 제작되었다.

첫째, 중학교 이상 대부분 정상적인 학생들의 성격 적응 정도와 정신 건강의 정도를 알아보는 것이다.

둘째, 학생 자신의 자기 이해를 높이기 위한 것이다.

셋째, 학생들의 장차 부적응 행위, 비정상적인 행동의 가능성을 미리 발견해서 예방하기 위한 것이다.

넷째, 교육, 상담, 생활지도의 연구를 위한 자료를 확보하기 위한 것이다.

이 검사는 문항을 대폭 축소하는 대신 신뢰롭고 타당한 문항이 선정되기 위해 다음과 같은 과정을 거쳤다.

첫째, 원본 MMPI의 문항의 의미, 내용을 충실히 번역하였다.

둘째, 한국 중고생의 문화에 맞지 않은 문항을 제외시켰다.

셋째, 성(sex)에 관한 문항들은 교육적 견지에서 대부분 제외시켰다.

넷째, 정상적인 집단, 정신과 외래 및 입원환자, 대학 상담실 내담자에게 사전 검사를 실시하여 적절한 문항을 선정하였다.

다섯째, 선행 문항분석 결과를 참고하고 새로운 문항분석을 실시하여 최종 문항을 선정하였다.

2)채점 및 해석

채점은 채점판을 이용한다. 원래 K점수를 가지고 다른 임상요인의 점수를 교정해 주도록 되어 있으나 본 검사는 K점수는 산출하되 교정하지는 않는다.

원점수는 규준에 비추어 T점수나 P(백분율)로 환산해서 해석한다.

고교 대학생 규준의 예

P	T	L	F	K	1	2	3	4	6	7	8	9
98	71	16	14	14	14	21	20	19	16	26	35	20
:	:	:	:	:	:	:	:	:	:	:	:	:
50	50	3	6	7	6	11	10	10	8	14	18	12
:	:	:	:	:	:	:	:	:	:	:	:	:
8	36	1	1	3	2	6	5	5	3	6	7	4

3. 다면적 인성검사 Ⅱ

이 부분은 한경희외 5인의 "다면적 인성검사Ⅱ 매뉴얼 개정판"(2011) 내용 중 필요한 사항들을 간략히 소개한 것이다.

1)제작의 개요

1943년 Mckinley와 Hathaway에 의해 제작되어 이후 50여년 동안 광범위하게 사용되어 온 MMPI는 시대의 변화에 적합하지 않은 문제점들이 제기되었고 그 문제점들을 개선하기 위해 MMPI 연구진들에 의해 1989에 개정판이 나오게 되었는데 그 개정판을 MMPI-Ⅱ라고 한다.

MMPI가 1940년대 제작될 당시에는 주로 임상장면에 초점이 맞추어져 제작되었다. 그런데 이후 사회와 문화가 많이 변화했고 임상장면이 아닌 영역에 까지 MMPI가 사용되면서 MMPI가 다루지 못한 영역, 시대에 맞지 않은 표현들이 드러나게 되었다. MMPI가 다루지 못했던 자살, 마약, 공포, 분노, 가정문제, 식사장애, 치료에 대한 태도, 직업에 대한 태도 등이 MMPI-Ⅱ에 포함되었으며 일부 문항의 표현이 수정되었다.

규준은 시대에 맞게 계속 수정되어야 하는데 MMPI가 제작된지 50여년간 규준의 수정이 이루어지지 않았다. 이런 시대적 요청에 의해 규준의 수정이 이루어졌다. 그리고 MMPI가 제작될 당시 규준작성에 동원된 사람수가 724명으로 매우 적었다. 그래서 한정된 지역과 사람들만 가지고 규준이 제작되었기 때문에 규준이 정확하지 못했다. 그래서 개정판에서는 표집인을 2600명으로 대폭 늘리고 여러 지역에 걸쳐서 여러 인종과 여러 문화들이 포함되고 고루 표집되게 하였다.

MMPI의 문항수는 566이고 MMPI-Ⅱ의 문항수는 567로서 문항수는 거의 같다. 그 대신

MMPI-Ⅱ는 하위검사의 수를 많이 확대하였다. MMPI는 4개의 타당성 척도와 10개의 임상척도로 되어 있음에 반해 MMPI-Ⅱ는 10개의 타당성 척도로 확대되었고, 기존의 10개 임상척도에다가 재구성 임상척도, 성격병리척도, 임상 소척도, 내용척도, 내용소척도, 보충척도가 추가되었다.

한국판 MMPI-Ⅱ는 한경희외 5인에 의해 2005년에 번역되어 출판되었고 2011년에 그들에 의해 매뉴얼 개정판이 출판되었다. 한국판 MMPI-Ⅱ의 규준작성에 동원된 사람수는 남자 651명 여자 651명 합계1302명이였다. 연령별로는 19-24세 201명, 25-29세 170명, 30-39세 337명, 40-49세 283명, 50-69세 169명, 60-69세 123명 70세 이상 19명이였다. 지역별로는 서울 인천 경기 강원 625명, 대전 충남 충북 127명, 광주 전남 전북 168명, 부산 대구 경남 경북 382명이였다.

2)검사의 구성

타당성 척도

(1)무반응(can not say, ?)

이것을 재는 문항이 따로 있는 것이 아니다. 전체 567문항들 중에서 응답하지 않은 문항수와 모두 예라고 하거나 모두 아니오라고 응답한 문항수를 합한 것이다. 이런 문항수가 30개 이상이면 다른 임상척도의 점수가 낮아지게 되므로 MMPI-Ⅱ의 결과를 믿을 수 없게 된다. 이런 문항수가 많은 이유는 독해능력이 부족하거나, 심각한 정신적 장애를 가지고 있거나, 통찰력 부족, 비협조적 태도로 검사에 임하거나 이런 이유들이 복합되어 있기 때문이라고 할 수 있다.

(2)무선반응 비일관성(variable response inconsistancy, VRIN)

이 검사는 유사한 문항내용 쌍으로 되어 있다. 49개의 쌍이 있다. 98개의 문항이 여기저기 흩어져 있지만 2개씩 짝을 이루고 있는 것이다. 쌍 중 어느 한 쪽을 서로 다르게 응답하면 1점이 된다. 이 점수가 높다는 것은 수검자가 생각 없이 아무렇게나 응답했을 가능성이 높기 때문에 전체 검사를 믿을 수 없게 된다. T점가 80이상이면 전체 검사를 무효로 한다.

(3)고정반응 비일관성(true response inconsistancy, TRIN)

서로 상반되는 문항 쌍으로 되어 있다. 따라서 응답을 제대로 했다면 어느 한 쪽에 "그렇다"라고 응답했다면 다른 한 쪽에는 "아니다"라고 응답해야 한다. 그런데 양 쪽 모두에 "그렇다"라고 했다거나 "아니오"라고 했다면 응답에 일관성이 없는 것이다. 원점수는 "그렇다-그렇다"라고 응답한 개수에서 "아니오-아니오"라고 응답한 문항수를 뺀 차이에다가 9를 더한 것으로 되어 있다. 점수가 높다는 것은 모두 "그렇다"라고 반응한 빈도가 높다는 것을 의미한다. 점수가 낮다는 것은 반대로 모두 "아니다"라고 반응한 빈도가 높다는 것을 의미한다. T점수가 80이상이거나 20이하이면 정확하게 반응하지 않았다는 것을 의미하기 때문에 전체를 무효화 한다.

(4)저빈도(infrequency, F)
이는 정상인이면 대체로 "그렇다"라고 하지 않은 문항들에 "그렇다"라고 반응한 문항의 수이다. 정상인과 다르게 반응한 정도를 나타낸 것이라고 할 수 있다. 임상장면에서 T가 100이상, 외래장면에서 90이상, 비임상장면에서 80이상이면 무선반응이나 고정반응 비일관성이 높거나, 심각한 정신병리, 또는 과대보고를 나타낸 것이다.

(5)후반부 저빈도(back infrequency, F(B))
이는 검사 후반부에서 저빈도가 변화한 정도를 나타낸다. 이는 수검자의 수험태도가 후반부에 변화한 것을 나타낸다. F점수가 정상범위에 있는데 F(B)의 점수가 크게 상승되는 경우(T≥30) 수검자의 수검태도가 달라졌음을 나타낸다.

(6)저빈도 정신병리(infrequency-psychopathology, F(P))
VRIN이나 TRIN이 정상범위에 있으면서 이 점수가 T≥100이면 수검자는 실제보다 정신병리를 의도적으로 과장하여 나타낸 것이다.

(7)증상 타당도(sympton validity, FBS)
이는 개인의 상해 소송 장면에서 자신의 증상을 과장하는 정도를 나타낸다. VRIN과 TRIN의 가능성이 없고 이 점수가 T≥100이면 증상을 과대 보고한 것으로 해석한다.

(8)부인(lie, L)
이는 사소한 결점이나 사소한 성격적 결함을 숨기는 정도를 나타낸다. 대부분의 사람들은 별 망설임 없이 "그렇다"라고 하는 문항들로 되어 있다.

(9)교정(correction, K)
이 문항들은 방어적인 것으로 응답한 정도를 측정한다. 이 점수가 높으면 심각한 심리적 문제를 드러내지 않으려는 것이다. 이 점수가 낮으면 반대로 자신의 심리적 문제를 실제보다 과대하게 나타내는 것을 의미한다.

(10)과장된 자기제시(superlative self presentation)
이는 인사선발 장면에서 자신을 좋게 보이고자 하는 사람을 가려내기 위한 문항들이다.

임상척도

MMPI-Ⅱ는 MMPI의 일부 문항들이 삭제되었지만 본질적으로 MMPI와 같다. MMPI와 달리 MMPI-Ⅱ의 10개 임상척도들 중에서 Hs, Mf, Pt를 제외하고 나머지 척도들은 척도내 문항들을 내용에 따라 분류하고 동질적인 내용끼리 묶어 소척도(하위요인)로 나누어진다.

(1)건강 염려증(hypochondriasis, Hs)

(2)우울증(depression, D)
- D1-주관적 우울증(subjective depression)
- D2-정신운동 지체(psychomotor retardation)
- D3-신체적 기능 장애(physical malfunctioning)
- D4-둔감성(mental dullness)
- D5-깊은 근심(brooding)

(3)히스테리(hysteria, Hy)
- Hy1-사회적 불안의 부인(denial of social anxiety)
- Hy2-애정 욕구(need of affection)
- Hy3-권태-무기력(lassitude malaise)
- Hy4-신체증상 호소(somantic complaints)
- Hy5-공격성의 억제(inhibition of aggression)

(4)반사회성(psychopathic deviate, Pd)
- Pd1-가정불화(familial discord)
- Pd2-권위불화(authority problems)
- Pd3-사회적 침착성(social imperturbability)
- Pd4-사회적 소외(social alienation)
- Pd5-내적 소외(self alienation)

(5)남성성-여성성(masculinity-femininity, Mf)

(6)편집증(paranoia, Pa)
- Pa1-피해의식(persecutory ideas)
- Pa2-예민성(poignancy)
- Pa3-순진성(naivete)

(7)강박증(psychasthenia, Pt)

(8)정신분열증(schizophrenia, Sc)
Sc1-사회적 소외(social alienation
Sc2-정서적 소외(emotional alienation)
Sc3-자아통합 결여-인지적(lack of ego mastery-cognitive)
Sc4-자아통합 결여-동기적(lack of ego mastery-conative)
Sc5-자아통합결여-억제부진(lack of ego mastery-defective inhibition)
Sc6-기괴적 감각 경험(bizarre sensory experiences)

(9)경조증(hypomania, Ma)
Ma1-비도덕성(amoralitty)
Ma2-심신운동항진(psychomotor acceleration)
Ma3-냉정함(imperturbability)
Ma4-자아팽창(ego inflation)

(10)내향성(social introversion, Si)
Si1-수줍음/자의식(shyness/self-consciousness)
Si2-사회적 회피(social avoidance)
Si3-내적/외적 소외(alienation-self and others)

재구성 임상척도

이 척도는 임상척도의 문제점으로 인해 생기는 해석상의 어려움을 해결하기 위해 개발되었다. 임상척도들에 공통된 의기소침을 분리해내고 각 임상척도의 고유의 요인을 추출해서 만든 것이다.

(1)의기소침(demoralization, dem)
이 문항들은 삶에 대한 전반적인 불만족감을 측정한다. 스스로 무기력하거나 비효율적이라고 느끼며 삶의 여러 측면에서 실패할 것이라고 예상하거나 이미 실패했다고 생각하는 정도를 잰다.

(2)신체증상 호소(somatic complaint, som)
신체적 기능에 대해 과민하며, 건강에 대한 걱정이 많으며, 피로나 허약감, 만성적 통증을 호소하는 정도를 잰다.

(3)낮은 긍정정서(low positive emotion, lpe)
긍정적 정서 경험의 결여를 알아보는 문항들이다. 이 점수가 높은 사람은 즐거움을 느끼지 못하고 고립감이 높고 삶의 활력이 부족하다.

(4)냉소적 태도(cynicism, cyn)
인간의 본성에 대해 부정적 견해의 정도를 알아보는 문항들이다. 이 점수가 높은 사람은 인간은 이기적이며 신뢰할 수 없는 존재라고 생각한다.

(5)반사회적 행동(antisocial behavior, asb)
반사회적 행동의 정도를 알아보는 문항들이다. 이 점수가 높은 사람은 공격적, 적대적, 논쟁적이다. 약물남용, 사기, 절도, 성폭행의 가능성이 높다.

(6)피해의식(idea of persecution, per)
이는 수검자가 피해를 당하고 있다고 믿고 있는 정도를 알아보는 정도를 재는 문항들이다. 점수가 높은 사람은 학대를 받고 괴롭힘을 당한다고 생각한다.

(7)역기능적 부정정서(dysfunctional negative emotions, dne)
이 점수가 높은 사람은 걱정이 많고, 비판에 민감하고, 죄책감이 높고, 자신의 실수에 집착하고, 원하지 않은 생각이 계속 떠오르고 떨쳐 버리지 못한다.

(8)일탈적 경험(aberrant experiences, abx)
점수가 높은 사람은 환청, 환시, 망상, 정신분열, 사고장애, 현실검증력 손상을 경험한다.

(9)경조증적 상태(hypomanic activation, hpm)
과속적 사고, 고양된 에너지, 과장된 자기상, 흥분추구, 정서불안의 정도를 측정한다.

성격병리 5척도

(1)공격성(aggressiveness, aggr)
언어 신체적 공격, 다른 사람을 통제하기 위해 폭력 사용, 위협적 행동 선호, 학교 가정에서 폭력 사용

(2)정신증(psychoticism, psyc)
현실과 단절, 이상한 감각(환청 환시), 소외, 비현실적 위협 예상

(3)통제 결여(disconstraint, disc)
자기통제 결여, 위험 추구, 흥분 추구, 도덕적 일탈, 약물 남용

(4)부정적 정서성/신경증(negative emotionality/neuroticism, nege)
정보의 부정적 측면에 초점, 근심 걱정, 죄책감, 자기비판, 친구없음, 비관, 우울

(5)내향성/낮은 긍정적 정서성(introversion/low positive emotionaliy, intr)
이 점수가 높은 사람은 즐거움을 느끼는 능력의 결핍, 사회적 내향성, 성취욕구 결핍, 우울, 비관적

내용척도

(1)불안(anxiety, anx)
이 점수가 높은 사람은 불안, 걱정, 근심, 주의 결핍, 수면 곤란, 비관, 자신감 결여를 나타낸다.

(2)공포(fears, frs)
불안, 공포, 소심, 자신감 결여, 주위의 위험을 과도하게 인식

(3)강박(obsessiveness, obs)
의사결정 곤란, 경직, 자신감 부족, 초조, 걱정, 우울

(4)우울(depression, dep)
동기 결여, 기분 부전, 자기 비하, 낙담, 흥미 부족, 무력감, 죄책감, 소외감, 수면 장애

(5)건강염려(health concerns, hea)
신체적 건강에 집착, 소화기 계통 고통 호소, 수면 곤란, 우울, 비관, 열의 부족

(6)기괴한 사고(bizarre mentation, biz)
망상, 환각, 비현실적, 감정 둔화, 성취욕 결핍

(7)분노(anger, ang)
적대감, 공격적, 비판적, 논쟁적, 화를 잘냄, 통제력 결핍, 충동적, 비판에 민감, 불평이 많음

(8)냉소적 태도(cynicism, cyn)
다른 사람들은 부정직하고 이기적이고 무심하다고 생각, 다른 사람들의 동기를 의심, 다른 사람들의 요구에 분개

(9)반사회적 특성(antisocial practices, asp)
위법, 탈법에 대해 크게 신경 쓰지 않음. 냉소적, 권위에 적대적, 자신의 문제를 타인의 탓으

로 돌림. 자기 중심적 사고, 공격적, 충동적

(10)A유형 행동(type A, tpA)
적대적, 성마름, 쉽게 짜증, 타인과의 관계에서 고압적, 비판적, 인내심 부족, 매우 경쟁적

(11)낮은 자존감(low self-esteem, lse)
부정적 자아개념, 자기회의, 쉽게 포기, 부적감, 비판과 거절에 지나치게 민감함, 수동적, 의사결정에 어려움

(12)사회적 불편감(socia discomfort, sod)
수줍어함, 사회적 행동의 미숙, 사람들이 많이 모이는 것을 싫어함, 과민성, 먼저 말을 걸지 않음

(13)가정 문제 (family problems, fam)
가정불화, 가족들의 요구에 분개, 적개심, 부부관계 부정적, 가족내 소외감

(14)직업적 곤란(work interference, wrk)
직업적 열의가 없음, 동료 등에 부정적 생각, 작업집중에 어려움, 부정적 자아개념, 의사결정에 어려움, 불안, 긴장

(15)부정적 치료지표(negative treatment indicators, trt)
치료에 부정적 태도, 아무도 자신을 이해할 수 없다고 느낌, 의미 있는 변화를 이루어 낼 수 없다고 생각, 변화에 대한 동기가 없음, 자신감 결여, 자신을 드러내려고 하지 않음

보충척도

(1)불안(anxiety, a)
불안, 불편, 우울, 불행감, 비관, 자신감 결여

(2)억압(repression, r)
내향적, 관습적, 조심

(3)자아강도(ego strength, es)
자아강도가 낮은 사람의 특징은 부적응, 문제를 다루기 위한 심리적 자원이 부족함

(4)지배성(dominance, do)
지배성이 높은 사람은 침착, 자신감, 성취감

(5)**사회적 책임감**(social responsibility, re)
사회적 책임감이 높은 사람은 정의감이 강함, 특권 거부, 자신감, 신뢰감

(6)**대학생활 부적응**(college maladjustment, mt)
비능율적, 비관적, 불안, 스트레스를 많이 느낌

(7)**외상 후 스트레스 장애**(post-traumatic stress disorder, pk)
극심한 정서적 고통, 수면 곤란, 불안, 사고의 혼란

(8)**결혼생활 부적응**(martial distress, mds)
부부관계나 다른 가까운 관계에서 불만족을 느낌

(9)**적대감**(hostility, ho)
냉소적, 의심 많음, 불신, 화를 잘냄, 부적응

(10)**적대감 과잉 통제**(overcontrolled-hostility, o-h)
화를 내야할 상황에서 적절하게 반응하지 못함, 다른 사람을 응징하기 보다는 자기 자신을 비난함

(11)**알콜중독**(macandrew alcoholism-revised, mac-r)
물질남용, 위험추구, 외향적, 과시적, 반사회적 행동

(12)**중독 인정**(addiction admission, aas)
물질남용 인정, 충동적, 비판적, 공격적, 화를 잘 냄

(13)**중독 가능성**(addiction potential, aps)
물질 남용 가능성, 반사회적 행동 가능성

(14)**남성적 역할**(masculine gender role, gm)
남성성, 불안이나 두려움 없음, 자신감, 인내

(15)**여성성**(feminine gender role, gf)
여성성, 반사회성 부인, 과민

3) 실시 채점 해석

(1) 사용자의 자격

검사의 실시, 채점, 해석, 결과 전달의 전 과정을 책임 있게 수행할 수 있는 전문적 지식을 갖추어야 한다. 자격증을 소지하거나 석사 이상의 심리평가의 과목을 이수해야 한다.

(2) 실시

- 수검자가 시각적 장애가 없는지, 독해력에 문제가 없는지, 이해력에 문제가 없는지 확인한다. 이런 장애가 있으면 원칙적으로 검사를 실시해서는 안 된다.
- 실시는 지필방법과 컴퓨터방식이 있다. 지필은 60-90분 정도, 컴퓨터는 45-60분 정도 걸린다.
- 검사자는 수검자가 제대로 수검할 수 있게 분위기를 유지한다. 밝은 조명, 편안한 책걸상, 조용한 장소에서 실시한다.
- 검사자는 수검자의 특이한 행동을 기록해 두었다가 결과해석에 참고한다.
- 수검자가 많을 때는 보조자를 둔다.
- 검사지의 유출을 방지한다.

(3) 채점

MMPI-III는 수기용 채점판을 제공하지 않으며 컴퓨터를 이용한 채점만 가능하다.

(4) 해석

해석은 규준에 의해 원점수를 T점수로 해석한다.

규준의 예(전체) – 기호 밑의 숫자는 T점수임

원점수	WRIN	TRIN	F	F(B)	F(P)	FBS	L	K	S
:	:	:	:	:	:	:	:	:	:
30	109		76	86		75		79	58
:	:	:	:	:	:	:	:	:	:
15	66	76	54	61	78	47	81	50	36
:	:	:	:	:	:	:	:	:	:
5	37	66	39	44	50		47	30	

원점수	Hs	D	Hy	Pd	MF(남)	MF(여)	Pa	Pt	Sc	Ma	Si
:	:	:	:	:	:	:	:	:	:	:	:
30	69	54	54	54	[illegible]	52	104	44	42	66	47
:	:	:	:	:	:	:	:	:	:	:	:
15	43	33	35			90	56			34	
:	:	:	:	:	:	:	:	:	:	:	:
5								15	33		

4. PAI검사

이 검사는 Morey(1991)가 당시까지의 임상계의 변화와 발달을 참고하여 개발하였다. 이 검사는 김영환 등에 의해 2000년에 번안되고 한국 규준이 작성되었다. (이 부분은 김재환외 8인의 공저 "임상심리검사의 이해"(2006)에 실려 있는 오상우의 '성격평가질문지'의 내용을 간추린 것이다. PAI는 personaliy assessment inventoryd의 약자이다)

1)검사의 구성과 문항수

이 검사는 (1)타당성 척도, (2)임상척도, (3)치료 척도, (4)대인관계 척도로 되어 있다.

(1)타당성 척도는 비일관성 척도, 저빈도 척도, 부정적 인상 척도, 긍정적 인상 척도로 이루어져 있다.

(2)임상척도는 신체적 호소(SOM), 불안(ANX), 불안 관련 장애(ARD), 우울(DED), 조증(MAN), 망상(PAR), 정신분열(SCZ), 경계선 특징(BOR), 반사회적 특징(ANT), 알콜(ALC), 약물(DRG)로 이루어져 있다. 11가지 임상척도 중에서 일부는 3가지, 일부는 4가지 검사로 구성되어 있다.

-신체적 호소는 전환(SOM-C), 신체화(SOM-S), 건강염려(SOM-H)로 되어 있다.
-불안은 인지적 불안(ANX-C), 정서적 불안(ANX-A), 생리적 불안(ANX-P)으로 되어 있다.
-불안 관련 장애는 강박증(ARD_O), 공포증(ARD-P), 외상적 스트레스(ANX-T)로 되어 있다.
-우울은 인지적 우울9DEP-G), 정서적 우울(DEP-A), 생리적 우울(DEP-P)로 되어 있다.
-조증은 활동수준(MAN-A), 과대성(MAN-G), 초조성(MAN-I)으로 되어 있다.
-망상은 과경계(PAR-H), 피해망상(PAR-P), 원한(PAR-R)로 되어 있다.
-정신분열증은 정신병적 경험(SCZ-P), 사회적 위축(SCZ-S), 사고장애(SCZ-T)로 되어 있다.
-경계선 특징는 정서적 불안정(BOR-A), 정체성 문제(BOR-A), 부정적 관계(BOR-N), 자기손상(BOR-S)으로 되어 있다.
-반사회적 특징은 반사회적 행동(ANT-A), 자기중심성(ANT-E), 자극추구(ANT-S)로 되어 있다.

(3)치료 척도는 공격성(AGG), 자살관념(SUI), 스트레스(STR), 비지지(NON), 치료거부(RXR)로 되어 있다.
-공격성은 공격적 태도(AGG-A), 언어적 공격(AGG-A), 언어적 공격(AGG-I), 신체적 공격(AGG-P)로 되어 있다.

(4)대인관계 척도는 지배성(DOM), 온정성(WAR)으로 되어 있다.

2)각 요인의 의미 및 증상

타당성 척도

이는 피험자의 응답을 믿을 수 있는 정도이다. 이를 알아보기 위해서 4개의 검사가 사용된다.

(1)비일관성 척도(inconsistency)
이는 내용이 유사한 문항들에 대해 피험자가 얼마나 일관성있게 반응했느냐를 알아보기 위한 검사이다. PAI에는 10쌍의 유사 문항들이 있다. 한 문항은 0에서 3점까지 4단계로 되어있기 때문에 최다 30점까지 차이가 날 수 있다. 예컨대 쌍의 문항에서 한 쪽은 모두 0으로 반응하고 다른 쪽은 모두 3으로 반응했다면 3×10쌍=30점이 된다. 차이가 크다는 것은 (점수가 크다는 것은) 피험자가 일관성있게 반응하지 않았다는 것을 의미한다. 이는 피험자의 부주의, 정신적 혼란, 독해력 부족, 검사에 대한 무관심 등을 나타낸다. 따라서 이 점수가 높으면(T 80점 이상) 전체 검사 결과에 대해 해석을 보류한다.

(2)저빈도 척도
이는 대부분의 사람들의 반응과 다르게 반응한 정도를 알아보는 문항들이다. 예컨대 "나는 거짓말을 한 번도 하지 않았다"라는 문항에 대해 대부분은 "아니오"라고 응답한다. 그런데 이 문항에 대해 "예"라고 한 정도를 알아보기 위한 문항들이 저빈도 척도이다. 이 척도의 점수가 높다는 것은 무선반응, 정신적 혼란, 부주의, 무관심, 부정직, 검사의 지시를 따르지 않았음 등을 의미하므로 전체 검사에 대한 해석을 보류한다.

(3)부정적 인상 척도
이는 바람직하지 못한 인상을 과장하는 정도를 알아보는 검사이다. 이 점수가 높으면 (T 75점 이상) 피험자가 자신을 매우 부정적으로 보이려고 시도했음을 의미한다. 자신에 대해 매우 부정적으로 평가하거나 일부러 정신적인 문제가 있는 것처럼 왜곡했을 가능성이 높다.

(4)긍정적 인상 척도
이는 부정적 인상 척도와 반대이다. 이는 자신을 실제보다 좋게 보이려는 정도를 알아보기 위한 검사이다. 이 점수가 높으면(T 80점 이상) 대부분의 사람들이 인정하는 결점 조차도 부정하려는 것을 나타낸다. 이 점수가 높으면 다른 검사점수도 믿기 어렵게 된다.

임상척도

(1)신체적 호소 척도

이는 신체적 기능 및 건강의 문제에 대한 관심의 정도를 알아 보려는 검사이다. 두통, 신체적 질병, 마비 등을 호소하는 정도를 잰다. 이 점수가 높으면 (T 70점 이상) 자신의 건강문제가 복잡하고 치료하기 어렵다고 믿으며 자신이 신체적으로 불행하다고 생각한다. 이 척도는 3가지 하위 척도로 나누어 진다.

전환(SOM-C): 신체의 기능이 정상이 아니라고 느낀다. 감각이 없거나 마비되거나 눈이 잘 안보이거나 다리에 힘이 빠져 있다고 생각한다.

신체화(SOM-S): 두통, 설사, 위통, 요통, 치통, 등을 많이 느끼고 호소한다.

건강염려(SoM-H): 자신의 불건강에 대해 지나치게 집착한다.

(2)불안 척도

심리적으로 안정되지 못한 정도를 측정하는 검사이다. 이 점수가 매우 높으면(T 90점 이상) 심리적으로 매우 위축되어 있어 정상적인 생활이 어려워진다. 이러한 사람은 사소한 문제에도 효과적으로 대처하지 못하여 심리치료가 매우 어렵다. 이 척도는 인지적, 정서적, 생리적 척도로 나누어진다.

인지적 불안 척도(ANX-C): 불안이 사고에 미치는 영향, 사고가 불안에 미치는 영향의 정도를 측정한다. 불안 때문에 사고가 제대로 되지 않거나 항상 불안한 생각에 빠져 있다.

정서적 불안(ANX-A): 자신도 모르게 불안이 느껴지는 정도를 측정한다. 불안 때문에 마음이 쾌활하지 않고 일이 제대로 되지 않고 이유없이 두려움이 느껴진다.

생리적 불안(ANX-P): 불안이 신체적으로 나타나는 정도를 측정한다. 불안하면 손에, 얼굴에 땀이 나거나 손발이 떨리거나 심장이 뛰고 입안이 마른다.

(3)불안 관련 장애 척도

여러 사람들이 있는 경우 불안해 하고 자신감이 부족하고 한 가지 생각에 집착한다.

강박증(ARD-O): 사고가 경직되어 있고 완벽성을 추구한다. 사소한 것에 힘을 쓴 결과 합리적인 의사 결정을 하지 못한다.

공포증(ARD-P): 고소공포, 폐쇄공포, 물공포, 대인공포 등 특정 대상에 대해 갖는 극단적 불안. 고포대상을 회피하기 위해 경계심이 높다.

외상적 스트레스(ARD-T): 과거의 충격적 사건에서 벗어나지 못하고 있고, 강간, 학대, 상처, 전쟁 등으로 인한 마음의 상처 때문에 고통스러워한다.

(4)우울척도

회의, 부정적 기대, 주관적 불행감, 자신감 결여, 무가치감 등의 정도를 측정한다. 3가지 하위 척도가 있다.

인지적 우울(DEP-C): 무가치감, 무망, 실패감, 우유부단, 집중력 감퇴

정서적 우울(DEP-A): 비애감, 흥미상실, 불행감, 자신감 결여
생리적 우울(DEP-P): 우울증이 신체적으로 나타남, 수면장애, 성적 무관심, 식욕 감퇴, 무기력

(5)**조증 척도**
과장성, 흥분성, 자기 중심성, 과잉성, 과대성, 충동성, 초조성. 3가지 척도가 있다.
활동성 조증 척도(MAN-A): 말이 빨라짐, 사고의 과다, 다방면 관여
과대성 조증 척도(MAN-): 과대양상, 과장, 특별한 존재감
초조성 조증 척도(MAN-): 조급성, 위축성, 좌절감

(6)**망상 척도**
주변의 잠재적 위험에 대한 지나친 경계, 복수심, 증오. 3가지가 있다.
과경계: 의심, 불신, 경계
피해망상: 자신이 부당하게 취급받고 있다고 느낌. 다른 사람이 자신의 이익을 빼앗아 간다고 믿음
원한: 모욕감, 복수심,시기

(7)**정신분열 척도**
기이한 사고와 신념, 주의력 결핍, 고립감, 위축. 3가지가 있다.
정신병적 경험: 비일상적 사고, 마술적 사고의 경험
사회적 위축: 사회적 고립감, 사회적 접촉에 불편을 느낌
사고 장애: 정신적 혼란, 주의집중 결핍

(8)**경계선 특징 척도**
감정관리의 곤란, 투쟁적 대인관계, 정체성 혼란, 자기파괴적 행동. 4가지가 있다.
정서적 불안정: 분노를 제어하지 못함, 충동적 행동
정체성 문제: 불확실, 목적 의식 없음, 공허하고 지루함
부정적 관계: 변덕스러운 인간관계, 친한 사람에 대한 적대감, 배신감 경험
자기손상: 불행한 결과를 초래할 정도로 충동적인 금전소비, 물질사용, 자해적 행동

(9)**반사회적 특징 척도**
자기중심, 무책임, 이기적, 자기 목적에 맞게 다른 사람 이용. 3가지가 있다.
반사회적 행동(ANT-A): 절도, 재물파괴, 폭력 행사
자기중심성(ANT-E): 타인의 의견 무시, 타인 이용, 사회적 역할 무시, 무책임
자극추구(ANT-S): 흥분을 주는 자극 추구, 주위 사람에게 위협적 행동

(10)**알콜 척도**
음주로 인한 정상적 생활이 곤란, 알콜의존성, 음주통제 불능

(11)약물문제 척도
약물사용, 약물남용, 약물의존으로 정상적인 생활이 어려운 정도를 잰다.

치료 척도

(1)공격성 척도
공격적 태도: 분노하기 쉽고 분노를 통제하기 어려움
언어적 공격: 언어적 분노, 적대, 폭행
신체적 공격: 재물 파괴, 신체적 폭행

(2)자살관련 척도
절망감, 무가치감, 무력감, 소외감

(3)스트레스 척도
가족관계의 문제, 경제적 문제, 직업에 관한 문제 등으로 심리적 고통을 느끼는 정도를 측정

(4)비지지 척도
친구, 친척으로부터 도움을 받을 수 없는 정도 측정

(5)치료 거부 척도
점수가 낮을수록 치료를 수용하는 것이며 저수가 높을 수록 치료를 거부하는 것이다. 치료를 거부한다는 것은 심리치료를 받으려는 생각이 없고, 치료를 시작하더라도 조기에 끝내려고 하는 것이다.

대인관계 척도

(1)지배성 척도
다른 사람을 통제하려는 욕구, 자신을 과시하고 상대를 억압하려는 정도를 측정. 이 점수가 낮으면 순종적, 자신감 결여

(2)온정 척도
타인에 대한 관심. 다정다감. 온정, 용서의 정도를 측정

3) 실시와 채점

(1) 실시

문항은 총 344문항이다. 검사시간은 대략 40-50분이다. 검사지와 답안지가 별도로 되어 있기 때문에 번호를 잘 맞추어 응답하게 한다. 응답은 4개 답지 중 자기의 마음을 잘 나타내는 하나에 까맣게 표시한다. 답지는 "전혀 그렇지 않다"면 1에, "약간 그렇다"면 2에, "중간이다"면 3에, 매우 그렇다"면 4에 표시한다. 응답한 것을 고칠 때는 X로 표시한다.

(2) 채점

채점은 요인별로 각 답지에 부여된 점수를 합한다. 답지는 정방향 답지와 역방향 답지가 있다. 대부분은 정방향이고 일부는 역방향으로 되어 있다. 역방향 답지는 역으로 채점한다.

4) 해석

원점수를 피험자에 맞는 규준을 보고 T점수로 바꾼다. 해석은 T점수를 가지고 한다. 요인별 T점수로 프로파일 기록지에 표시하고 표시점들을 선으로 연결한다.

5) 규준

김영환 등은 고교생 1150명, 대학생 1472명, 일반성인 2212명, 임상환자 836명을 표집하여 규준을 작성하였다. 지역, 성별, 연령을 고려하여 표집하였다.

표집별 검사별 평균과 표준편차의 예

	고교생		대학생		일반성인	
	M	S	M	S	M	S
비일관성	6.45	2.96	5.36	2.57	5.27	2.49
:	:		:		:	
신체호소	15.79	8.76	14.94	8.47	15.62	9.37
:	:		:		:	
공격성	19.95	6.67	17.95	6.84	18.14	6.39
:	:		:		:	
지배성	17.70	4.96	18.18	5.21	18.38	4.83
:	:		:		:	

규준의 예

고교생

원점수	ICN	…	SOM	…	AGG	…	DOM
5	45		38		28		24
:	:		:		:		:
10	62		43		35		34
:	:		:		:		:
15	79		49		43		45
:	:		:		:		
20	96		55		50		55
:	:		:		:		:

대학생

원점수	ICN	…	SOM	…	AGG	…	DOM
5	49		38		30		23
:	:		:		:		:
10	68		44		37		32
:	:		:		:		:
15	88		50		44		42
:	:		:		:		:
20	107		56		53		53
:	:		:		:		:

성인일반

원점수	ICN	…	SOM	…	AGG	…	DOM
5	49		39		29		20
:	:		:		:		:
10	69		44		37		33
:	:		:		:		:
15	89		49		45		43
:	:		:		:		:
20	109		55		53		53
:	:		:		:		:

5. 성격 진단검사

이 검사는 이상로, 변창진, 진위교가 성격을 진단하고 학생의 생화지도와 상담의 연구에 활용할 목적으로 제작하였다. 총 350문항으로 되어 있으며 9개의 성격요인, 5개의 임상요인, 1개의 타당성 요인을 재고 있고, 응답은 예, 아니오 중 하나로 하게 되어 있다.

1)검사의 구성

이 검사는 크게 기술 척도, 타당성 척도, 임상척도로 되어 있다. 기술 척도란 일반 성격을 측정하는 검사이다. 타당성 척도는 피험자가 얼마나 성실하게 솔직하게 응답했느냐를 알아보는 검사이다. 임상척도란 정신과적으로 문제가 있는 정도를 알아보는 검사이다. 각 척도는 다시 하위 검사로 나누어진다.

기술 척도

(1)안전성

정신적 균형의 유지, 감정의 안정 및 평온, 자신감과 낙관, 조용하고 침착, 태연함을 의미한다. 불안, 긴장, 근심걱정, 두려움, 죄악감, 불행감, 무가치감과 대조된다.

(2)지배성

결단력, 지도력, 주동력, 통솔력, 자기결정, 적극적, 주체적, 독립적 성격이다. 추종성, 맹종, 유약, 위축, 열등감, 방관, 소극성과 대조적 성격이다.

(3)사회성

사교성, 군거성, 협동성, 친절성, 사회적 의존성, 모방성, 소통용이성, 관용성을 의미한다. 고립, 방관, 비사교적, 비활동적, 내성적 성격과 대조적이다.

(4)책임성

인내성, 자기통제, 주의집중, 성취동기, 의지력, 신뢰성, 자발성을 의미한다. 무책임, 책임회피, 투사, 무반성, 불평불만과 대조적이다.

(5)사려성

심사숙고, 이론적, 반성적, 공상적, 이성적, 비판적, 논증, 추리, 증명, 원인규명을 좋아하는 성격이다. 충동적, 실제적, 현실적, 감정적, 비체계적, 무계획적 등과 대조된다.

(6)동조성

순응성, 준법성, 도덕성, 동화성, 인습성, 규준성, 순종성, 조화, 원만한 성격이다. 반항, 저항, 폭행, 비방, 고집, 자기중심, 의견무시, 돌충성과 대조된다.

(7)남향성

정력적, 운동적, 활력적 성격이다. 소극적, 나약, 비활동과 대조된다.

(8)충동성

즉흥성, 흥분성, 찰라성, 자유분망성, 폭발성 성격이다. 침착, 자제, 인내, 억제적과 대조된다.

(9)우월성

과시적, 자기맹신, 과대평가의 성격이다. 편집적, 방어적, 겸양, 소극적과 대조된다.

임상척도

(1)우울경향

비관, 염세, 무망감, 절망감, 무력감, 무가치감, 주관적 불행감, 무기력, 자살충동, 자기부정

(2)불안경향

근심, 걱정, 두려움, 노심초사, 불편함, 안절부절, 소극적

(3)편집경향

집착, 의심, 과민, 각종망상(피해망상, 관계망상, 과대망상), 공격성, 시비, 원한

(4)내폐적 경향

현실도피, 외부세계와의 단절, 비논리성, 정신분열

(5)신경질 경향

히스테리, 정신쇠약, 신경쇠약, 불안신경, 만성적 두통, 경련, 현기, 악몽

2)채점 및 해석

문항에 따라 "예"의 개수와 "아니오"의 개수를 헤아려서 합하게 되어 있다.

	"예"의 개수를 헤아리도록 되어 있는 문항수	"아니오"의 개수를 헤아리도록 되어 있는 문항수	계
안정성	5	30	35
지배성	25	10	35
사회성	15	20	35
책임성	15	20	35
사려성	25	10	35
동조성	25	10	35
남향성	15	20	35
충동성	30	5	35
우월성	5	30	35
타당성	20		20
임상척도	15		15

임상의 증상만을 재는 문항이 15개로 되어 있는데 임상의 증상을 재는 문항은 이 15개 이외에 더 있다. 더 있는 임상문항은 일반 성격문항(기술 척도)에 포함되어 있다. 그러므로 일반 성격문항에 포함되어 있는 임상문항은 두 가지 즉 일반 성격과 임상을 동시에 측정하고 있는 것이다.

3)규준

규준은 중학교 남, 여 고등학교 남, 여 대학 및 일반성인 남, 여 모두 6가지가 있다.

중학교 남자

P	1	2	3	4	5	6	7	8	9	10	11	12	13	14	15
:	:	:	:	:	:	:	:	:	:	:	:	:	:	:	:
75	20	21	22	22	20	18	18	18	21	9	16	13	14	16	32
:	:	:	:	:	:	:	:	:	:	:	:	:	:	:	:
50	15	14	19	18	16	15	15	14	16	6	13	10	10	12	25
:	:	:	:	:	:	:	:	:	:	:	:	:	:	:	:
25	10	9	15	14	13	12	13	9	12	4	9	6	8	8	18
:	:	:	:	:	:	:	:	:	:	:	:	:	:	:	:

고등학교 여자

P	1	2	3	4	5	6	7	8	9	10	11	12	13	14	15
:	:	:	:	:	:	:	:	:	:	:	:	:	:	:	:
75	20	20	24	23	21	20	14	19	23	7	18	15	13	8	37
:	:	:	:	:	:	:	:	:	:	:	:	:	:	:	:
50	16	15	20	19	17	17	12	14	18	5	14	12	10	13	29
:	:	:	:	:	:	:	:	:	:	:	:	:	:	:	:
25	11	10	15	14	12	14	8	9	13	3	10	8	7	9	23
:	:	:	:	:	:	:	:	:		:	:	:	:	:	:

1-안정성　2-지배성　3-사회성　4-책임성　5- 사려성
6-동조성　7-남향성　8- 충동성　9-우월성　10-타당성
11-우울경향　12-불안경향　13-편집경향　14- 내폐경향　15-신경질경향

6. 한국 우울증 검사

이 검사는 이민수, 이민규에 의해 제작되었다. 외국에서 개발된 척도들, 신경정신과에 입원 또는 외래 치료를 받고 있는 환자들의 호소들, 정신과 전문의 경험들을 참고하고 토의 분석해서 검사를 제작하였다.

전체 검사는 6가지 하위요인으로 되어 있고 요인당 5문항 총 30문항으로 되어 있다. 답지는 “전혀 아니다”에 0점, “아니다”에 1점, “그저 그렇다“에 2점, ”그렇다“에 3점, ”매우 그렇다“에 4점을 준다. 그러므로 피험자는 최하 0점에서 최고 120점 사이를 갖게 된다.

정상인 4000명, 정신과 환자 142명을 대상으로 검사를 실시하고 규준을 작성하였다. 6개 하위 요인들은 미래에 대한 부정적 생각, 자신에 대한 부정적 생각, 걱정과 초조, 우울기분, 신체화 증상, 의욕상실이다.

(1)미래에 대한 부정적 생각: 미래는 어둡고 희망이 없으며 불행할 것이라는 생각의 정도를 잰다.

(2)자신에 대한 부정적 생각: 자신의 인생이 실패작이고 무가치하며 창피스럽게 여기는 정도를 잰다.

(3)걱정과 초조: 과민하고 초조감을 느끼며 이유 없이 오랜 시간 동안 걱정하고 안절부절하는 정도를 잰다.

(4)우울기분: 대부분의 시간을 울적하게 보내고 슬퍼하며 괜히 울기도 하는 등 우울한 정도를 잰다.

(5)신체화 증상: 머리가 아프고 가슴이 답답하며 온 몸에 열이 치미는 등 신체적 불편함의 정도를 잰다.

(6)의욕상실: 자신의 문제를 해결하고자 하는 의욕을 상실하고 무력감을 느끼며 하는 일마다 힘들게 느껴지고 일에 주의집중하기 어려운 정도를 잰다.

정상인과 환자의 점수비교

	환자		정상인	
하위검사	평균	편차표준	평균	표준편차
미래에 대한 부정적 생각	8.33	4.20	6.14	3.00
자신에 대한 부정적 생각	8.47	4.01	6.32	3.10
걱정과 초조	11.03	4.51	6.83	3.57
우울기분	10.46	4.66	7.96	3.61
신체화 증상	10.26	4.40	7.36	4.15
의욕상실	10.99	4.35	8.35	3.32
전체	59.54	21.42	43.43	16.87

규준-전체(원점수에 대한 T점수)

원점수	20대	40대	60대	전체
:	:	:	:	:
54	59	57	52	57
:	:	:	:	:
42	52	50	45	50
:	:	:	:	:
30	45	42	38	43
:	:	:	:	:

7. 인성검사

이 검사는 일반 성격검사로 정범모가 제작, 8개 요인 240문항으로 되어 있다. 요인당 30문항이다. "인성"이란 personality을 번역한 말로 성격이라고도 한다. 이 검사는 진단적 목적이 아니고 정상적인 학생들의 비교적 항상적인 성격를 측정해서 교육연구 및 학생의 생활지도에 사용할 목적으로 제작되었다.

1) 검사요인

(1)**활동성**(general activity, A)
정력적, 생산적, 능률적, 민첩, 일을 좋아하는 성격으로 무기력, 게으름, 비능률과 대조된다.

(2)**지배성**(dominance, D)
지도력, 주동력, 책임감, 창안력의 성격이다. 추종, 복종, 허락, 위축과 대조된다.

(3)**안정성**(emotional stability, E)
극단적인 희노애락에 빠지지 않고, 일상생활에서 자신감과 낙관성, 마음의 평온을 유지한다. 근심, 걱정, 고독, 백일몽, 죄악감, 갈등과 대조된다.

(4)**충동성**(impulsiveness, I)
자기가 하고 싶은대로 하려는 성격이다. 여러 측면을 이성적으로 동시에 고려하지 못하고 감정에 따라 행동하는 성격이다. 사고가 단순하고 흥분을 즐긴다. 자기억제, 금기 등과 대조된다.

(5)**남향성**(masculinity, M)
남성적 성격을 말한다. 남자들의 일반적 성격인 정력적, 동적, 활동적이며 비위에 강하고 섬세한 감정에 빠지지 않는다. 감성적, 섬세, 비위 약함, 소심과 대조된다.

(6)**객관성**(objectivity, O)
인정이나 사정, 감정에 치우치지 않고 있는 그대로 원칙과 법대로 냉철하게 판단하고 행동하는 성격이다. 감정적, 주관적, 자기중성과 대조된다.

(7)**사려성**(reflexiveness, R)
매사에 신중하고, 사색적이고, 이론적이고, 내성적이고, 망설임이 심하다. 구체적인 사태를 즐기고 실천적이고, 쉽게 결정하는 성격과 대조된다.

(8)**사회성**(sociobility, S)
사람들과 어울리기 좋아하고, 협동적이고, 인정이 많고, 이해심이 많고 아는 사람이 많다. 수줍어 하고 사람을 기피하고 아는 사람이 적은 성격과 대조적이다.

2)채점 및 해석

채점

문항에 대한 답지는 예, 아니오, ? 3가지로 되어 있다. 요인별로 예의 개수를 헤아리면 된다.

해석

피험자에 해당하는 규준에서 T점수나 P(백분율)로 해석한다. 백분율로 75% 이상이면 높다, 26-74%이면 보통, 25% 이하이면 낮다고 해석한다.

3)규준

원점수에 해당하는 백분율(남자)

백분율	A	D	E	I	M	O	R	S
:	:	:	:	:	:	:	:	:
75%	18	17	17	15	19	16	19	18
:	:	:	:	:	:	:	:	:
50%	14	14	14	15	16	13	14	14
:	:	:	:	:	:	:	:	:
25%	10	10	8	11	13	9	10	10
:	:	:	:	:	:	:	:	:

8.자아개념 검사

이 검사는 미국의 Fitts 교수가 개발한 것을 토대로 정원식이 제작한 것이다. 자아개념(self concept)란 자신에 대한 태도이다. 자신을 어떤 사람으로 보느냐 즉 긍정적이고 희망적이고 자신감을 가지고 있는지 부정적이고 절망적이고 자신감이 없는지 아니면 아무 생각이 없는지 등 자신에 대한 긍, 부정적 사고가 자아개념이다. 자신을 어떻게 보느냐에 따라 행동이 달라질 수 있다. 자신을 긍정적으로 보는 사람은 매사에 적극적으로 행동하고 행복감에 젖어 있을 것이다. 반대로 자신을 부정적으로 보면 매사에 소극적이고 불행감에 빠져 있을 것이다. 실제로 연구에 의하면 자신을 긍정적으로 보는 학생은 부정적으로 보는 학생보다 성적이 높다고 한다. 자아개념이 높으면 자신의 능력을 믿고 희망을 가지고 있기 때문에 학업에 더 적극적으로 임할 것이다. 그러면 성적이 향상될 것은 자명한 것이다.

1)검사 및 점수의 구성

이 검사는 100문항으로 이루어져 있고 각 문항은 5개의 답지를 가지고 있다. 피험자는 5가지 답지 중 하나에 반응하도록 되어 있다. 5개 답지는 "항상 그렇다", "대체로 그렇다", "그렇다와 아니다가 반반이다", "대체로 그렇지 않다", "그런 경우가 거의 없다"이다.

자아개념은 5가지가 있는데 그것들은 신체적 자아, 도덕적 자아, 성격적 자아, 가정적 자아, 사회적 자아이다. 신체적 자아란 자신의 신체에 대해 긍정적으로 보는지 부정적으로 보는지의 생각이다.

이 5가지의 점수를 가지고 자아 평가 점수, 자아 긍정 점수, 총자아 긍정 점수, 자아 동일성 점수, 자아 수용 점수, 자아 행동 점수, 총자아 긍정 점수, 총자아 변산성 점수, 외적 변상성 점수, 내적 변산성 점수, 분포 점수를 산출한다. 각 점수의 의미는 다음과 같다.

(1)자아 평가 점수(s c)

이는 보통 사람이라면 "그렇다"라고 반응하는 문항들의 점수이다. 이 문항들을 부정하는 것은 자기를 실제보다 좋게 보이려는 즉 솔직하지 못한 것을 나타낸다. 이 점수가 현저하게 낮으면 전체 검사를 믿을 수 없다.

(2)자아 긍정 점수

이 점수는 총자아 긍정 점수, 자아 동일성 점수, 자아 수용 점수, 자아 행동 점수, 신체적 자아 점수, 도덕적 자아 점수, 성격적 자아 점수, 가정적 자아 점수, 사회적 자아 점수로 나누어진다.

① 총자아 긍정 점수

이는 자아개념을 대표하는 가장 중요한 점수이다. 이 점수가 높으면 자신에 대해 긍정적이고 가치가 있는 사람이라고 여긴다. 낮은 사람은 자신의 가치에 대해 회의적이고, 무가치하게 여기고 우울해 하며 불행하게 여긴다.

② 자아 동일성 점수

현재 자기 자신에 대한 태도의 점수이다. 자신을 적극적, 긍정적, 희망적으로 보는가 아니면 부정적, 소극적, 절망적으로 보는가를 나타내 주는 점수이다.

③ 자아 수용 점수

자신의 수용, 자기 만족의 정도를 나타내 주는 점수이다. 자아 동일성 점수가 낮아도 이 점수가 높게 나올 수 있는데 이는 자신에 대해 큰 기대를 하지 않지만 현재의 자신에 대해 만족하는 경우이다.

④ 자아 행동 점수

이는 자신의 행동에 대한 생각의 정도를 나타내는 점수이다. 이 점수가 높은 사람은 실제

행동에 있어서 적극적이고 긍정적으로 행동한다. 반면 이 점수가 낮은 사람은 비록 자아 동일성 점수와 자아 수용 점수가 높더라도 실제로 그 생각을 행동으로 나타내지 못한다.

⑤신체적 자아 점수

이는 자신의 신체적 모습(키, 체중, 외모)이나 건강, 성적 매력 등에 대해 긍정적 또는 부정적 태도의 정도를 나타낸다. 점수가 높으면 자신의 신체적 모습을 긍정적으로 보고 자신감과 행복감을 느낀다.

⑥ 도덕적 자아 점수

이는 자신의 도덕적 윤리적 인간적 모습에 대해 어떻게 생각하는가를 나타내 주는 점수이다. 점수가 높으면 스스로 도덕적 인간이라고 여기는 것이고 낮으면 스스로 비도덕적이라고 여기는 것이다.

⑦ 성격적 자아 점수

이는 자신의 성격을 어떻게 보고 있는가를 나타내 준다. 점수가 높으면 스스로 좋은 성격을 가졌다고 생각해서 만족감을 느끼고 심리적 안정감을 가진다. 점수가 낮으면 자신의 성격을 좋지 않게 보고 불안함을 느낀다.

⑧ 가정적 자아 점수

이는 가정의 한 일원으로서 소속감을 느끼고 가정을 소중히 여기고 만족해 하는 정도를 나타낸다. 이 점수가 낮으면 가정에 대해 불만족스럽게 생각하고 갈등을 느끼며 적대감을 가지고 있다.

⑨사회적 자아 점수

이는 자신의 사회적 관계, 사회적 행동, 사회적 위치 등에 대해 얼마나 긍정적, 적극적으로 생각하느냐를 나타내 주는 점수이다. 이 점수가 낮은 사람은 대인관계가 원만하지 못하고 소외되고 있다고 여기며 소극적이다.

(3)변산성 점수

이는 자아개념이 얼마나 일관성과 안정성을 유지하고 있느냐, 변화하고 안정성이 없느냐를 나타내 주는 점수이다.

① 총 변산성 점수

내적 변산 점수와 외적 변산 점수를 합한 것으로 자아개념의 일관성, 안정성의 정도를 나타낸다.

② 외적 변산 점수

신체, 도덕, 가정, 성격, 사회적 자아개념들이 얼마나 비슷하느냐를 나타내 주는 점수이다. 비슷할수록 5개의 자아개념들이 잘 통합되어 있다고 할 수 있다. 다를수록 어느 것이 다른 것보다 크게 차이가 난다는 것을 의미한다. 어떤 자아개념은 높고 어떤 자아개념이 낮다면 서로 통합되어 있지 못하다고 할 수 있다.

③ 내적 변산성 점수

이는 자아 동일성, 자아 수용, 자아 행동들이 얼마나 비슷하느냐를 나타내 준다. 이 역시 자아의 통합 정도를 나타내 준다고 볼 수 있다. 이 점수가 낮다는 것은 세 점수가 비슷해서 자아가 잘 통합되어 있음을 의미하고, 이 점수가 높다는 것은 세 점수가 달라서 자아가 통합되지 못했음을 의미한다.

(4) 분포점수

이는 5개 답지 중 5 또는 1과 같이 극단적 점수에 주로 반응했느냐 아니면 중간 3에 주로 반응했느냐를 나타내 주는 점수이다. 분포점수가 높다는 것은 5 또는 1에 많이 반응했다는 것을 의미하고 낮다는 것은 주로 3에 반응했다는 것을 의미한다. 5 또는 1에 주로 반응했다는 것은 자신의 생각이 확실하다는 것을 의미한다. 반대로 주로 3에 반응한 사람은 자신의 생각이 애매함을 나타낸다. 이런 사람은 자기 방어적이며 경계심이 많다고 볼 수 있다.

2)채점 및 해석

문항지와 답안지가 함께 붙어 있다. 총 100문항인데 신체, 도덕, 성격, 가정, 사회 각 18문항, 자기평가 10문항이다. 각 요인 18문항은 다시 자아 동일성 6문항, 자아 수용 6문항, 자아 행동 6문항으로 되어 있다.

요인별로 채점한 후 다음과 같은 표 각 칸에 해당 점수를 기재한다.

	I	II	III	Σρ	V
A	31	28	30	(7) 89	(13) 3
B	24	27	20	(8) 71	(14) 7
C	35	25	30	(9) 90	(15) 10
D	20	15	26	(10) 61	(16) 11
E	17	10	20	(11) 47	(17) 7
Σρ	(1) 127	(2) 105	(3) 126	(12) 358	C,V 38
V	(4) 18	(5) 18	(6) 10	R,V 46	T V 84

S C..................

(1) I 종열 A, B, C, D, E를 합해서 (1)난에 기재(31+24+35+20+17=127)

(2), (3)도 (1)과 같은 요령으로 기재

(4) I 종열 A, B, C, D, E 5개 점수 중에서 가장 큰 점수와 가장 적은 점수 차이를 기재 (35-17=18)

(5), (6)도 (4)와 같은 요령으로 기재

(7)A횡열 Ⅰ, Ⅱ, Ⅲ을 합해서 (7)난에 기재 (31+28+30=89)

(8), (9), (10), (11), (12) 모두 (7)과 같은 요령으로 기재

(13)A횡열 Ⅰ, Ⅱ, Ⅲ 중에서 가장 큰 점수에서 가장 적은 점수를 뺀 차이를 기재 (31-28=3)

(14), (15), (16), (17), (18)도 (13)과 같은 요령으로 기재
R, V=(4)+(5)=(6)=18+18+10=46
C, V=(13)+(14)=(15)+(16)+(17)+3+7+10+11+7=38
T V=R V +C V = 46 + 38 = 84
S C는 별도로 적는다.

분포점수 D

(1)부정 문항(역문항)은 역으로 점수를 바꾸어 준다.
5→1, 4→2, 3→3, 2→4, 1→5

(2)각 답지 반응 빈도 계산

예)	반응 답지	5	4	3	2	1
	빈도	25	35	25	10	5

(3) 답지5의 빈도×2　252=50
답지4의 빈도×1　351=35
답지2의 빈도×1　101=10
답지1의 빈도×2　52=10
(답지 3은 계산하지 않는다)
분포점수 합계=50+35+10+10=105

해석

해당되는 규준을 보고 원점수를 백분율로 옮긴다.

백분율	SC	TP	I	II	III	A	B
:	:	:	:	:	:	:	:
80	37	320	113	103	110	69	68
:	:	:	:	:	:	:	:
50	32	296	102	96	100	62	62
:	:	:	:	:	:	:	:
20	26	265	85	84	87	51	53
:	:	:	:	:	:	:	:

백분율	C	D	E	TV	CV	RV	D
:	:	:	:	:	:	:	:
80	66	67	63	55	32	27	123
:	:	:	:	:	:	:	:
50	57	61	57	43	24	21	105
:	:	:	:	:	:	:	:
20	48	51	48	33	17	14	85
:	:	:	:	:	:	:	:

9. 흥미검사

이 검사는 정범모가 제작한 것이다. 흥미란 어떤 활동에 대한 즐거움이라고 할 수 있다. 이 흥미는 학습동기, 여가활동, 직업선택, 작업의 지속, 직업의 만족감과 밀접히 관련되어 있다.

1)흥미요인

이 검사는 10개의 흥미요인을 측정하고 있다.

(1)미술적 흥미

그리기, 만들기, 치장하기, 미술품 관람 등에 대해 즐거움을 갖는 성격이다.

(2)음악적 흥미

노래하기, 노래 듣기, 노래 만들기, 연주하기 등에 즐거움을 갖는다.

(3)문학적 흥미

글 쓰기, 글 읽기에 즐거움을 갖는다.

(4)생물과학적 흥미

생물 현상을 보고 연구하고 생물을 가꾸는 일에 즐거움을 갖는다.

(5)물상과학적 흥미

물리 현상의 관찰, 연구에 즐거움을 갖는다.

(6)상업적 흥미

거래하기, 흥정하기, 사업 운영하기, 금전의 축적에 즐거움을 갖는다.

(7)정치적 흥미
갈등 조정하기, 회의 주도하기, 의사결정하기, 자기주장 설득하기 등에 즐거움을 갖는다.

(8)사회적 흥미
봉사, 사회사업, 선교, 가르치기 등에 즐거움을 갖는다.

(9)사무적 흥미
계산하기, 서류작성, 정리하기에 즐거움을 갖는다.

(10)운동적 흥미
등산, 운동, 농사짓기, 산림 가꾸기, 고기 기르기에 즐거움을 갖는다.

2)검사의 조직

이 흥미검사는 강제선택법을 사용하고 있다. 10개의 흥미요인들을 3개씩 짝지어 놓고 3가지 중 가장 좋아하는 것에 2점, 가장 싫어하는 것에 0점, 중간에 1점을 주도록 하고 있다. 10개를 3개씩 짜지우는 경우의 수는 10!/(10-3)!=120가지이다. 따라서 문항은 120개이다. 한 요인은 다른 두 요인과 36번 비교하게 되어 있다.

문항의 예)

00문항 :	나는 일요일에 화실에 간다.	(1)
	나는 일요일에 소설을 읽는다.	(2)
	나는 일요일에 고아원을 방문한다.	(0)
00문항 :	신문에서 경제정책을 먼저 읽는다.	(1)
	신문에서 음악 기사를 먼저 읽는다.	(0)
	신문에서 사회봉사 기사를 먼저 읽는다.	(2)

3)채점 및 해석

요인별로 점수를 합계한다. 한 요인이 다른 두 요인과 36번 비교되고 한 번 비교시 최고점이 2점이기 때문에 요인당 최고 72점이 된다. 요인별 합계가 원점수가 되는데 이를 규준에서 백분율로 환산해서 해석한다. 75% 이상을 높다, 25% 이하를 낮다, 26-74% 사이를 보통이라고 해석한다.

규준의 예)

남자의 규준

%	미술	음악	문학	생물	물상	상업	정치	사회	사무	운동
:	:	:	:	:	:	:	:	:	:	:
75	41	33	42	45	52	41	46	42	43	56
:	:	:	:	:	:	:	:	:	:	:
50	34	20	35	38	44	35	37	36	37	45
:	:	:	:	:	:	:	:	:	:	:
25	26	18	26	30	34	29	27	29	29	35
:	:	:	:	:	:	:	:	:	:	:

10. 표준화 직업흥미 검사

이 검사는 이상로와 변창진이 제작하였다. 그들에 의하면 미국의 직업 분류 사전과 우리나라 내무부의 직업 분류를 기초로 작업을 분석한 다음 Strong 직업 선호 검사 등을 참고하고 우리나라 사회 및 경제구조와 직업 형태에 맞게 18개 직업 층미 영역에 432 문항을 작성하였다.

1)검사의 내용과 문항수

대영역	소영역	문항수	대영역	소영역	문항수
문학	문언	24	실무	서기	24
	편집	24		계리	24
과학	기계	24		경영,관리	24
	천문,지학	24	옥외	옥외활동	24
	화학	24		옥외노동	24
	생물	24	예술	음악	24
설득	정법,외교	24	예술	미술	24
	선전,판매	24		고예	24
사회봉사	사회복지	24		연예	24

계 432

(1)문학적 흥미

시, 소설, 수필, 희곡 등 언어에 의해 표현되는 아름다움에 흥미를 느낀다. 그리고 신문, 잡지, 서적들의 편집에 흥미를 갖는다.

(2)과학적 흥미

기계의 설계, 제작, 분해, 조립, 천문, 기상, 광물 및 화합물의 본석과 제조, 동물, 식물 등에 흥미를 갖는다.

(3)설득적 흥미

상대방을 자기의 의도대로 이끄는데 흥미를 가짐. 정치, 행정, 외교에 흥미. 판매, 중계, 광고에 흥미를 갖는다.

(4)사무적 흥미

문서 장부의 작성, 기록, 분류, 보관에 흥미. 현금의 출납, 부기, 회계, 재정에 흥미. 회사나 시설의 관리, 경매에 흥미를 갖는다.

(5)옥외적 흥미

신체적 움직임에 흥미. 군인, 경찰, 선원, 운동가, 육림, 건축, 농사, 어업, 배달에 흥미를 갖는다.

(6)예술적 흥미

작곡, 연주 등 음악에 흥미. 그리기, 꾸미기, 마들기 등 미술에 흥미. 연극, 무용 등 연예에 흥미를 갖는다.

(7)사회봉사적 흥미

남을 도와주는 것에 흥미. 가르치기, 상담하기, 아기 돌보기, 노인 돌보기 등에 흥미를 갖는다.

문항의예)

장난감을 만든다	재미 있다	재미가 있지도 없지도 않다	재미 없다
고기를 잡는다	재미 있다	재미가 있지도 없지도 않다	재미 없다
시를 쓴다	재미 있다	재미가 있지도 없지도 않다	재미 없다

2)채점 및 해석

18개 요인 각 24 문항으로 되어 있고 "재미 있다"의 개수에서 "재미 없다"의 개수를 뺀 차이가 원점수가 된다. 원점수는 +, -, 0 모두 나올 수 있다. 원점수를 피험자에 해다하는 규준에서 백분율로 바꾼다.

규준의 예)

전국 고교 여자

백분율	문학	과학	설득	실무	옥외	예술
:	:	:	:	:	:	:
75	12	2	7	3	2	26
:	:	:	:	:	:	:
50	-3	-26	-5	-13	-10	2
:	:	:	:	:	:	
25	-18	-51	-21	-33	-23	-23
:	:	:	:	:	:	:

하위 요인별 규준(전국 고교 남자)

백분율	문헌	편집	기계	천문	화학	생물	정법	선전	서기
:	:	:	:	:	:	:	:	:	:
75	5	4	10	8	5	9	9	5	5
:	:	:	:	:	:	:	:	:	:
50	-3	-3	1	0	-3	2	0	-1	-3
:		:	:	:	:	:	:		:
25	-10	-9	-9	-8	-11	-7	-6	-7	-10
:	:	:	:	:	:	:	:	:	

백분율	계리	경영	활동	노동	음악	미술	공예	연예	봉사
:	:	:	:	:	:	:	:	:	:
75	7	9	8	2	4	3	3	7	8
:	:	:	:	:	:	:	:	:	
50	0	2	2	-4	-7	-5	-4	-5	0
:	:	:	:	:	:	:		:	:
25	-8	-6	-6	-10	-15	-11	-11	-3	-7
:	:	:		:	:	:	:	:	:

11.직업 흥미 검사

이 검사는 연세대학교 부속 인간행동 연구소에서 제작한 "진로성숙도 검사"내에 포함되어 있는 직업에 관한 흥미검사이다. 이 검사는 10개의 흥미 요인을 149개의 문항으로 측정하고 있다.

1)요인의 의미

(1)예술 흥미
자신의 생각이나 감정을 창조적으로 표현하는데 흥미를 가진다.

(2)자연과학적 흥미
과학적 연구를 수행하고 새로운 이론과 과학적 사실을 현실에 적용할 수 있는 기자재의 개발에 흥미를 가진다. 실험실에서 과학적 도구를 다루거나 새로운 이치를 찾는 일에 흥미를 가진다.

(3)기계 흥미
각종 기계의 설계, 제작, 수리, 운용에 흥미를 가진다.

(5)사무 흥미
서류 작성, 분류, 보관, 경리, 편집에 흥미를 가진다.

(6)판매 흥미
홍보, 설득, 흥정, 중개에 흥미를 가진다.

(7)단순노동, 서비스 흥미
안내, 보육, 단순작업, 손님접대에 흥미를 가진다.

(8)운동 보호 흥미
몸으로 하는 사회적 역할에 흥미. 군인, 경찰, 운동선수를 선호한다.

(9)전문 봉사 흥미
전문적 지식을 가진 사람이 할 수 있는 봉사활동에 흥미. 상담, 간호, 재화치료에 흥미를 가진다.

(10)지도력-영향력 흥미
높은 지식과 능력을 이용해서 다른 사람에게 영향력을 행사하는 것에 흥미. 교수, 판검사, 변호사, 회계사, 소설가, 정치인을 선호한다.

문항의 예)

사무원	좋아한다	보통이다	싫어한다
정치인	좋아한다	보통이다	싫어한다
간호사	좋아한다	보통이다	싫어한다

2) 채점

149개 각 문항의 답지 "좋아한다"에 2점, "보통이다"에 1점, "싫어한다"에 0점을 주도록 되어 있다. 요인별로 각 문항의 점수들을 합한다. 이 검사는 원점수를 스태나인 점수로 바꾸어 해석하도록 되어 있다.

$$\text{개인의 스태나인 점수} = \frac{\text{원점수 - 모집단 평균}}{\text{모집단 표준편차}} \times 1.96 + 5$$

이 스태나인 점수는 평균이 5이고 표준편차가 1.96이다. 이 검사에서 사용하는 스태나인 점수는 일반적으로 알려진 스태나인 점수가 아니다. 이 검사에서 사용하는 스태나인 점수는 일종의 변형 표준점수로 평균이 5 표준편차를 1.96으로 하고 있다.

이 검사의 스태나인 점수와 그에 해당하는 백분율(%)은 다음과 같다.

1	2	3	4	5	6	7	8	9
2.3	6.7	15.9	30.9	50	69.1	84.1	93.3	(%)

이 검사는 스태나인 점수 7이상(69.1%이상)을 높음, 5와 6(30.9-69.1)을 보통, 4점이하(30.9)를 낮음이라고 해석한다.

이 검사의 스태나인 점수와 일반적으로 사용되는 스태나인 점수는 동일하지 않다. 일반적으로 사용되는 스태나인 점수는 어느 피험자의 점수의 위치를 백분율로 바꾼 다음 그 백분율에 따라 스태나인 점수가 부여된다. 이에 반해 이 검사의 스태나인 점수는 비율과 상관 없이 바로 공식에 의해 스태나인 점수를 구할 수 있게 되어 있다.

일반적인 스태나인 점수 산출

점수구간	빈도	누가빈도	백분율	스태나인 점수
30-32	8	142	100	9
27-29	12	134	94.36	8
24-26	11	122	85.91	7
21-23	17	111	78.17	7
18-20	22	94	66.19	6
15-17	19	72	50.7	5
12-14	15	53	37.32	4
9-11	18	38	26.76	4
6-8	13	20	14.08	3
3-5	7	7	4.93	2

(소수점은 반올림)

이 검사의 스태나인 점수 산출 방식

점수구간	f(빈도)	X(중간점)	fX	fX^2	S	S(반올림)
30-32	8	31	248	7688	8.62	9
27-29	12	28	336	9408	7.83	8
24-26	11	25	275	6875	7.04	7
21-23	17	22	374	8228	6.25	6
18-20	22	19	418	7942	5.46	5
15-17	19	16	304	4864	4.67	5
12-14	15	13	195	2535	3.88	4
9-11	18	10	180	1800	3.09	3
6-8	13	7	91	637	2.29	2
3-5	7	4	28	112	1.51	2

$\Sigma f=142$ $\Sigma fX=2449$ $\Sigma fX^2=50089$

$$M=\frac{2449}{142}=17.25$$

$$S=\sqrt{\frac{142\times 50089-2449^2}{142^2}}=7.44$$

$$31\text{점의 } S=\frac{31-17.25}{7.44}\times 1.96+5=8.62$$

$$28\text{점의 } S=\frac{28-17.25}{7.44}\times 1.96+5=7.83$$

(이 검사의 모집단 평균과 모집단 표준편차는 보고되어 있지 않다)

일반적 S와 이 검사의 S 비교(이 예의 경우에 한함)

X(중간점)	31	28	25	22	19	16	13	10	7	4
일반 S	9	8	7	7	6	5	4	4	3	2
이 검사의 S	9	8	7	6	5	5	4	3	2	2

두 방식이 약간 다름을 알 수 있다.

일반 S와 이 검사 S의 백분율 비교

스태나인 점수	1	2	3	4	5	6	7	8	9
일반 S	0-4	5-11	12-23	24-40	41-60	61-77	78-89	90-96	97-100
이 검사의 S	0-2.3	2.4-6.7	6.6-15.9	16-30.9	31-50	50.1-69.1	69.2-84.1	84.2-93.3	93.4-100

규준의 예)

중학생 전체

스태나인 점수	3	5	7
예술	8-12	18-22	28-31
자연과학	6-9	16-20	26-30
농수산	1-3	8-10	16-19
기계	3-4	10-14	20-25
사무	4-6	11-14	18-20
판매	3-5	10-13	18-21
단순노동	3-4	8-11	16-19
운동	5-8	14-18	24-30
전문봉사	5-8	13-17	21-24
지도력	7-11	17-21	27-30

12.학업 동기 검사

이 검사는 김아영이 제작하였고 학업적 자기효능감과 학업적 실패 내성검사로 되어 있다.

(1)학업적 효능감 검사

학업적 효능감 검사는 학습자가 자신의 학업적 수행을 위해 필요한 행위를 조직하고 실행해 나가는 자신의 능력에 대한 기대나 신념의 정도를 측정한다. 학업적 효능감 검사는 자신감 검사, 자기조절 효능감 검사, 과제수준 선호도 검사로 나누어진다.

-자신감 검사: 학습자가 자신의 학습능력에 대해 가지는 확신 또는 신념의 정도를 측정한다. 7문항으로 되어 있다.

문항의 예) 나는 시험에 임하면 불안해진다.(역문항)

-자기조절 효능감 검사: 자기관찰, 자기판단, 자기반응을 잘 할 수 있는가에 대한 효능기대이다. 자기관찰은 자신의 행동에 주의집중하는 것인데 자신이 하는 일에 대한 정보를 제공하고 목표를 설정하고 평가하고 행동의 변화를 유도한다. 자기판단은 자신의 목표와 현재

의 수행을 비교하는 것이다. 자기반응은 목표달성 정도에 따라 행동을 조정하고 개선을 위해 스스로 동기화 한다. 10문항으로 되어 있다.

문항의 예) 나는 효과적인 공부방법을 안다.

-과제수준 선호도: 자신이 통제하고 도전적인 과제를 선택하려는 것이다. 효능감이 높은 개인은 도전적인 과제를 선호한다. 8문항으로 되어 있다.

문항의 예) 학교공부는 쉬울수록 좋다.(역문항)

답지는 6단계로 되어 있다.

전혀 아니다 - 1점
아니다 - 2점
약간 아니다 - 3점
약간 그렇다 - 4점
그렇다 - 5점
매우 그렇다 - 6점

(2)학업적 실패 내성검사

학습자가 학습에서의 실패경험에 대해서 건설적인 태도로 반응하는 정도를 측정하는 것이다. 이 검사에서 높은 점수자는 학습된 무기력에 덜 빠지게 되며, 실패에 대해 더 긍정적이고 건설적인 태도로 임하며, 어렵고 도전적인 과제를 선호한다. 이 검사는 다시 감성검사, 행동검사, 과제난이도검사로 나누어진다.

-감정검사: 실패의 경험에 대해 건설적으로 대처하는 감정의 정도를 측정. 이 점수가 높으면 실패에 대한 내성을 가지고 있다. 6문항으로 되어 있다.

문항의 예) 점수가 낮으면 기분이 나쁘다.(역문항)

-행동검사: 실패 후 그것을 만회하기 위해 계획을 수립하고 방안을 강구하는 정도를 측정한다. 점수가 높으면 실패 후 적극적, 구체적, 현실적 방법으로 실패를 극복하기 위한 행동을 보인다. 6문항으로 되어 있다.

문항의 예) 틀리면 계속해서 다시 해본다.

-과제난이도 선호도검사: 실패할 가능성이 높음에도 어려운 과제를 선택하려는 정도를 측정한다. 6문항으로 되어 있다.

문항의 예) 어려운 내용이 좋다.

13.진로태도 성숙도 검사

이 검사는 연세대학교 부속 인간행동 연구소에서 제작한 검사이다,

일반적으로 진로 성숙도는 능력의 성숙과 태도의 성숙으로 나누어 볼 수 있다. 능력은 직업에 대해, 자신에 대해, 선택하는 방법에 대해 잘 알고 있는 것이다. 능력이 지적인 것이라면 태도는 정의적인 것으로 진로에 대한 개인의 정서를 말한다. 정서는 성숙될 수도 있고 미성숙될 수도 있다. 이 진로태도 성숙도 검사는 진로 성숙도검사 중 지적 능력을 제외한 정서적인 것에 대한 성숙의 정도를 알아 보기 위한 검사이다. 이 검사는 진로태도는 결정성, 현실성, 준비성으로 나누어진 것으로 보고 있다.

(1)결정성

진로를 선택하는 과정에서 자기의 흥미, 적성, 능력, 사회적 요인 등을 고려하여 결정하는데 자신이 선택한 진로에 대한 결정이 얼마나 확고한가를 의미한다.

예) 어떤 직업을 가져야 하는지 알 수 없다.(역문항)

(2)현실성

진로를 선택하는 과정에서 개인적인 측면(적성, 흥미, 성격 등)과 상황적 측면(가정, 사회인식, 접근 가능성)을 고려하여 현실성 있는 선택을 하는 정도를 의미한다.

예) 직업을 선택하는데 부모님의 의견을 들어 보겠다.

(3)준비성

진로를 선택하기 위해 필요한 정보를 적극적으로 수집하고 그 자료에 기초하여 진로를 선택하거나 준비하는 정도를 의미한다.

예) 어떤 직업이 있는지 알아보겠다.

각 요인은 13문항으로 되어 있고 답지는 "그렇다", "아니다"로 2지이다. 그렇다에 응답하면 2점, 아니다에 응답하면 1점을 준다.

원점수를 스태나인 점수로 바꾸어 해석한다.

$$\text{스태나인 점수} = \frac{\text{원점수} - \text{모집단 평균}}{\text{표준편차}} \times 1.96 + 5$$

스태나인 점수 7이상을 높다, 5-6를 보통, 4이하를 낮다고 해석한다.

규준의 예)

태도검사 전체

원점수	전체	남전체	여전체	중전체	중남자	중여자	고전체	고남자	고여자
:	:	:	:	:	:	:	:	:	:
70	8	8	7	8	8	8	7	7	7
:	:	:	:	:	:	:	:	:	:
65	5	6	5	5	6	5	5	5	4
:	:	:	:	:	:	:	:	:	:
60	3	3	3	3	4	3	2	3	2
:	:	:	:	:	:	:	:	:	:
55	0	2	0	1	2	0	0	0	0
:		:		:	:				

× 제7장 ×

정의적 특성 비표준화 검사

이 방법은 크게 자기보고법과 관찰법으로 나누어진다. 관찰법은 학생의 성격을 교사나 다른 학생이 보고 평가하는 것이고, 자기보고법은 학생 자신의 성격을 자신이 보고하는 방법이다. 검사지를 이용하여 이루어지는 교육학이나 심리학계통의 석박사 논문에서 자기보고식 비표준화 검사가 광범위하게 사용되고 있다.

1. 자기보고식 검사

자기보고식은 다시 자서전법, 질문지법, 투사법으로 나누어지는데 질문지법은 문자로 되어 있는 문항에 반응하게 되어 있음에 반해 투사법은 애매한 그림이나 미완의 글에 대해 자신의 생각을 나타내도록 하는 방법이다.

1)자서전법

이 방법은 지나간 과거의 일이나 생각을 적도록 해서 읽어 보고 학생의 성격을 파악하는 것이다. 자유롭게 아무 것이나 쓰도록 할 수도 있고 어떤 주제 예컨대 기쁜 일, 슬픈 일, 학업 문제, 진로 문제, 이성 문제 등을 주고 쓰도록 할 수도 있다. 그런 것들이 현재의 생각과 행동에 어떻게 영향을 주고 있는지를 곁들여 쓰게 할 수도 있다.

2) 질문지법

자유반응법

어떤 주제에 대해 자신의 생각을 자유롭게 쓰도록 해서 성격을 파악하는 방법이다.
예1) 여러분이 좋아하는 선생님과 싫어하는 선생님의 특징을 쓰시오.
예2) 여러분의 성격 중에서 좋은 면과 고쳐야 하겠다고 생각하는 면을 쓰시오.

항목선택법

이는 두 가지 이상 여러 항목들 중에서 자기 생각과 같은 것을 하나 이상 고르게 하는 것이다.
예1) 다음 여러 과목들 중에서 어려운 것 두 개를 골라 체크하시오.
음악 체육 사회 미술 수학 과학 영어 국어 기술 한문 역사 지리 도덕
예2) 다음 여러 항목들 중에서 근래에 문제가 되고 있는 것들을 모두 고르시오.
용돈 공부 진로 친구 가정 건강 교통 외모 옷 종교 이성 가정 음식
예3) 다음은 일상생활에 관련된 문제들이다. 자기에게 해당되는 것에 표시하시오.

지각을 많이 한다.	잠이 잘 안온다.
시험을 보면 불안하다.	입맛이 없다.
매사 재미가 없다.	주의집중이 잘 안된다.
진로가 불확실하다.	머리가 아프다.
노력해도 성적이 오르지 않는다.	친구가 나를 놀린다.
이성 친구가 없다.	몸이 뚱뚱하다.

분류법

(1) 유목분류법
여러가지 사항들을 몇 가지 기준에 따라 분류하는 것이다.
예1) 적성, 흥미, 취업 가능성이 모두 있으면 A, 적성, 흥미는 있는데 취업 가능성이 없으면 B, 적성은 있는데 흥미, 취업 가능성이 없으면 C, 적성, 흥미, 취업 가능성이 모두 없으면 D로 표시하시오.
교사( ) 비행사( ) 중개사( ) 기자( ) 화가( ) 농사( ) 문방구( )
의사( ) 판사( ) 음식점( ) 옷가게( ) 화원( ) 회사원( )
예2) 가장 좋아하는 것에는 가, 어느 정도 좋아하는 것에는 나, 싫어하는 것에는 다로 표시하시오.
바둑( ) 낚시( ) 등산( ) 노래( ) 농사( ) 춤( ) 독서( ) 여행( )

요리( ) 목수( ) 붓글씨( ) 운동( ) 목공( ) 수예( ) 그리기( )

(2) Q분류

Q는 quota의 약자로 할당, 분배 등을 의미한다. 이는 여러 사물, 개념, 사실들을 가장 좋아하는 것에서 가장 싫어하는 것까지 항목들을 분배하는 것이다. 분류해야 할 항목들이 많으면 좌우 대칭 정상분포가 되게 한다. 예컨대 9개의 과일이 있다고 했을 때 그 중 가장 좋아하는 것 1개, 가장 싫어한 것 1개, 좋지도 싫지도 않은 것 3개, 좋아하는 것 2개, 싫어하는 갓 2개를 고르도록 한다. 그러면 다음과 같이 과일들이 분류된다.

과일: 감, 밤, 대추, 수박, 참외, 살구, 사과, 배, 포도

		살구		
	밤	참외	사과	
감	대추	수박	배	포도
|	|	|	|	|
1	2	3	4	5

1- 가장 좋아하는 과일
2- 좋아하는 과일
3- 좋지도 싫지도 않은 과일
4-싫어하는 과일
5-제일 싫어하는 과일

이런 결과를 가지고 개인의 선호도가 시간의 경과에 따라 얼마나 달라지는가? 개인들 간에 선호도가 얼마나 비슷한가를 상관계수를 산출해서 확인할 수 있다.

개인의 선호도 변화

과일	5월의 선호도(X)	10월의 선호도(Y)	X^2	Y^2	XY
감	1	2	1	4	2
밤	2	1	4	1	2
대추	2	2	4	4	4
살구	3	5	9	25	15
사과	4	4	16	16	16
배	4	3	16	9	12
포도	5	4	25	16	20
수박	3	3	9	9	9
참외	3	3	9	9	9
N=9	ΣX =27	ΣY =27	$\Sigma X^2=93$	$\Sigma Y^2=93$	ΣXY

$$r = \frac{9\times 89 - 27\times 27}{\sqrt{9\times 93 - 27^2}\sqrt{9\times 93 - 27^2}} = 0.81$$

개인간 선호도 변화

과일	X(김영수)	Y(박영희)	X^2	Y^2	XY
감	3	4	9	16	12
밤	2	3	4	9	6
대추	1	3	1	9	3
살구	2	5	4	25	10
사과	4	4	16	16	16
배	3	3	9	9	9
포도	5	2	25	4	10
수박	3	2	9	4	6
참외	4	1	16	1	4
N=9	$\Sigma X=27$	=27	$\Sigma X^2=93$	$\Sigma Y^2=93$	$\Sigma XY=76$

$$r = \frac{9\times76-27\times27}{\sqrt{9\times93-27^2}\sqrt{9\times93-27^2}} = -0.24$$

순위법

검사의 대상을 어떤 기준에 따라 순서화하는 것이다.
예1) 다음 8개 나라에 대해 좋아하는 순서대로 쓰라.
프랑스( ) 독일( ) 영국( ) 미국( )
러시아( ) 일본( ) 인도( ) 브라질( )
예2) 다음 과목들에 대해 좋아하는 순서대로 쓰라.
국어( ) 영어( ) 수학( ) 과학( )
체육( ) 미술( ) 음악( ) 사회( )

조합 비교법

이는 짝지어진 두 개 또는 세 개의 항목들 중 하나를 고르는 것이다.
예1) 다음 짝지어진 두 과일 중 더 좋아하는 것을 골라라.
(사과, 배) (감, 밤) (대추, 사과) (수박, 참외)
예2) 다음 짝지어진 3개의 직업 중 가장 마음에 드는 하나를 골라라.
(교사, 의사, 판사) (농부, 어부, 광부) (기자, 기사, 요리사) (중개사, 보험사, 요리사)

답지선택법

문항에 여러 답지가 주어져 있고 여러 답지 중에서 자기에 맞는 하나를 고르도록 되어 있다. 자기보고식의 여러 종류 중에서 가장 흔하게 사용되는 방식이다. 답지는 2지, 3지, 4지, 5지, 6지 등 여러가지가 있을 수 있는데 5지가 가장 많이 사용된다.

2지: 꿈을 자주 꾼다	예, 아니오
사람 만나는 것이 즐겁다	예, 아니오
3지: 행동하기 전에 생각을 먼저 한다	예, 아니오, 모름
공부가 즐겁다	매우, 보통, 아님
4지: 나는 부지런하다	매우, 대단히, 조금, 아님
나는 사교적이다	항상, 대체로, 때때로, 아님
5지: 나는 예의가 바르다	매우, 대체로, 어느 정도, 조금, 아님
인가의 본성은 선하다	매우 찬성 찬성 중립, 반대, 아주 반대

문항은 긍정 문항이 있고 부정 문항이 있다. 긍정 문항은 좋은 쪽을 나타낸 것이며 부정 문항은 안좋은 쪽을 나타낸다. 부정 문항은 역으로 채점한다. 5점은 1점으로, 4점은 2점으로, 3점은 그대로, 2점은 4점으로, 1점은 5점으로 채점한다.

문항종류	문항	매우 그러함 5	대체로 그러함 4	어느정도 3	조금 그러함 2	아님 1	채점
부정	쌀쌀 맛다		O				2
긍정	솔직하다			O			3
긍정	부지런 하다	O					5
부정	게으르다					O	5
긍정	꼼꼼하다				O		2
부정	털털하다		O				2

합 계 19

평균 19/6문항=3.37

답지는 그것의 정도를 숫자화하는 것이 있고 숫자화할 수 없는 것이 있다. 숫자화할 수 있는 경우도 답지를 형용사나 부사의 형태로 나타내는 것이 있고 문장으로 나타내는 경우도 있다.

형용사 또는 부사로 나타내는 경우: 매우(4), 대체로(3), 어느 정도(2), 조금(1), 전혀(0)

문장으로 나타내는 경우: 나는 매우 사교적이다(4), 나는 대체로 사교적이다(3), 나는 어느 정도 사교적이다(2), 나는 조금 사교적이다(1), 나는 전혀 사교적이지 않다(0)

숫자화할 수 없는 경우: 우리 선생님은 (1)권위적이다. (2)민주적이다 (3)때로는 권위적 때로는 민주적이다.

문항 선택법

어떤 대상이나 인물, 사상에 대해 사람이 가질 수 있는 긍정, 부정, 중립의 생각이나 태도를 나열해 놓고 그들 중에서 피험자의 생각이나 태도와 일치하는 것을 있는대로 고르는 것이다. 각 생각이나 태도를 나타내는 진술문에 대한 점수는 검사 제작시 부여된다. 어떤 개인의 태도 점수는 그가 고른 진술들의 점수들을 합해서 평균을 낸다.

예) 산아제한에 대한 태도 검사

산아제한(아기를 적게 낳자는 정책)에 대해 찬성하는 진술문은 점수가 낮고 반대하는 진술문은 점수가 높고 중립적인 진술문은 중간의 점수가 부여되어 있다.

-(1)산아제한은 반드시 해야한다(1.2)
-(3)산아제한은 장단점이 있다(5.6)
-(7)산아제한은 인류를 멸망시키는 것이다(10.6)
-(8)산아제한은 도덕적으로 옳지 않다(9.4)
-(11)산아제한은 필요하다(2.3)
-(13)산아제한의 방법을 알게 해야 한다(3.5)
-(14)산아제한은 살인이다(10.9)
-(15)산아제한은 옳지 않다(9.8)
-(18)산아제한은 각자 형편에 맡겨야 한다.(6.1)

이러한 진술문들이 20여개가 무작위로 나열되어 있다.

만약 어떤 사람이 (14)와 (15)문항을 선택했다면 그에 부여되어 있는 점수 10.9와 9.8를 더해서 평균을 내면 10.35가 되는데 이 평균 점수가 그의 산아제한에 대한 태도이다. 그 사람은 산아제한에 대해 매우 반대의 태도를 가지고 있는 것이 된다. 만약 (1), (11), (13)을 선택했다면 (1.2+2.3+3.5)/3=2.33으로 산아제한에 대해 매우 찬성하는 태도를 가지고 이는 것이 된다.

각 진술문에 대한 점수는 어떻게 부여되는가? 그것은 Thurstone이 제안한 유사동간법에 의해 이루어진다.(유사동간법은 다음의 척도법에서 설명한다.)

의미 분석법

이 방법은 미국의 Osgood와 그 동료들이 개발하였는데 어떤 사상에 관한 개인의 심리적 의미를 분석하여 의미공간상의 위치로 표현하는 것이다. 우리는 동일한 개념을 사용하지만 그 구체적인 의미는 사람마다 다를 수 있다. 또한 동일한 사물이나 인물에 대한 태도가 사람마다 다를 수 있다. 이 의미 분석법은 동일한 개념이나 사물 인물에 대해 개인에 따라 얼마나 다른지, 시기마다 어떻게 달라지는지, 한 개인에 있어서 여러 개념이나 인물에 대한 태도가 얼마나 다른지 등을 알아보는 것이다.

Osgood는 어떤 개념이나 사물 인물을 3가지 차원(측면)인 평가적 차원, 능력적 차원, 활동 차원에서 평가하도록 하였다. 각 차원은 긍정적인 상태를 나타내는 형용사에서 부정적인 상태를 나타내는 형용사의 사이를 5단계 또는 7단계로 나누고 피험자가 그 중 한 단계를 선택하게 한다.

평가 차원을 나타내는 형용사들에는 좋은-나쁜, 중요한-사소한, 밝은-어두운 등이 있고 능력 차원을 나타내는 형용사들에는 유능한- 무능한, 영리한-우둔한, 무거운-가벼운 등이 있고 활동 차원을 나타내는 형용사들에는 진보적-보수적, 빠른-느린, 적극적-소극적 등이 있다.

"비행사"에 대해 어떻게 생각합니까? 해당되는 단계에 체크하시오.

		5	4	3	2	1	
능력	**강한**	○					약한
	영리한		○				우둔한
평가	**중요한**		○				사소한
	희망적				○		절망적
활동	**빠른**			○			느린
	적극적					○	소극적

피험자로부터 얻어진 자료를 가지고 피험자의 태도를 의미 공간에 나타내기도 하고 평균이나 변량을 계산해서 해석하기도 한다.

(1)의미 공간법

2차원 공간

3차원 중 2차원을 선정해서 그 2차원을 직교좌표로 만들고 좌표상에 점수를 나타낸다. 각 차원의 점수들 중 "3"점이 중심축이 되게 한다.

3차원

이는 2차원의 평면좌표에 수직으로 제 3의 차원을 추가해서 입체적 공간에 점수를 나타내는 것이다. 제 3의 차원의 점수들 중 "3"점이 중심이 되게 한다.

(2)평균 비교법

①개념간 비교

측면	교사	의사	판사	비행사	농부
안정-불안정	5	4	3	2	3
돈많은-적은	2	5	3	5	1
명예-불명예	2	3	5	3	1
영리한-우둔	4	4	4	5	3
평균	3.25	4.00	3.75	3.75	2.00

이 학생의 경우 의사에 대해 가장 높은 태도를, 농부에 대해 가장 낮은 태도를 보이고 있다.

②피험자간 개념 비교

피험자	교사	의사	판사	비행사	농부
A	3.25	4.00	3.75	3.75	2.00
B	4.15	3.35	2.80	1.92	3.20
C	2.72	1.52	2.85	3.55	3.85
D	3.00	2.50	2.80	4.25	2.76

A는 의사를, B는 교사를, C는 농부를, D는 비행사를 가장 좋게 보고 있다.

(3)개념들 간의 유사성 비교

유사성의 정도를 D_{ij}라고 하는데 이는 다음과 같은 식으로 나타낸다.

$$D_{ij} = \sqrt{\Sigma(X_i - Y_j)^2}$$

D_{ij}가 클수록 두 개념을 다르게 생각하는 것이고 적을수록 두 개념을 비슷하게 생각하는 것이다.

교사와 의사간의 의미적 거리

$$D_{ij} = \sqrt{(5-4)^2 + (2-5)^2 + (2-3)^2 + (4-4)^2} = \sqrt{1+9+1+0} = 3.16$$

교사와 판사간의 심리적 거리

$$D_{ij} = \sqrt{(5-3)^2 + (2-3)^2 + (2-5)^2 + (4-4)^2} = \sqrt{4+1+4+0} = 3$$

있을 수 있는 모든 심리적 거리를 산출하면 다음과 같다.

	교사	의사	판사	비행사	농부
교사		3.16	3	4.47	2.64
의사			3	2.23	4.69
판사				4.58	5
비행사					5
농부					

위 표를 보면 이 학생은 교사와 농부, 의사와 비행사를 비슷하게 지각하고 있으며 판사와 농부, 비행사와 농부를 다르게 지각하고 있음을 알 수 있다.

2. 관찰법

이는 어떤 인물의 특징을 다른 사람이 보고 평가하는 것이다. 우리는 일상생활에서 자연스럽게 광범위하게 다른 사람을 관찰하고 그것에 근거해서 다른 사람의 성격에 대해 판단하고 있다. 여기서의 관찰은 어떤 목적(학생의 성격 평가, 연구)을 가지고 이루어지는 관찰이다. 관찰법이 사용되어야 하는 경우는 다른 방법 예컨대 면접이나 질문지법이 적절하지 않을 때 사용한다. 문자의 해독능력이 없는 어린이나 문맹자의 성격을 파악하기 위해 질문지를 사용할 수 는 없다. 그리고 면접이나 질문지법을 사용하면 정화하게 파악할 수 없는 경우에 사용한다. 예컨대 교실에서의 학생의 행동특징을 파악하는데 면접이나 질문지법을 사용하면 실재 일어난 것이 아닌 각색된 응답을 얻게 된다.

관찰법은 실재 구체적인 상황에서 자연스럽게 이루어지는 행동을 있는 그대로 파악할 수 있다는 장점이 있으나 겉으로 드러나지 않은 내면의 생각을 파악하는데 한계가 있다는 점, 관찰은 언제 어디서나 마음대로 할 수 없다는 점에서 한계가 있다.

관찰의 유형에는 자연관찰과 통제관찰, 참여관찰과 비참여관찰이 있다. 자연관찰은 어떤 의도성이나 계획없이 자연스러운 상황에서 이루어지는 것이고 통제관찰은 의도적으로 관찰하고자 하는 행동을 일어나게 해서 이루어지는 관찰이다. 예컨대 의도된 수업장면에서의 관찰은 통제관찰이라고 할 수 있고 일상적 수업장면에서의 관찰은 자연관찰이라고 할 수 있다. 참여관찰은 관찰대상과 같이 생활하면서 이루어지는 관찰이고 비참여관찰은 허용된 특정 시점과 장소에서만 이루어지는 관찰이다. 교사가 학생을 관찰하는 것은 참여와 비참여의 중간 형태라고 할 수 있다. 수업에서 이루어지는 관찰은 참여관찰이고 복도나 운동장 등에서 우연히 이루어지는 관찰은 비참여관찰이다,

1)일화기록법

이는 관찰대상이 나타내 보이는 관찰하고자 하는 행동이 관찰될 때마다 누가적으로 기록해 나가는 것이다. 양식은 다음과 같다.

일시	장소	관찰행동	의견

이 방법을 사용할 때는 첫째, 관찰된 사실과 의견을 구별해서 기록한다. 둘째, 구체적으로 독립적으로 기록한다. 셋째, 감정에 치우침이 없이 객관적으로 기록한다.

이 방법은 누가적으로 기록하기 때문에 기록이 쌓이면 관찰학생의 특징, 원인, 지도방법을 파악할 수 있는 좋은 방법이기는 하나 여러 학생을 계속적으로 기록한다는 것이 용이하지는 않다.

2)검목표법(checklist)

이 방법은 측정하려는 성격을 나타내는 행동들을 열거해 놓고 그 중에서 관찰하려는 학생이 나타내 보이는 행동들을 체크하는 것이다. 체크의 수가 많을 수록 성격이 높은 것이다.

행동목록	학생A	학생B	학생C	학생D	학생E
일찍 일어난다	✔		✔		
지각하지 않는다		✔	✔	✔	
숙제를 잘한다	✔	✔	✔	✔	✔
매일 발을 씻는다		✔	✔		
청소를 잘한다	✔		✔	✔	✔
동작이 민첩하다		✔	✔	✔	
계	4	5	6	4	2

3)평정법

이는 성격의 정도를 한 문항내 여러 단계의 답지들 중에서 하나로 나타내는 것이다. 여러 문항들의 답지 점수들을 합하면 성격의 정도가 된다. 이 평정법에는 숫자평정법, 도식평정법, 비교평정법, 등위법, 강제평법이 있다.

①숫자평정법

성격의 정도를 정수로 나타낸다.

예)

그는 부지런하다

매우 그러함	대체로 그러함	어느정도 그러함	조금 그러함	전혀 아님
5	4	3	2	1

②도식평정법

성격의 정도를 소수점까지 나타낼 수 있는 방법이다.

예)

그는 부지런하다

매우 그러함	대체로 그러함	어느정도 그러함	조금 그러함	전혀 아님
		(3.6) ✔		
5	4	3	2	1

③비교평정법

샘플을 정해 놓고 샘플과 비교해서 성격을 평가하는 것이다,

샘플 근면한 학생..............................가(5점)
어느정도 부지런한 학생...........나(3점)
보통학생..................................다(2점)
어느정도 게으른 학생...............라(1점)
게으른 학생..............................마(0점)

학생	P	Q	R	S	T	U	V	W
샘플	라	마	가	가	라	다	나	마
점수	1	0	5	5	1	2	3	0

④강제평정

어떤 사람이 다른 사람을 평정할 때 선입견, 편견, 잘못된 정보, 인정, 친분 등에 의해 객관적으로 평정하지 못한 경우가 있을 수 있다. 실재보다 후하게 또는 인색하게 평정할 수 있다. 만약 어떤 사람이 다른 사람을 보고 근면성, 사회성, 책임성을 평정할 때 어떤 피평정자에게는 3가지 모두 후하게 평정하고 다른 피평정자에게는 3가지 모두 인색하게 평정할 수 있다. 바로 이런 점을 없애기 위해 근면성, 사회성, 책임성 3가지 중 피평정자를 가장 잘 나타내는 것 하나만 선택하게 한다.

문항 제작은 각 특성을 잘 나타내는 긍정적 행동목록과 부정적 행동목록을 수집한 다음, 각 특성에서 하나씩의 긍정적 행동목록을 뽑아서 한데 묶는다. 부정적 행동목록 역시 하나씩 뽑아서 한데 묶는다. 그 묶음이 바로 문항이 된다.

평정자는 한 문항내 여러 이질적 행동목록들 중에서 피평정자를 보다 잘 나타내는 하나의 행동목록만 선택한다. 각 문항에서 선택한 행동목록을 특성별로 합계를 내면 그 합계가 바로 피평정자의 각 특성에 대한 점수가 된다.

(1)각 **특성별 행동목록의 수집**

근면성 일찍 일어난다(긍정)
숙제를 잘한다(긍정)
청소를 잘한다(긍정)
출석을 잘한다(긍정)
게으르다(부정)
지각을 잘한다(부정)

사회성 잘 사귄다(긍정)
명랑하다(긍정)
잘 돕는다(긍정)
친구가 많다(긍정)

친구가 없다(부정)
우울하다(부정)

책임성　학칙을 잘 지킨다(긍정)
교통질서를 잘 지킨다(긍정)
수업료를 기일내 납부한다(긍정)
국가관이 확실하다(긍정)
학칙을 잘 위반한다(부정)
맡은 일을 안한다(부정)

(2)목록들의 묶음

1번 문항　(일찍 일어남, 잘 사귐, 학칙 잘 지킴)
2번 문항　(숙제 잘함, 명랑함, 학칙 잘 지킴)
3번 문항　(청소 잘함, 잘 돕기, 기일내 수업료 납부)
4번 문항　(출석 잘하기, 친구 많음, 국가관 확실)
5번 문항　(게으름, 친구 없음, 학칙 위반)
6번 문항　(거짓말 잘함, 우울함, 수업료 미납)

(3)평정

각 문항별 3개 목록중 피평정자에 가장 잘 맞는 것 하나 선택

(4)특성별 점수화

각 특성별 긍정의 개수에서 부정의 개수를 뺀다.

예) K학생 평정 결과

예컨데 긍정 문항수는 13문항이고 부정 문항수는 7문항이고 다음과 같이 평정했다면,

문항	긍정문항			문항	부정문항		
	근면	사회	책임		근면	사회	책임
1번	0			14번		0	
2번		0		15번			0
:	:	:	:	:	:	:	:
10		0		19번	0		
13			0	20번			0
계	8	3	2	계	2	2	3

위 K학생　근면성: 8(긍정 개수)-2(부정 개수)=6
사회성: 3(긍정 개수)-2(부정 개수=1
책임성: 2(긍정 개수)-3(부정 개수)=-1

위 K학생은 근면성이 가장 높다.

4)동료 평정법

앞서 언급한 일화기록법, 검목표법, 평정법이 주로 교사가 학생을 관찰하고 학생의 성격을 평가하는 것이라면 동료 평정법은 학생이 다른 학생을 보고 다른 학생의 성격을 평가하는 것이다. 물론 일화기록법, 검목표법, 평정법도 학생이 다른 학생을 관찰하고 평가하는 방법으로 사용될 수 있으나 교사가 사용하는 것이 더 적절하다. 여기 동료 평정법은 같이 보내는 시간의 양과 질이 많고 깊이가 있어 교사가 평가하는 것보다 동료 학생이 평가하는 것이 더 적절한 방법이 된다.

①추인법(guess who technique)

학생들의 성격을 파악하고자 할 때 학생들의 의견을 물어서 평가하는 것이다. 예컨대 학생들의 근면성을 알고자 할 때 우리 반에서 가장 부지런한 학생, 두 번째로 부지런한 학생, 세 번째로 부지런한 학생의 이름을 써 내게 해서 학생들의 근면성을 평가하는 것이다. 학생들 써 낸 것을 표로 정리하면 다음과 같이 될 수 있다.

학생	첫번째 거명인의 수	두번째 거명인의 수	세번째 거명인의 수
A	2	1	5
B	0	2	1
C	1	5	3
D	3	1	2
E	0	1	1
G	4	2	2
:	:	:	:
Z	6	4	3

첫 번째로 거명받으면 3점, 두 번째로 거명받으면 2점, 세 번째로 거명받으면 1점을 부여하여 개인별로 점수를 산출할 수 있다.

A의 근면성 점수 $=3\times2+2\times1+1\times5=6+2+5=13$

B $=3\times0+2\times2+1\times1=0+4+1=5$

:

Z= $=3\times6+2\times4+1\times3=18+8+3=29$

②사회적 거리 추정법

사회적 거리를 나타내는 몇 가지의 진술문들이 제시되면 자기를 제외한 나머지 학생들 모두에 대해 각자가 여러 진술문들 중 어느 것에 해당하는지 적어 내게 한다. 이 방법은 한 학생이 다른 학생들에 의해 어느 정도 지지되고 배척받는지를 알게 해준다. 학생들이 적어낸 것을 정리하면 다음과 같이 될 수 있다.

동료에 의해 지지 또는 반대받은 수

사회적 거리	A	B	C	D	E	:	Z
매우 좋다	3	0	1	4	0	:	1
좋은 편이다	2	0	1	4	0	:	1
좋지도 싫지도 않다	1	2	0	7	1	:	3
싫은 편이다.	2	1	1	4	2	:	0
매우 싫다	1	4	1	0	3	:	2

"매우 좋다"에 2점, "좋은 편이다"에 1점, "좋지도 싫지도 않다"에 0점. "싫은 편이다"에 -1점, "매우 싫다"에 -2점을 부여하여 각자의 사회적 거리를 점수로 나타내면 다음과 같다.

A=2×3+1×2+0×1+(-1)×2+(-2)×1=6+2+0-2-2=2

B=2×0+1×0+0×2+(-1)×1+(-2)×4=0+0+0-1-8=-9

③교우도

이는 한 집단에서 어느 한 개인이 얼마나 선호되고 있느냐를 알아보는 방법으로 자기가 좋아하는 사람의 이름을 적어 내게 해서 알아 본다. 제일 좋아하는 사람, 두 번째로 좋아하는 사람 식으로 순서를 정해서 써 내도록 한다. 추인법이나 사회적 거리 추정법이 자기의 이름을 밝히지 않고 상대의 이름을 써 내도록 한데 반해 교우도는 상대의 이름과 본인의 이름을 모두 쓰도록 한다. 써 낸 것을 다음과 같은 표로 나타낼 수 있다.

(1)은 제일 좋아하는 학생, (2)는 두 번째로 좋아하는 학생

	A	B	C	D	E	F	G	H
A	-			(1)				(2)
B		-	(2)			(1)		
C	(1)		-					(2)
D		(2)		-				(1)
E	(2)			(1)	-			
F		(1)			(2)	-		
G		(2)		(1)			-	
H			(2)	(1)				-
(1)의 합계	1	1	0	4	0	1	0	1
(2)의 합계	1	2	2	0	1	0	0	2
(1)+(2) 합계	2	3	2	4	1	1	0	3

5)관찰에 의한 평정의 오류

관찰대상의 성격을 있는 그대로 객관적으로 평정해야 하나 실제로 그렇지 못한 경우가 많다. 평정자가 범할 수 있는 평정상의 오류들은 다음과 같다.

(1)후광효과의 오류

이는 학생에 대한 평소의 인상이 평정에 영향을 주는 것이다. 얼굴이 마음에 들어서, 잘 아는 사이여서, 사적으로 도움을 받은 바 있어서, 인사를 잘해서 등의 이유로 실재보다 높게 평정한다든가 이와 반대의 이유로 실재보다 낮게 평정하는 것이다.

(2)편향의 오류

이는 대체로 평정자의 성격에 의해서, 평정에 자신이 없을 때 생기는 오차이다. 이 오차는 다시 집중경향의 오류, 관용의 오류, 인색의 오류로 나누어진다. 집중경향의 오류는 양 극단을 피하고 중간의 점수를 주는 경향이다. 관용의 오류는 실재보다 높은 점수로 평정하는 것이고, 인색의 오류는 이와 반대로 실재보다 낮은 점수로 평정하는 것이다.

(3)논리적 오류

두 특성이 연관이 있다고 보고 어느 한 쪽을 평정하는데 다른 쪽의 영향을 받아서 실재보다 높게 또는 낮게 평정하는 것이다. 예컨대 근면성과 책임성이 정적 상관이 있다고 보고 근면성을 평정하는데 책임성의 정도에 의해서 근면성을 실재보다 높거나 낮게 평정하는 것이다. 책임성이 높다는 것을 미리 알고 있을 때 근면성도 높을 것이라고 보고 실재의 근면성보다 높게 평정하거나 반대로 책임성이 낮다는 이유로 근면성도 낮게 평정하는 것이다. 책임성을 개입시키지 말고 근면성 자체만을 평정해야 이런 논리적 오류를 범하지 않는다.

(4)대비의 오류

이는 평정자가 자신과 피평정자를 비교해서 평정함으로서 생기는 오류이다. 자신과 피평정자의 성격이 비슷하면 실재보다 낮게 평정하거나 다르면 높게 평정하는 것이다. 반대로 자신과 비슷하면 높게 평정하고 다르면 낮게 평정하는 것도 대비의 오류이다.

(5)표준의 오류

이는 평정자마다 평정의 기준이 다름으로서 생기는 오류이다. 어떤 평정자는 평정의 기준을 높게, 어떤 평정자는 평정의 기준을 낮게 설정해서 평정하면 동일 피험자라도 평정점수가 다를 수밖에 없다. 기준을 높게 하면 실재보다 낮게, 기준을 낮게 하면 실재보다 높게 평정될 가능성이 있다. 기준을 어떻게 설정하느냐 하는 것은 평정자의 성격이라고 할 수 있다. 따라서 표준의 오류는 앞서의 편향점수의 오류와 비슷하다고 할 수 있다.

(6)근접의 오류

비슷한 시간과 공간에서 여러 학생들을 평정할 때 평정점수들이 실재보다 비슷해지는 것이다. 예컨대 오전 교실에서 평정할 때는 대체로 모두 높게 평정하고 오후 운동장에서 평정할 때는 대체로 모두 낮게 평정하는 것이 근접의 오류이다.

3.면접법

면접법은 직접 물어 보고 대답하는 것을 듣고 보고 평가한다는 점에서 보기만하는 관찰법, 보고 듣기가 없는 자기 보고법과 다르다. 면접법은 직접 면접과 간접 면접이 있다. 직접 면접은 면 대 면으로 이루어지는 것이고 간접 면접은 전화나 편지 이메일 등으로 묻고 대답하는 것이다. 직접 면접의 경우 면접자와 피면접자가 1 대 1로 이루어지는 면접과 면접자 한 명에 피면접자 여러 명 또는 면접자 여러 명에 피면접자 한명 등 어느 한 쪽이 복수로 된 집단 면접이 있다. 구조화 면접과 비구조화 면접이 있는데 전자는 면접의 목적 내용 순서 등이 사전에 결정되어 있어 모든 면접이 동일하게 이루어지는 것이다. 후자는 대략적인 목적 내용 순서가 정해져 있으나 피면접자나 상황에 따라 융통성 있게 이루어지는 면접이다. 외재적 면접은 피면접자가 면접받고 있다는 사실을 알고 있는 상태에서 이루어지는 면접이고 내재적 면접은 피면접자가 면접받고 있다는 사실을 모르는 상태에서 이루어지는 면접이다.

면접은 잘만 이루어진다면 검사지를 통한 검사보다 정확하고 심층적인 정보를 얻을 수 있다. 문자를 해독하지 못하는 어린이나 문맹자에게 정보를 얻을 수 있는 방법이다. 반면에 면접법은 시간과 노력이 많이 소요되기 때문에 많은 대상에 사용하는데 한계가 있다. 그리고 면접자의 인상, 진행방식, 언어에 의해 영향을 받기 때문에 응답이 면접자에 따라 왜곡될 수 있다.

면접에서 지켜야 할 사항들은 다음과 같다.

(1)사적으로 말하기 곤란한 것을 질문하지 않는다.

(2)모든 응답자가 동일한 의미로 이해할 수 있는 용어를 사용한다.

(3)면접 결과는 즉시 기록한다.

(4)면접 내용은 외부에 알려지지 않게 한다.

(5)특별한 방향으로 응답을 유도하지 않는다.

(6)면접의 목적 내용을 분명히 한다.

(7)래포를 형성해서 면접한다.

(8) "예", 또는 "아니오" 중 하나로 응답하는 질문은 가급적 삼간다.

4. 로올샤크 잉크반점 테스트

이 검사는 스위스의 Rorschach가 1921년 고안하였고 그 이후 Beck, Klopfer, Exner 등에 의해 발전된 방법이다. 이 방법은 흰 백지에 잉크방울을 떨어뜨린 다음 반으로 접어 문지른 다음 폍쳤을 때 좌우 대칭 기기묘묘한 형태의 그림이 그려지게 되는데 그 그림을 보여 주고 피험자로 하여금 떠오르는 생각을 말하게 해서 성격을 파악하는 방법이다. 이 검사는 모두 10매로 되어 있는데 5매는 검정색으로만 되어 있고 5매는 색이 첨가되어 있다.

1) 실시

검사의 실시는 자유연상단계, 질문단계, 한계음미단계로 진행된다.

자유연상: 각 카드가 무엇처럼 보이는지 말해 보게 한다. 하나의 대답만 하고 끝내려고 하는 경우 반응수가 너무 적어 성격파악이 어려우므로 그림을 더 보고 추가로 응답하게 한다. 10장 전체에 대해 14개 이상의 반응(응답)이 나오게 한다. 반면에 각 카드에 5개 이상 반응하려고 하면 다음 카드로 넘어 가도록 한다.

질문단계: 10매 모두에 반응이 이루어진 후에 자유연상단계에서의 반응을 정확히 기호화하고 채점하기 위해서 이루어진다. 10매의 카드를 차례로 다시 보여 주고 어디를 보고 그렇게 반응했는지, 왜 그렇게 보았는지 말하게 한다.

한계마음음미: 피험자가 평범반응을 하지 않은 카드에 대해 "대부분 사람들은 이 카드에 대해 ○○한 반응을 보입니다. 당신도 그렇게 보입니까?"라고 물어 본다. 피험자가 그래도 그 카드에 대해 평범반응을 하지 않으면 평범반응이 아닌 것으로 판단한다.

2) 채점

검사의 채점은 반응영역, 발달질, 결정인, 형태질, 반응내용, 평범-독창성, 조직활동, 특수점수 순으로 이루어진다.

(1) 반응영역

반응영역이란 잉크반점 그림의 어느 부분에 대해 반응했느냐를 확인하는 것이다. 크게 4가지 영역이 있다. 그것들은 전체반응, 보통 부분반응, 이상 부분반응, 여백반응이다.

전체반응(W, whole response): 그림 전체를 이용하여 반응한 것이다.

보통 부분반응(D, common detail response): 전체가 아닌 그림의 부분에 반응하되 그 부분은 대부분의 사람들이(95%) 반응하는 부분이다. 10개의 그림카드에 이 부분으로 여겨지는 곳이 79곳이 있다.
이상 부분반응(d, unusual detail response): 사람들이 흔히 반응하지 않은, 극히 일부의 사람들(5%)만 반응하는, 부분에 반응하는 것이다.
공백반응(s, white response): 카드내 그림이 아닌 여백에 반응한 것이다.

(2)발달질(development quality)
이는 반응의 질을 판단하는 것이다. 두 가지 측면에서 판단한다. 하나는 반응대상(사물이나 현상)이 구체적 형태를 띠고 있느냐, 그렇지 않느냐 하는 것이다. 구체적인 형태를 띠고 있으면 O로, 구체적인 형태가 아닌 경우 V로 표시한다. O의 예로서는 책상, 새, 집 등이 있고 V의 예로서는 구름, 바람, 물, 불 등이 있다. 다른 하나는 사물이나 현상들간에 서로 상호작용하거나 연관되어 있는지, 그렇지 않은지 하는 것이다. 서로 연관되거나 통합되거나 상호작용하고 있으면 +로 채점한다. 이 발달질은 4가지 중 하나로 채점한다.
통합반응(synthesized response) +: 두 개 이상의 개념이나 사물이 구별되게 인식되지만 서로 의미 있게 연관되어 있는 경우이다. 두 사물 중 최소 어느 하나는 형태를 가지고 있어야 한다. 붙잡고 있는 두 여인, 마주 보고 있는 토끼들
일반반응(ordinery response) o: 언급되는 대상이 구체적인 형태를 띤다. 앵무새, 나무, 꽃
모호반응(vague response) v: 특정한 형태가 없는 물질이나 현상으로 반응. 가죽, 물, 연기, 구름
모호한 통합반응(vague/ synthesized response) v/+: 분리되어 있는 사물이나 현상들이 통합되어 있으되, 그 사물이나 현상은 구체적 형태를 띄지 않는다. 바람들이 엉켜 있다, 구름 위에 햇살

(3)결정인
이는 반응에 영향을 준 요인들을 말한다. 이런 요인들에는 형태, 색, 음성; 움직임 등이 있다. 이것들이 결합되어 결정인에는 크게 10가지가 있는 것으로 되어 있다.
① 형태(F, form)
모양으로 반응하는 것이다. 사람의 머리, 다리, 꽃, 박쥐 등 사물의 모습으로 반응
② 운동(M, movement)
이는 다시 인간의 운동, 동물의 운동, 무생물의 운동으로 나누어진다.
인간운동(M): 사람의 움직임으로 반응. 물건을 들고 있는 사람
동물의 운동(FM): 동물의 움직임으로 반응. 날아가는 참새
무생물운동(m): 무생물의 운동으로 반응. 떨어지는 바위
③ 유채색 반응(C, chromatic colour)
검정이나 회색, 흰색이 아닌 색으로 반응.
4가지 종류가 있다.
순수색채 반응(c): 형태의 사용이 전혀 없는 색채의 특징만을 가지고 반응. 피, 우유, 황토
색채-형태(cf): 반점의 색채에 주로 반응했으나 형태가 곁들인 경우. 빨간 꽃, 노랑 나비.

형태-색채(fc): 주로 형태에 반응하고 색채가 곁들인 경우. 날개가 파랗다.

색채명명(cn-naming): 색의 이름을 말하는 경우. 이것은 빨간 색이다, 저것은 노란 색이다.

④ 무채색 반응(C′ achromatic colour)

검정, 회색, 흰색으로 반응

순수무채색(C′): 형태 없이 검정, 회색, 흰색을 주 색으로 사용. 흰구름, 회색 빛

무채-형태 반응(C′F): 주로 무채에 반응하되 형태가 곁들인 경우. 하얀 옷, 검은 새

형태-무채(FC′) :형태에 일차적으로 반응하고 그것을 명료하게 하기 위해 무채가 2차적으로 사용. 곰이 검게 보인다, 토끼가 희다.

⑤ 음영-재질(shading texture)

순수재질반응(T): 형태를 포함하지 않은 촉감만의 반응. 푹신한 털, 꺼칠한 머리.

재질-형태(TF): 재질에 일차적으로 반응, 형태는 반응을 명료화 하기 위해 사용. 모피옷, 얼음 조각, 단단한 날개.

형태-재질(FT): 형태에 일차적으로 반응, 재질은 반응의 명료화를 위해 사용됨. 호랑이 가죽, 토끼 털

⑥ 음영-차원(shading-dimension)

순수전망반응(V): 음영은 오직 깊이나 입체로만 반응. 위로 솟아 있다, 아래로 꺼져 있다.

전망-형태반응(VF): 일차적으로 깊이나 입체적으로, 2차적으로 형태로 지각. 멀리 있는 산봉우리, 밑으로 흐르는 시내.

형태-전망(FV): 일차적으로 형태, 2차적으로 깊이나 입체로 반응. 나무가 위로 뻗어 있다, 산등선이 아래로 뻗어 있다.

⑦ 음영-확산(shading-diffuse)

순수음영반응(Y): 형태 없이 음영에만 반응. 진한 구름, 엷은 안개.

음영-형태(YF): 일차적으로 음영에 반응, 명료화 위해 2차적으로 형태 사용. 검게 보이는 산, 안개 낀 강.

형태-음영(FY): 일차적으로 형태, 명료화 위해 2차적으로 음영 사용. 얼굴이 검다, 산이 멀리 있다.

⑧ 형태-차원(FD form dimension)

크기나 모양을 근거로 입체적으로 반응. 얼굴이 적은 걸 보니 멀리 있다. 큰 공이 앞에 있다.

⑨ 쌍반응((2) pair)

그림의 대칭성에 근거해서 반응. 두 사람이 있다, 두 토끼가 있다.

⑩ 반사반응(reflection)

그림의 대칭성에 근거하되 다른 하나는 반사된 것으로 반응

반사-형태(rF): 반사가 일차적, 형태가 2차적. 거울에 비친 얼굴, 물에 비추어진 산

형태-반사(Fr): 형태가 일차적, 반사가 2차적. 얼굴이 거울에 반사되었다, 산이 물에 반사.

(4)형태질

이는 반점의 특징과 형태반응이 어느 정도 적합한지를 알아보는 것이다. 형태질이 양호한

경우(+, o)와 양호하지 못한 경우(u, -)가 있다.
+: 형태가 매우 정확하고 구체적임
o: 반응내용과 반점의 성격이 비교적 일치하나 구체화 방식이 반응의 질을 향상시키지 못함
u: 반응의 내용이 반점의 특징과 크게 다르지 않으나 매우 드물게 이루어지는 경우
-: 왜곡, 인위적, 비현실적, 비일관성 형태로 반응.

(5)반응내용의 분류
이는 반점을 무슨 사물로 보았느냐 하는 것이다. 26가지가 있다.
전체 인간 H: 전체를 사람으로 지각
가공 인간 (H): 가공적 인간으로 지각. 거인, 광대, 요정, 악마, 유령
인간 부분 Hd: 인체의 부분으로 지각. 팔, 다리, 손가락
가공 인간 부분 (Hd): 가공 인간의 신체의 일부분으로 지각. 악마의 머리, 요정의 손
인간 경험 Hx: 인간의 정서, 감각적 경험. 사랑, 미움, 냄새 등
전체 동물 A: 개, 여우, 비둘기 등
가공 전체 동물 (A): 용의 머리, 불사조의 날개
동물 부분 Ad: 닭 머리, 여우 꼬리
가공 동물 부분(Ad): 용의 꼬리, 비마의 날개
해부 An: 뼈, 심장, 뇌
예술 Art: 보석, 귀고리, 목걸이
인류학 Ay: 고려자기, 로마투구
피 Bl: 인간, 동물의 피
식물 Bt: 꽃, 나무, 열매
의복 Cg: 옷, 모자, 신발, 바지
구름 Cl
폭발 Ex: 화산, 불꽃
불 Fi: 불, 연기, 화염
음식 Fd: 라면, 과자, 김치
지도 Ge: 땅,강, 길
가구 Hh: 침대, 책상, 의자
풍경 Ls: 산, 계곡, 바위, 사막
자연 Na: 식물, 풍경이외의 자연
과학 Sc: 현미경, 망원경, 자동차
성 Sx: 남근, 자궁, 가슴
X레이 Xy: X레이 뼈, 내부 모습

(6)특수 점수
이는 정상적 사고에서 이탈된 사고의 유형을 확인하는 것이다. 특수 점수의 종류들에는 비

일상적 언어반응, 부적절 결합반응, 부적절 논리, 반응 반복, 반응 실패, 특수 내용이 있다.
①언어반응
이것은 DV와 DR이 있다.
DV(deviant verbalization): 피험자의 언어능력에 비추어 정확히 표현할 수 있는데도 부정확한 단어를 사용하거나 새로운 용어를 만들어 사용하기

부정확한 표현-붉은 달빛(노란 달빛)

과잉 사용-두 사람으로 된 듀스 커플 (두 사람)

DR(deviant response): 부적절하게 관련이 없는 문구 사용

이 그릇은 꽃이다. 나는 새를 원한다.

②부적절 결합(inappropriate combination)
부분들이 부적절하게 결합된 경우이다. 이것에는 incom, fabcon, contam이 있다.
incom(incogruos combination): 부분들이 부적절하게 결합. 오리의 다리를 가진 고양이 꼬리, 말의 꼬리가 달린 참새
fabcom(fabulized combination): 부분들이 있을 수 없는 방식으로 결합. 축구하고 있는 토끼들, 달리고 있는 바위들
contam(contamination): 가장 심한 부적절 결합. 호랑이의 알, 피를 흘리는 돌맹이
③부적절 논리(Alog alogic)
타당성이 없는 논리. 옷이 노란 색이니까 이것은 여자다.
④반응 반복(perseveration
똑 같은 내용이 한 카드내에서 반복되거나 다른 카드까지 반복됨
⑤반응 실패(confabulation)
반점의 일부에 대한 반응을 반점 전체로 일반화하는 경우. 이 부분은 닭 머리이므로 전체가 닭이다.
⑥특수 내용
자아의 특징을 투사적으로 나타냄
추상적 내용: 피험자의 감정, 감각적 경험을 나타냄. 아름다운 여인
공격적 운동: 능동적, 공격적 행동을 나타냄. 싸우고 있다, 노려보고 있다.
병적 내용: 죽음, 부상, 파괴, 우울을 나타냄. 부서진 창, 죽은 곰, 불행한 여자
협조적 운동: 둘 이상의 사물이 협조적으로 상호작용. 같이 들어 올린다. 함께 일한다.

(7)인지 조직활동

이는 자극장면을 조직화하는 정도를 의미하는데 그 정도를 Z점수(통계학의 표준점수가 아님)로 나타낸다. 조직활동이 단순한 것이라면 Z는 낮은 점수, 복잡하면 높은 점수를 준다. 예컨대 단순한 하나의 사물로 인식하면 낮은 점수(박쥐 1), 사물들의 상호작용으로 대답하면 높은 점수(두 미리의 토끼가 산을 오른다 4)를 준다.
이 Z는 여러가지 반응결정인 중 "형태"로 반응했을 경우에만 점수를 준다. 카드별 반응의 종류에 따라 점수가 정해져 있다. 예컨대 1번 카드에서 사물로 전체반응하면 1점(토끼), 인

접 현상들 간 상호작용으로 반응하면 4점(토끼 두 마리가 춤을 춘다), 비인접 부분들 간 상호작용이면 6점을 준다.(두 마리의 새가 멀리서 손을 흔든다.) 공백에 반응하면 3.5점(눈 위에 헝겊)을 주도록 미리 정해져 있다.

카드별, 반응별 Z값

카드번호	전체반응	인접부분	비인접부분	공백반응
1	1.0	4.0	6.0	3.5
2	4.5	3.0	5.5	4.5
3	5.5	3.0	4.0	4.5
4	2.0	4.0	3.5	5.0
5	1.0	2.5	5.0	4.0
6	2.5	2.5	6.0	6.5
7	2.5	1.0	3.0	4.0
8	4.5	3.0	3.0	4.0
9	5.5	2.5	4.5	5.0
10	5.5	4.0	4.5	6.0

3) 해석

로올샤크의 가장 큰 문제점은 객관적 해석이 용이하지 않다는 것이다. 이 방법은 실시, 채점, 해석이 매우 어렵고 복잡하기 때문에 연구자마다 실시, 채점, 해석에 상당한 차이가 있다. 검사의 4가지 양호도 중에서 객관도가 가장 낮다고 할 수 있다. 이를 감안하여 대략적인 해석 방식을 소개한다.

⊙전체 반응수

반응수가 많으면 흥미나 관심이 많고 사고가 다양함을 의미한다. 성인 평균 반응수는 17-27이다. 반응수가 10개 이하이면 피험자의 성격을 파악하기 어렵게 된다.

⊙반응시간

빠르게 반응하면 반점을 자세하게 살피지 않고 충동적으로 반응할 가능성이 높다. 연상을 활발하게 못하거나, 지나치게 자세히 보려고 하거나, 검사를 거부하거나 의심이 있으면 시간이 필요 이상 많이 걸린다.

⊙전체반응(W)

전체에 반응한 비율이 높으면 자극의 특징들을 조직하고 통합하는 것이다. 전체 반응비율이 낮으면 분리된 사실들의 관계를 파악하는 능력이 부족하거나 세부적인 것에 더 관심을 가지는 것이다.

⊙부분반응(D)

이 점수가 높은 사람은 관습적이고 단편적이고 구체적이고 확실하고 분명한 것을 선호한다. 복잡한 인지활동을 기피한다.

⊙드문 부분반응(Dd)

3개 이상이면 완벽주의, 강박관념이 높을 수 있다.

⊙공백반응(S)

3개 이상이면 완고한 거절, 불만족을 나타낸다.

⊙발달질

+: 명석하고 분석적 능력이 높다.

o: 단순하지만 분명한 형태 지각.

v/+: 단순하고 막연한 형태 지각, 지적 능력 부족하다.

v: 모호, 형태 없다.

⊙형태 반응(F)

현실적 지각능력으로 매우 낮으면 지능이 낮거나 정서적 통제가 어렵다.

⊙운동 반응(M)

인간운동: 내적 사고와 감정과 관련, 환상, 상상, 창의력과 관련

동물운동: 원시적 충동과 욕구, 사고의 퇴행성

무생물운동: 통제하기 어려운 충동, 적대적 압력이나 위험 인식

⊙순수색채반응

통제 불능 감정 표현, 정서적 장면의 마술적 대처

⊙색채-형태 반응

충동성, 불안정성, 미숙성

⊙형태- 색채 반응

정서적 통제

⊙무채색

정서적 억압

⊙음영

불안정성, 좌절, 무기력

⊙재질

환경에 대한 민감성, 정의적 의존성, 애정적 욕구

⊙전망

자신의 문제에 골몰해 고통을 느낌

⊙평범 반응

관습적 상식적 사고

⊙독창 반응

관습 무시, 현실 부정

5.주제 통각 검사

이 방법은 미국의 Murray가 1935년에 고안하였고 Bellack, Stein 등이 발전시킨 성격검사의 일종이다. Bellack은 아동용 통각검사(CAT, children apperception test)를 고안하였다. 이 방법은 사람이 애매한 그림에 접하게 되면 자신의 무의식적 충동, 방어기제, 갈등을 드러내게 된다고 본다.

1)구성

이 검사는 30개의 애매한 그림카드로 되어 있다. 이 중에서 피험자의 성별과 연령에 맞는 20개가 사용된다. 20장을 한 번에 실시할 수도 있고, 10장씩 나누어 실시할 수도 있다. 대상에 따라 힘들어 할 것 같으면 나누어 실시한다. 20매를 모두 실시하지 않고 대상이나 상황에 따라 10매 내외로 골라 실시할 수도 있다.

카드 뒷면에는 숫자와 영문자가 적혀 있다. 숫자는 제시 순서를 나타낸다. 영문자 M은 성인 남자를, F는 성인 여자, B는 소년, G는 소녀, MF 성인 남녀, GF는 소녀와 성인 여자, BM은 소년과 성인 남자, BG는 소년과 소녀를 나타낸다. 영문자가 없는 것은 모든 대상에 해당한다.

2)실시

그림을 보여 주고 다음과 같이 차례로 질문한다.

① 어떻게 해서 그림과 같은 일리 일어나게 되었는가?

② 지금은 어떤 일이 일어나고 있는가?

③ 그림에 있는 사람들의 생각과 느낌은 어떨 것으로 보는가?

④ 앞으로 이 일은 어떻게 될 것인가?

다음과 같은 경우 중간에 보충적으로 질문할 수 있다.

① 과거, 현재, 미래의 주인공에 대한 내용이 빠져 있는 경우

② 인물의 성별이 분명하지 않은 경우

③ 말의 의미가 모호하여 이해되지 않은 경우

④ 어느 인물에 대한 이야기인지 불확실한 경우

⑤ 앞 뒤가 맞지 않은 경우

식사가 끝나고 피험자가 피로하지 않았는지, 검사가 실시되는 동안 지루하지 않았는지, 가장 인상적인 카드, 가장 싫었던 카드가 어떤 것이였는지 물어 본다.

검사가 실시되는 동안 피험자가 말한 것을 기록지에 기록한다. 원칙적으로 검사자가 피험자의 말을 모두 기록하는 것이다. 다른 기록 방법은 피험자가 자기의 생각을 글로 쓰도록 하는 것이다. 그러나 이 방법은 문학작품을 쓰듯이 자기 생각을 왜곡해서 쓸 가능성이 있다. 또 다른 방법은 녹음하는 것이다. 몰래 하는 방법도 있으나 피험자의 동의를 얻어 공개적으로 하는 방법도 있다.

3)분석 방법

Bellack 방식

○ 주제: 주인공의 가장 큰 관심거리, 줄거리, 요지(성취, 경쟁, 사랑, 결정, 갈등, 모험...)
○ 주인공: 피험자가 동일시 하는 인물, 일관성 있게 관심을 가지고 있는 인물, 중요한 행동을 이끄는 인물, 피험자의 나이, 성, 특징이 비슷한 인물
○ 환경 개념: 주변의 환경을 적대적으로 지각하느냐, 안전한 것으로 지각하느냐, 위험한 것으로 지각하느냐를 알아 본다.
○ 주변 인물 지각: 주변 인물을 지지적 존재로 보는가?, 경쟁자로 보는가 알아 본다.
○ 주요 갈등: 초자아와 원욕 간의 갈등 여부 확인한다.
○ 불안: 어떤 종류의 불안인지 확인(처벌불안, 질병불안, 거부불안...)
○ 주요 방어기제: 억압, 반동형성, 퇴행, 투사, 부정들 중 어떤 방어기제인지 확인한다.
○ 초자아의 적절성: 사소한 잘못에도 지나치게 엄격한지, 매우 큰 잘못에도 지나치게 관대한지 확인한다.
○ 자아의 통합: 문제해결방법이 충동적인가 합리적인가, 현실적인가 비현실적인가, 적절한가 부적절한가를 확인한다.
○ 주인공의 욕구: 주인공, 주변 인물의 욕구 확인한다.

Stein의 욕구-압력 분석법

이야기에 나타난 개인의 욕구와 환경의 압력 간 상호작용과 그 결과를 분석하는 것. 주인공의 욕구, 환경의 압력, 대상에 대한 주인공의 감정, 주인공의 내적 심리 상태, 주인공의 행동양식, 이야기 결과를 분석한다.

○ 주인공: 이야기 전체에서 피험자가 관심을 두고 있는 인물, 중요한 행동을 주도하는 인물, 피험자와 비슷한 인물
○ 주인공의 욕구: 인간이 가질 수 있는 욕구들 중 주인공이 어떤 욕구를 가지고 있는지 확인. 욕구는 크게 외적 사상에 대한 욕구, 대인 욕구, 압력을 배제하려는 욕구가 있다. 외적 사상에 대한 욕구들에는 성취욕구, 획득욕구, 변화욕구, 모험욕구, 인지욕구, 구성욕구, 만회욕구, 흥분욕구, 섭취욕구, 유희욕구 등이 있다.
○ 환경의 압력: 주인공에 작용하는 환경적 자극이나 압력. 환경적 자극이나 압력이 주인공에게 긍정적인지, 부정적인지 확인한다.
○ Cathexes(정신집중) 분석: 정신적 에너지를 투입하려는 사물, 활동, 인물, 관념이 어떤 것인지 반대하거나 회피하려는 사물, 인물, 관념이 어떤 것인지 확인한다.
○ 내적 상태: 주인공의 감정이 기쁜지, 갈등적인지, 비관적인지 확인한다.

○ 주인공의 행동적 표현 방식 분석: 행동적 표현은 수준이 있다. 어떤 수준인지 확인한다.
공상수준-주인공이 자신이 원하는 것을 상상하는 수준
행동수준-계획을 세우고 기회가 올 때까지 기다리는 수준
행동제지수준- 행동했을 때 예상되는 결과 때문에 참는 수준
외현적 행동수준-계획을 실천에 옮기는 수준
○ 결과 분석: 결과가 행복한지, 성공인지, 문제가 해결되었는지 확인한다.

6.성취동기 TAT

성취동기는 인간이 가질 수 있는 여러 동기들 중 하나이다. Murray는 인간의 행동에 영향을 주는 요인들에는 크게 내적 욕구와 외적 압력이 있다고 하였다. 성취동기는 내적 욕구 35가지 중 하나이다. McClleland는 Murray의 성취동기를 집중적으로 측정하기 위한 방법을 발전시켰다.

1)성취동기의 의미

성취동기란 간단히 말하면 성취하려는 의욕이다. 좀 더 부연하면 어려움을 극복해서 보다 높은 수준에 도달하려는 욕구, 상당한 노력에 의해 현재보다 더 향상된 상태에 도달하려는 의욕이라고 할 수 있다. 이 때의 노력은 자발적이여야 한다. 어려움에도 그를 기꺼이 감수하려는 노력이여야 한다. 남이 시켜서 하는 노력은 성취동기와 무관하다. 노력은 상당한 정도의 어려움이 수반되어야 한다. 단순한 쉬운 누구나 할 수 있는 노력보다 더 힘이 드는 노력이여야 한다. 도달하려는 상태나 수준은 우연히 저절로 타인에 의해 이루어진 것이 아니여야 하고, 보통 사람이 보통 정도로 이루는 수준보다 더 높은 수준이여야 한다.

2)성취동기가 높은 사람의 특징

성취동기가 높은 사람의 특징은 다음과 같다(박용헌, 1974)

(1)과업 지향적이다.
이는 일의 결과로 얻게 되는 금전이나 지위보다도 일 자체를 좋아한다. 돈을 벌기 위해, 승진하기 위해 일하는 것보다 일 자체에 흥미와 의의를 둔다. 그리고 그 일은 너무 쉬워서 누구나 할 수 있는 일이 아니라 도전할 만한 과업이여야 한다.

(2)적절한 모험을 즐긴다.
너무 쉬운 일은 도전감이 없기 때문에 일할 생각이 나지 않는다. 반대로 너무 어려운 일은 자신의 능력으로 할 수 없기 때문에 도전의 의욕이 없다 그래서 성취동기가 높은 사람은 적

당히 어려운 일을 좋아한다.

(3)자신감이 있다.
경험해 보지 않은 일, 본질이 잘 알려지지 않은 일에 대해 자신감을 가진다.

(4)정력적이고 혁신적이다.
항상 어떤 일이든지 도전할 만한 일을 찾아 나서며 최선을 다하고 새로운 것을 추구한다.

(5)책임감이 높다.
잘한 일이나 못한 일이나 결과에 책임을 진다. 그렇게 함으로써, 항상 자기를 점검하고 실패를 줄이려고 노력한다.

(6)자율적이다.
모든 일을 자기 책임하에 스스로 완성하려고 한다. 명령, 지시를 싫어하고 누구에게 의지하려 하지 않는다.

(7)결과를 알고자 한다.
잘한 일이건 못한 일이건 어떤 일의 결과가 어떤지에 대해 궁금해 한다. 결과에 의해 자신의 능력을 평가할 수 있고 개선할 수 있기 때문이다.

(8)미래 지향적이다.
미래에 얻게될 만족을 기대하면서 현재의 어려움, 갈등, 고통을 참고 노력한다.

3)검사 실시

성취동기의 측정에 적합하게 그려진 애매한 그림을 보여 주고 그것에 대해 떠오르는 생각을 적게 해서 그것을 읽어 보고 성취동기의 정도를 파악한다. 한 그림에 대해 대체로 A4 용지 한 장에 이야기를 쓰게 하는데 4가지 질문에 응답하게 하는 식으로 쓰게 한다.

지금 누가 무엇을 하는가?

이전에는 무슨 일이 있었겠는가?

주위 사람들이 이 일과 관련하여 무슨 생각을 하겠는가?

앞으로 이 일은 어떻게 되겠는가?

그림의 매수는 많을수록 좋으나 많으면 피험자가 힘드므로 5매 정도가 적절하다. 1매당 5분 정도 쓰게 한다.

4)성취동기의 채점

피험자가 그림을 보고 쓴 내용을 읽어 보고 성취동기의 정도를 판단한다. 채점은 11개의 준거들 중 몇 개의 준거가 내용에 나타나 있는지 확인하는 것이다. 11개의 채점 준거는 다음과 같다.

(1)성취상념의 유무

성취상념의 유무가 불확실할 때는 0, 성취상념이 없다고 판단될 때는 -1를 주고 더 이상 분석하지 않는다. 성취상념이 있다고 판단되면 1점을 주고 추가적인 분석에 들어간다. 글의 내용에 성취상념이 있는지 없는지 확인하기 위한 기준은 다음과 같다. 다음 5가지 중 어느 하나가 있으면 성취상념이 있는 것으로 판단한다. 2가지 이상 있다고 하더라도 1점만 준다.

①타인과의 경쟁에서의 승리욕

이야기에 나오는 인물의 하나가 다른 사람을 이기려고 하거나, 훨씬 잘하려고 하는 경우이다. 경쟁에서 실패하고 낙담하거나 슬픔을 나타내는 경우에도 이 경우에 해당한다.

②자기와의 경쟁

자기가 설정한 높은 목표를 달성하려는 마음이 있고, 그것을 달성하려는 노력이 있을 때 1점을 준다. 장차 어떤 사람이 되고자 하는 것, 자신의 현재의 문제를 개선하려고 하는 것, 그러한 의도를 실천하는 노력이 있을 때 1점을 준다.

③독특한 업적

남들이 보통 할 수 있는 일이 아닌, 독특하도 새로운 과업과 관련된 생각을 갖는 경우이다. 발명, 창조, 비상한 업적 등의 내용이 있으면 1점을 준다.

④장기적인 목표에의 관여

당장의 단기적 목표가 아니라 긴 세월에 걸쳐 이루려고 하는 바를 목표로 설정하거나 그를 위하여 노력하는 것이다. 장래에 되고자 하는 사람, 직업, 작품 등을 목표로 하거나 그를 위해 노력하는 것이다.

⑤과업에 대한 애착

일 자체를 좋아하거나, 일을 진행시키는 과정에 흥미를 갖는 경우이다. 일을 찾고, 몰두하고, 즐거워하는 것이다.

위 5가지 중 어느 하나 이상의 성취상념이 있다고 판단되면 1점을 주고 추가적인 분석에 착수한다.

(2)성취욕구

어떤 사람이 되고자 하는 것, 직업을 갖고자 하는 것, 작품을 완성하려는 것, 업적을 이루려는 의욕이 있는 경우이다. "그는 학자가 되고자 한다", "그는 좋은 그림을 완성하고자 한다", "나는 훌륭한 교사가 되려고 한다" 등이 이 경우의 예가 된다. 별 노력 없이도 얻게 되는 것, 자연발생적으로 이루어지게 되는 것, 사소한 일을 바라는 것은 성취의욕이라고 볼 수 없다. 상당한 노력이 요구되는 것, 경쟁이 요구되는 것을 원해야 성취욕구가 된다.

성취상념이 있으면 성취욕구가 있는 것으로 볼 수 있다. 성취욕구는 어떤 것을 얻거나 되거나 하고자 하는 것인데 이런 것들은 성취상념들 중 장기목표, 타인과 경쟁, 자기와 경쟁을 내포하고 있기 때문이다.

(3)접근활동

이는 목표달성을 위한 구체적이고 수단적인 활동을 말한다. "임용고시에 합격하기 위해 밤낮 없이 공부했다", "돈을 벌기 위해 궁리했다", "승진하기 위해 성실히 근무했다" 등이 이 경우의 예가 된다. 공부, 궁리, 근무 등이 접근활동이다. 그러한 활동의 결과로 성공을 했거나, 실패를 했거나에 상관 없이 1점을 준다. 그리고 그러한 접근활동이 여러 번 나타나도 1점만 준다.

(4)긍정예견

현재 벌어지고 있는 일들이 앞으로 어떻게 될지에 대해 긍정적으로 예견하는 것이다. "이 일은 잘될 것이다", "그는 결국 교사가 될 것이다", "그의 발명은 세상을 발전시킬 것이다" 등이 이의 예가 된다. 한 이야기에 긍정예견이 여러 번 있다 하더라도 1점만 준다.

(5)부정예견

이는 긍정예견과는 반대로 현재 벌어지고 있는 일들이 앞으로 어떻게 될지에 대해 부정적으로 예견하는 것이다. "이 일은 잘못될 것 같다", "그는 의사가 되기 어려울 것 같다", "그의 발명은 별 쓸모가 없을 것이다" 등이 이의 예가 된다. 부정예견이 여러 번 있어도 1점만 준다.

(6)자기장애

이는 목표를 달성하는데 방해가 되는 것이 개인 내부에 있는 경우이다. 예컨대 능력 부족, 성격 부적절, 자신감 부족, 우유부단, 불안, 체력 부족, 불건강 등 때문에 목표도달에 어려움을 겪는다든가, 어렵게 생각하는 것이다. "게을러서 부자 되기가 어렵다", "실력이 부족해서 그 일을 달성할 수 없다", "몸이 약해 운동선수가 되기 어렵다" 등이 이의 예이다.

(7)환경장애

목표도달에 방해가 되는 것이 개인 밖에 있는 것이다. 가난, 부모반대, 더위, 장거리, 협소, 시설부족, 소음 등 때문에 목표도달에 어려움을 겪는 것이다. "집이 가난해서 의대에 갈 수 없다", "어머니의 반대로 운동선수가 될 수 없다", "추위 때문에 정상에 오르지 못했다" 등이 이의 예이다.

(8)외부지원

어떤 인물이 성취와 관련된 활동을 하고 있을 때 주변 사람들이 그를 지원, 격려, 칭찬, 포상하는 것이다. "소년이 노력하는 것을 보고 이웃들이 칭찬해 주었다", "그에게 잘 되라고 격려해 주었다", "부모님이 아들이 성공하는데 크게 도움이 되었다" 등이 예이다.

(9)결과만족

성취의 결과로 기분이 좋은 감정을 갖게 되는 것이다. "힘든 일을 하고 나니 매우 기뻤다", "정상에 오르니 매우 상쾌했다", "작품을 완성하고 매우 만족해 하였다".

(10)결과좌절

의도한 일이 이루어지지 않았을 때 좋지 않은 감정을 느끼는 것이다. "뜻대로 되지 않아 속이 상했다", "과거의 실패에 대해 항상 우울하게 생각한다".

(11)성취목표 일관

이야기 전체가 하나의 성취 주체를 중심으로 일관성 있게 전개되는 것이다. 한 이야기에 서로 관련이 없는 생각들이 섞여 있으면 일관성이 없는 것이다. 비록 일관성이 없지만 이야기 속에 성취동기로 채점될 부분이 있을 수 있다. 이런 경우 일관성의 점수는 없지만 부분적인 성취동기의 점수는 있을 수 있다.
성취목표 일관의 예로서는 "그는 어려서부터 유명인의 전기를 읽는 것을 좋아했고 현재도 시간이 있으면 전기를 읽는다, 요즈음은 유명인들의 공통점이 무엇인지 생각해 본다. 앞으로 유명인과 같은 생각을 가지려고 한다".
성취목표 비일관의 예로는 "과거에는 화가가 꿈이였다. 지금은 농사를 짓고 있다. 앞으로 사업을 하려고 한다. 주인공이 화창한 날씨에 소풍을 가려고 한다".

통합 채점의 예

(1)학생이 중간고사를 치르는데 어려워서 힘들어 하고 있다. 머리는 있는데 친구들과 어울려 다니느라 공부를 못했다. 집안이 어려워 성적을 향상시켜 장학생이 되려고 했는데 실망이 크다. 부모님이 성적을 보고 크게 낙담할 것이다. 앞으로는 열심히 하려고 다짐한다.
성적향상, 장학생-성취상념(1점), 성취의욕(1점)
어려움, 공부 못함-자기장애(1점)
집안어려움-환경장애(1점)
실망, 낙담-결과좌절(1점)
열심히 하려함-접근활동(1점)
성취목표 일관(1점) 계 7점

(2)어제 밤에 물건구입과 관련해서 부인과 다투었다. 기분이 울적해서 기분을 전환시키려고 술을 마시고 밤하늘의 별을 보고 있다. 주위 사람들이 그런 사소한 것을 가지고 부부싸움을 하느냐고 소곤거린다. 주인공은 심신이 피곤하여 집에 들어가 오래 동안 잠을 푹 잤다. 이 이야기는 성취상념이 없다. 더 이상 추가적인 분석의 필요가 없다. 어떤 목적을 위해서 타인과 경쟁한다거나 자신과 경쟁한다는 것이 없다. 과업애착, 독특한 업적, 장기목표 등이 없다.

(3)과학자가 과거 10년 동안 새로운 물질에 관해 연구해 왔다. 지금 실험실에서 연구결과를 실험하는데 실험으로 증명될 수 있는지 노심초사하고 있다. 주변 사람들은 이 일과 관련해서 아무 생각이 없다. 이 결과는 어떻게 될지 알 수 없다.
새로운 물질-성취상념(1점), 성취욕구(1점)
연구-접근활동(1점)
노심초사-부정예견(1점)　　　계 4점

채점은 채점자가 매우 숙련되어 있다면 1인이 할 수도 있으나 미숙련 상태라면 여러 명이 채점해서 평균을 내는 방법도 있다.

7.MBTI

MBTI(Myer Briggs Type Inddigator)는 1921년 Briggs가 Jung의 심리유형 이론을 근거로 처음 개발하고 그녀의 딸 Myer 및 손자가 계속 개발하여 온 성격검사이다.

그들은 인간의 성격을 4가지 측면에서 설명할 수 있다고 보았다. 4가지 측면은 외향성-내향성, 감각-직관, 사고-감정, 판단-인식이다. 어느 개인이 외향-내향의 측면에서 어느 쪽이 더 우세한지, 감각-직관의 측면에서 어느 쪽이 더 우세한지 검사를 통해 밝히려고 한 것이 MBTI이다.

각 측면이 2가지로 되어 있기 때문에 인간의 성격은 2×2×2×2=16가지가 있게 된다. MBTI검사로 어떤 개인의 성격이 16가지 중 어떤 것에 해당하는지 알 수 있다. 4측면 각 2가지 성격의 특징은 다음과 같다.

(1)**외향성**(E, extroversion)
사교적 성격이다. 사람 만나기를 좋아하고 대화하는 것을 좋아하고 사람을 쉽게 사귄다. 생기발랄하고 활동적이며 감정을 자유롭게 표현한다.

(2)**내향성**(I, introversion)
외향성과 반대이다. 사람 만나는 것, 대화하는 것을 좋아하지 않고 싫어한다. 소수의 사람하고만 사귀고 감정을 잘 드러내지 않는다. 혼자 생각하고 생각을 글로 나타내기를 좋아한다.

(3)감각(S, sensing)
구체적이고 현실적인 것, 사실적인 것, 정확한 것, 실용적인 것을 좋아한다.

(4)직관(N, intuition)
감각과 반대이다. 추상적, 이론적, 창의적, 지적인 것을 선호한다.

(5)사고(T, thinking)
이성, 정의, 공평, 분석적, 논리적, 논쟁적, 독립적, 완고, 강인, 비판, 증명 등 옳음을 추구하는 것을 선호한다.

(6)감정(F, feeling)
감정, 동정, 헌신, 봉사, 조화, 온화함, 칭찬, 믿음을 선호한다.

(7)판단(J, judgment)
조직적, 체계적, 계획적, 미래 지향적, 질서 선호. 계획되지 않은 즉흥적, 불확실을 싫어한다.

(8)인식(P, perception)
무계획성, 자유분망, 충동성, 즉흥성, 유연성, 복잡성, 스트레스 유발 상황을 선호한다.

16가지 성격 유형

(1)ESTJ(외향/감각/사고/판단)

(2)ESTP(외향/감각/사고/인식)

(3)ESFJ(외향/감각/감정/판단)

(4)ESFP(외향/감각/감정/인식)

(5)ENTJ(외향/직관/사고/판단)

(6)ENTP(외향/직관/사고/인식)

(7)ENFJ(외향/직관/감정/판단)

(8)ENFP(외향/직관/감정/인식)

(9)ISTJ(내향/감각/사고/판단)

(10)ISTP(내향/감각/사고/인식)

(11)ISFJ(내향/감각/감정/판단)

(12)ISFP(내향/감각/감정/인식)

(13)INTJ(내향/직관/사고/판단)

(14)INTP(내향/직관/사고/인식)

(15)INFJ(내향/직관/감정/판단)

(16)INFP(내향/직관/감정/인식)

검사의 구성

성인용 검사의 경우 총 94문항으로 되어 있다. EI는 21문항, SN은 26문항, TF는 23문항, JP는 24문항이다. 각 문항은 2개의 대립적 답지로 되어 있다. 예컨대 EI 문항의 경우 각 문항은 E(외향성)을 나타내는 답지와 I(내향성)을 나타내는 답지로 되어 있는데 피험자는 그 두 답지 중 자기 마음을 더 잘 나타내는 하나를 선택하게 되어 있다.

EI 문항의 예)

나는 대체로 (A)사람을 쉽게 사귄다(E)
(B)사람을 쉽게 사귀지 못한다(I)

A 또는 B에 2, 1, 0 중 하나의 점수가 부여되어 있다. 답안지를 보고 각 성격별로 점수를 합한다. 두 짝지어진 점수 합계 중 큰 쪽이 그 피험자의 성격이 된다.

예)

성격	E	I	S	N	T	F	J	P
합계	25	30	12	8	14	5	25	35
피험자 성격	I		S		T		P	

이 피험자의 성격은 16가지 중에서 ISTP에 해당한다.

8.BGT

(이 부분은 정종진의 BGT 심리진단법(2003)에 실려 있는 내용들 중 일부를 간추려서 소개한 것이다)

BGT란 Bender Gestalt Test의 약자로서 Bender가 1938년 Wertheimer의 형태심리학(Gestalt)에 근거해서 제작한 투사법의 하나이다. 원래의 명칭은 Bender Visual Motor Gestalt Test인데 이를 줄여서 BGT라고 한다. 이 방법은 주어진 그림을 보고(visual) 그리게 하여(motor) 성격을 파악하는 것이다. 형태심리학 연구에서 Wertheimer가 사용했던 여러가지 도형들 중에서 Bender가 9가지를 골라서 만든 검사이다.

초창기에는 채점의 객관성 때문에 보급되지 못했으나 1951년 Pascal이 객관적 채점방법을 고안한 이후 널리 보급되었다. BGT는 정신적 장애를 가진 사람과 정상적인 사람을 잘 구별해주는 것으로 알려져 있다.

정상인들의 이탈정도가 T점수로 50임에 비해 신경증 환자는 68, 정신질환자는 82정도이다(Anastasi, 1976). 이외에 이 검사는 언어성 검사로는 측정하기 곤란한 심리적 문제를 측정하는데 적합하고 문화, 그리기 솜씨에 거의 영향을 받지 않으며 뇌손상 정도를 측정하는데 매우 유용한 것으로 알려져 있다(박경, 2010).

1)실시

준비물-9개의 그림 카드, 지우개, 경도 중간의 연필, 모사지(여분까지), 반반한 책상, 의자

실시-BGT는 9개의 그림으로 되어 있는데 1개의 카드에 한 개의 그림이 그려져 있기 때문에 9개의 그림 카드가 있다. 그림 카드의 크기는 15.6cm×10.4cm이고 모사지는 21.59cm×27.94cm이다. 모사지 한 장에 9개의 그림 모두 그려 넣어야 한다. 중간 정도의 연필로 그리게 하고 필요한 경우 지우개로 지울 수 있다. 검사는 개인별로 실시한다. 카드 번호 순서대로 하나씩 보여 주고 그대로 그리게 한다. 한 그림이 끝나면 다음 그림을 보여 주고 그리게 한다. 시간 제한은 없다. 잣대나 보조 기구를 사용하지 못하게 한다. 레포를 형성하여 안정된 상태에서 최선을 다하게 한다. 진행 중에 피험자가 특이한 행동을 하면 기록했다가 그림의 채점과 해석시 사용한다. 그림 카드는 긴 쪽이 피험자에게 수평이 되게, 모사지는 긴 쪽이 피험자에게 수직이 되게 한다.

그림11

2) 채점

도형 1

(1)점들의 기울어짐(wavy line of dots)
점들이 수평을 유지하지 못한 경우-2점

(2)점, 봉선, 원(dots, dashes, circles)

점-원래의 점보다 적은 경우
봉선-막대 모양의 점
원-동그라미
이런 것들이 12개 중 2개 이상 사용되었을 경우--3점

(3)봉선(dashes)
전체 또는 1개를 제외한 나머지 모두 봉선으로 그려져 있을 때-2점

(4)원(circles)
전부 또는 1개를 제외한 모두가 원으로 그려져 있을 때-8점

(5)점의 개수(number of dots)
원래 12개의 점인데 14개 이상 그리거나 10개 이하를 그린 경우-2점

(6)두 개의 줄(double row)
12개를 한 줄로 그려야 하는데 두 줄로 그림-8점

(7)가중 묘사(work over)
하나의 점에 여러 번 연필을 대어 점이 커진 경우-2점

(8)재차 시행(second attempt)
한 번 그린 그림을 지우고 다시 그리거나, 한 점을 고쳐 그린 경우, 지우려다 말고 그 위에 다시 덧붙혀 그린 경우-3점

(9)회전(rotation)
수평이 아닌 수직으로 그린 경우, 또는 수평으로부터 45도 이상 기울어진 경우-8점

(10)6개 이하의 점(missing)
12개 중에서 6개 이하로 그린 경우-8점

도형 2

(1)기울어짐(wavy line)
수평을 유지하지 못한 경우-2점

(2)점, 봉선((dots, dashes)

원래 원으로 그려야 하는데 점이나 봉선으로 그림-3점

(3)잘못된 원(circles showing deviation in shape)
3개 이상의 원이 원래의 원과 크게 다름-3점

(4)원의 추가((circles etra in column)
종으로 3개씩이여야 하는데 3개 이상이거나 횡으로 11개이어야 하는데 12개 이상이거나 원들이 겹쳐 있을 때-5점

(5)원의 접촉(circles touching)
원들이 붙어 있는 경우-5점

(6)기울기 잘못(deviation in slant)
3개의 점들이 원래 우로 비스듬하게 나열되어 있다. 어느 하나 이상이 수직으로 또는 좌로 비스듬하게 나열되어 있으면-3점

(7)종열의 개수(number of columns)
원래 종열의 개수는 11개인데 9개 이하이거나 13개 이상이면-2점

(8)군화(dots in group)
점들이 몇 개의 집단으로 분리되어 있음-8점

(9)보조선 사용(sideline)
보조선을 사용해서 그림-2점

(10)가중 묘사(work over)
앞의 도형 1의 가중 묘사와 같다-2점

(11)반복 시행(second attempt)
앞의 도형 1의 반복 시행과 같다-2점

(12)회전(rotation)
앞서의 도형 1의 회전과 같다.-8점

(13)6개 이하의 열(missing)
11개이어야 하는데 6개 이하-8점

도형 3

(1)비대칭(asymmetry)
축을 중심으로 대칭을 이루면 0점, 대칭에서 어긋나면 3점

(2)점, 봉선, 원
도형 1의 (2)와 같음-3점

(3)봉선(dashes)
전부 또는 1개를 제외한 모두를 봉선으로 나타냄-2점

(4)원(circles)
전부 또는 1개를 제외한 모두를 원으로 나타냄-8점

(5)점의 수 (number of dots)
점들이 모두 16개인데 이보다 많거나 적으면 -2점

(6)추가의 열(extra row)
원래 3개의 날개가 있는데 이보다 많으면 - 8점

(7)각도가 없음(blunting)
원래 날개가 각도를 이루는데 각도가 없이 그려져 있을 때-8점

(8)왜곡(distortion)
원래의 도형과 많이 다를 때-8점

(9)보조선(guideline)
도형 2의 (2)와 같음-2점

(10)가중 묘사(work over)
도형 1의 (7)과 같다-2점

(11)반복 시행(second attempt)
도형 1의 (8)과 같음-3점

(12)회전(rotation)
그려진 축이 원래 수평축에서 45도 이상 빗나갔을 때-8점

(13)도형의 결여(part of design missing)
두 날개 중 하나가 완전히 없어진 경우-8점

도형 4

(1)곡선의 비대칭(asymmetry of the curve)
원래 그림의 우측 하단 활모양의 그림은 대칭을 이루고 있다. 이것이 비대칭이면-3점

(2)곡선의 불연속(break in the curve)
활모양의 곡선을 그릴 때 떼지 말고 한번에 그려야 하는데 두 군데 이상 끊겨서 이어진 경우-4점

(3)중앙 이탈 곡선(curve not centered on square)
활모양의 곡선의 꼭지점이 사각형 우측 하단에서 좌 또는 우측으로 이탈된 경우-1점

(4)활모양의 곡선 끝의 꼬부라짐(curls added to extention of the curve)
곡선의 한 쪽 또는 양 쪽 끝이 원의 형태로 꼬부라진 경우-4점

(5)곡선과 사각의 접촉 이상(curve and square overlapping or not joined)
활모양의 곡선과 사각형이 3mm이상 겹치거나 6mm이상 떨어진 경우-8점

(6)곡선 회전(curve rotation)
원래 사각형의 밑변과 곡선의 중심선은 135도를 이루고 있다. 각도가 90도 이하인 경우-3점

(7)불필요한 선(touch up to the curve)
원래의 곡선을 그리고 나서 불필요한 선을 덧붙이는 경우-8점

(8)떨림 선(tremor)
사각이나 곡선을 그리다가 어떤 부분이 떨려서 그려진 경우-4점

(9)왜곡(distortion)
원래 도형과 완전히 다르게 그려진 경우-8점

(10)보조선(guidline)
보조선을 그려 놓고 그것에 따라 그려 나가는 경우-2점

(11)반복 시행(second attempt)
도형 1의 (8)과 같음. 그리다가 다시 그림-3점

(12)도형 회전(design rotation)
원래 사각 모양에서 45도 이상 회전되었을 때-8점

(13)부분 생략(part of design missing)
사각형이나 곡선의 1/3 이상 그림이 그려지지 않은 경우-8점

도형 5

(1)곡선의 비대칭(asymmetry of curve)
원래 곡선은 좌우 대칭으로 되어 있다. 대칭에서 벗어나면-3점

(2)점, 봉선, 원(dots, dashes, circle)
도형 1의 (2)와 같다-3점

(3)봉선(dashes)
도형 전체가 점이 아닌 봉선으로 그려진 경우--2점

(4)원(circle)
도형 전체가 점이 아닌 원으로 그려진 경우 -8점

(5)점의 중복(extension joined to curve)
곡선의 점과 직선의 점이 겹침-3점

(6)직선의 회전 (rotation of extention)
직선의 방향이 다르거나 원 지점이 아닌 곳에서 직선이 출발-3점

(7)점의 개수(number of dots)
곡선은 점이 19개, 직선은 7개이다. 곡선의 점이 6-10개, 또는 직선의 점이 4개 이하인 경우--2점

(8)왜곡(distortion)
곡선의 점이 5개 이하이거나 점이 아닌 선으로 그려짐-8점

(9)보조선(guideline)
도형 2의 (9)와 같음-2점

(10)가중 묘사(work over)
도형 1의 (7)과 같음-2점

(11)반복 시행(second attempt)
도형 4의 (11)과 같다-3점

(12)회전(rotation)
수평으로부터 45도 이상 회전-8점

(13)부분 생략(part missing)
직선이 없거나 곡선의 절반이 없는 경우-8점

도형 6

(1)비대칭(asymmetry)
두 파도 모양의 곡선 중 어느 것이든 교차지점을 중심으로 양쪽 모양이 다를 경우-3점
한 쪽 선이 굵거나 파도 선이 김, 가중 묘사,
다른 쪽 선이 가늚, 수평선.

(2)각화(angles in the curve)
두 파선 중 어느 하나가 곡선이 아닌 뾰쪽한 각을 이루면-2점

(3)교차점(point of crossing)
원 도형의 교차점과 다를 때-2점

(4)파형의 수 초과(curve extension)
수평이든 수직이든 파형(굴곡)이 5개 이상-8점

(5)이중 선(double line)
파선에 이중선이 나타날 때-1점

(6)불필요한 선(touch up)
도형 4의 (7)과 같음-8점

(7)떨린 선(tremor)
가늘거나 굵거나 떨린 그림이 있으면-4점

(8)왜곡(distortion)
원 도형과 완전히 다름-8점

(9)보조선(guideline)
도형 4의 (10)과 같음-2점

(10)가중 묘사(workover)-2점

(11)반복 시행(second attempt)
도형 4의 (11)과 같음-3점

(12)회전(rotation)
수직 파선이 직립 위치에서 10도 이상 왼쪽으로 기울어지거나 수평 파선이 45도 이상 회전된 경우-8점
두 가지 모두인 경우-16점

(13)부분 생략(part of the design missing)
하나가 완전히 없거나 하나의 절반 정도가 없는 경우-8점

도형 7

(1)각 변의 불연속(ends of lines not joined)
2개의 육각형 모서리는 모두 12개이다. 선과 선이 만나는 곳은 붙어 있어야 한다. 그런데 두 선이 1.58cm 이상 벌어진 것이 3개 이상이거나, 3.16cm 이상 벌어진 것이 2개 이상일 때 -8점

(2)초과의 각(angles extra)
어느 쪽이든 육각 이상이면-3점

(3)각의 부족(angles missing)
어느 쪽이던 5개 이하이면 -3점

(4)불필요한 점, 봉선(extra scattered dots/dashes)
원 도형에 불필요하게 흩어져 있거나 걸쳐져 있는 점, 봉선-3점

(5)이중선(double line)
도형 6의 (5)와 같음-1점

(6)떨림(tremor)
가늘게 또는 굵게 떠는 경우-4점

(7)왜곡distortion)
한 육각형의 크기가 다른 육각형 크기의 2배일 때, 두 육각형이 떨어져 있을 때, 두 육각형이 과도하게 중첩되어 있을 때-8점

(8)보조선(guide lines)
도형 4의 (8)과 같음-2점

(9)반복 시행(secod attempt)
도형 4의 (11)과 같음-3점

(10)회전(rotation)
원래 왼쪽 도형과 오른쪽 도형이 30도를 이루고 있는데 90도나 0도일 때 -8점

(11)부분 생략(part of design missing)
두 육각형 중 어느 하나의 주요 부분 생략-8점

도형 8

(1)각 변의 불연속(ends of the lines not joined)
도형 7의 (1)과 같음-8점

(2)초과 각(angles extra)
도형 7의 (2)와 같음-3점

(3)부족 각(angles missing)
도형 7의 (3)과 같음-3점

(4)불필요한 점, 봉선(extra scattered dots and/or dashes)
도형 7의 (4)와 같음-3점

(5)이중 선(double line)
도형 6의 (5)와 같음 -1점

(6)떨림(tremor)
도형 4의 (8)과 같음-4점

(7)왜곡(distortion)
원 도형과 과도하게 다름-8점

(8)보조선 사용(guide lines)
도형 4의 (10)과 같음-2점

(9)가중 묘사(work over)
도형 6의 (10)과 같음-2점

(10)반복 시행(second attempt)
도형 4의 (11)과 같음

(11)회전(rotation)
도형이 수평에서 45도 이상 회전됨-8점

(12)부분 생략(part of the design missing)
다이아몬드를 그리지 않거나, 육각형이나 다이아몬드 중 어느 것이든 1/3이상 그리지 않음-8점

전체 구도(1)

(1)도형 A의 위치(placement of design A)
도형 A가 용지의 하단에서 2/3의 범위 안에 그려진 경우-2점

(2)도형들의 중첩(overlapping of the designs) 두 개의 도형들이 서로 닿거나 겹쳐져서 그려짐-각 2점

(3)편포(compression)
9개 도형 모두 용지의 1/2이내에 그린 경우-2점

(4)구획선(lines drawn to separate the designs
그림과 그림 사이에 선(경계선)을 긋는 경우--8점

(5)순서(order)
번호 순서대로 그리지 않은 경우--2점

(6)무질서(no order)
도형의 순서가 매우 무질서-8점

(7)상대적 크기(relative size of the reproduction)
9개 중 어느 것은 크게 어느 것은 적게 그린 경우-8점
(자세한 채점방식은 정종진 BGT 심리진단법 참고바람)

3)규준

1년이상 고등학교 교육을 받은자		1년이상 대학교육을 받은자	
원점수	T점수	원점수	T점수
1	32	1	37
:	:	:	:
10	41	10	47
:	:	:	:
18	50	13	50
:	:	:	:
27	60	22	60
:	:	:	:
37	70	31	70
:	:	:	:
46	80	40	80
:	:	:	:
56	90	49	90
:	:	:	:
84	120	77	120
:	:	:	:
112	150	104	150
:	:	:	:
150	190	140	190

9.기타의 투사법

1)HTP

집(house), 나무(tree), 사람(person)을 그리게 해서 그린 그림을 보고 성격을 알아보는 방법이다.

(1)집

지붕: 지붕을 크게 그리면 공상적이고 대인관계가 단절되어 있음을 나타낸다. 지붕선이 진하면 불안장애를, 지붕선이 약하면 자기통제가 약함을 나타낸다.

벽: 튼튼한 벽은 강한 자아를, 벽선이 가는 자는 약한 자아를, 벽면에 아무것도 없으면 대인관계의 결핍을 나타낸다.

출입문: 적은 문은 대인관계의 위축을, 큰 문은 적극적 대인관계를, 열려 있는 문은 타인으로부터의 온정을 바라는 것이며, 자물쇠가 있으면 의심이 많음을 나타낸다.

창문: 잠겨진 창문은 불안을, 열린 창은 활발한 성격을, 커튼은 타인과의 접촉 회피를 나타낸다.

굴뚝: 시커먼 연기는 가정불화나 심리적 긴장을, 작은 굴뚝은 성적 무력감을, 바람에 날리는 연기는 외부 압력에 약함을 나타낸다.

(2)나무

줄기: 희미하고 가는 줄기는 만성적 불안과 자아상실감을, 큰 줄기는 적극적 성격을, 휘어진 줄기는 현실회피 퇴행 자폐를, 부러진 줄기는 압박감을 나타낸다.

가지: 위로 뻗은 무성한 가지들은 희망과 활동을, 밑으로 늘어진 가지들은 소극성과 비활동을, 말랐거나 부러진 가지들은 무력감과 수동성을, 줄기에 비해 큰 가지는 강한 노력을, 큰 줄기에 비해 작은 가지는 좌절 무력감을 나타낸다.

나무 잎: 작은 잎은 정신적 퇴행을, 큰 잎은 희망과 정열을, 둥근 잎은 사교와 명랑을, 각이 진 잎은 부적응을, 지나치게 큰 잎은 과도한 욕구를 나타낸다.

(3)사람

머리: 큰 머리는 지적 욕구가 강하고 공상적임을, 작은 머리는 지적 무력감을 나타낸다.

얼굴: 얼굴 표정이 없는 것은 적의를 숨기고 대인압력을 회피하려함을, 이빨이 보이는 것은 정신적 지체를, 큰 입은 미성숙을, 적은 눈은 외부와의 접촉회피를, 큰 눈은 경계심과 시기심을, 감고 있는 것은 공상적 자기애를, 큰 귀는 의혹 불신을, 큰 코는 성적 열등감을 나타낸다.

HTP는 집 나무 사람 3가지를 동시에 모두 그리게 하는 방법임에 비해 Baum검사는 나무만을 그리게 하는 것이고, DAP(draw a person)은 사람만을 그리게 하는 방법이다.

2) 문장완성검사(SCT)

이 검사는(sentence completion test)는 문장의 첫 구절을 제시하면 뒤이어 피험자가 자신의 생각으로 문장을 완성하게 해서 성격을 파악하는 방법이다. 예컨대 "나의 어머니는 ______________", "10년 후 나의 모습은 ______________"의 줄친 부분을 완성하게 하는 것이다. 30-40개 문장을 주고 대략 한 문장당 1분 정도 걸리게 하여 30-40개를 완성하게 한다.

강박관념이 있는 사람은 장황하게 빽빽이 쓰는 경향이 있다. 감정이 단조로운 사람은 문장이 짧다. 성격이 경직되어 있는 사람은 내용이 단조롭고 같은 내용을 반복한다. 방어적인 사람은 비현실적인 생각이나 공상을 쓰거나, 없다 또는 모른다 또는 말할 수 없다 등을 많이 쓴다.

× 제8장 ×

척도법

척도법이란 개인의 특성의 정도를 확인하기 위한 문항의 제작과 문항 및 답지에 점수를 주는 방법을 말한다. 예커데 근면성을 측정하는데 문항들로 "일찍 일어난다", "매일 발을 씻다" 등의 문항을 만들고, 각 문항에 "매우 그렇다", "그런 편이다", "아닌 편이다", "매우 아니다"라는 4개의 답지가 있을 때 각 답지에 점수를 어떻게 주느냐 하는 것이 척도법이다.

1.총합 평정법

이 방법은 태도를 나타내는 동질의 여러 문항들이 있고 각 문항들은 태도의 정도를 나타내는 몇 단계의 답지로 되어 있고 답지들의 점수합으로 개인의 태도의 정도를 측정하는 방식으로 가장 보편적으로 사용하는 방식이다. 문항을 진술문이라고도 한다. 제작과정은 다음과 같다.

1)진술문들의 수집

한 대상에 대하여 있을 수 있는 긍정적 태도를 나타내는 진술문들과 부정적 태도를 나타내는 진술문들을 수집한다. 각종 대중매체나 교과서, 논문, 동료나 주변인물의 의견 등을 참고하고 제작자 본인의 생각을 종합하여 가능한 많은 진술문들을 수집한다.

2)편집

애매모호한 것, 이중의 의미, 중복 등 문제가 있는 진술문들을 제외하거나 수정하여 20-30개를 선정한다. 그리고 답지들을 결정한다. 답지는 가급적 홀수가 되게 하고 가운데 답지가 중립을 나타내도록 한다. 대체로 5지가 가장 많이 사용된다.

매우 찬성-찬성-의견 없음-반대-매우 반대

매우 찬성-찬성하는 편임-중립-반대하는 편임-매우 반대

3)검사 실시 및 답지별 비율 계산

대표적 표집 500-1000명에 임시로 만들어진 검사를 실시한다. 그런 다음 각 문항 답지별 응답자수와 비율을 구한다.

예) "인간의 본성은 선하다"에 대하여

답지	응답자수	응답비율(%)
아주 찬성	20	4
대체로 찬성	80	16
의견 없음	50	10
대체로 반대	200	40
아주 반대	150	30
계	500	1000

4)답지 점수의 결정

(1)표준편차식

①한 문항내 답지별 반응비율 계산

②각 답지 바로 아래 답지까지의 누가적 반응비율을 기재

③답지별로 ①의 비율과 ②의 비율을 횡으로 더한다.

0.10+0.90=1.00

0.45+0.45=0.90

:

④단위 정상분포 수표를 보고 ②의 비율에 해당하는 y의 값을 기재

⑤단위 정상분포 수표를 보고 ③의 비율에 해당하는 y의 갑을 기재

⑥ ④의 y값에서 ⑤의 y값을 뺀다.

0.176-0.00=0.176

0.398-0.176=0.222

0.283-0.393=-0.113

:

⑦ ⑥의 값을 ①의 값으로 나눈다.

0.176/0.10=1.76

0.222/0.45=0.49

-0.113/0.25=-0.45

:

⑧ ⑦의 값들 중 가장 적은 값을 0으로 만들어 주는 값을 모든 답지에 더한다. 거기에 10을 곱하고 반올림한다. 이 ⑧의 값이 각 답지의 점수가 된다.

-2.06+2.06=0 → 0 ×10=0

-1.18+2.06=0.88 → 0.88×10=8.8

-0.45+2.06=1.61 → 1.61×10=16.1

0.49+2.06=2.55 → 2.55×10=25.5

1.76+2.06=3.82 → 3.82×10=38.2

답지	①	②	③	④	⑤	⑥	⑦	⑧
매우찬성	0.10	0.90	1.00	0.176	0.000	0.176	1.76	38
찬성	0.45	0.45	0.90	0.398	0.176	0.222	0.49	26
의견없음	0.25	0.20	0.45	0.280	0.393	-0.113	-0.45	16
반대	0.15	0.05	0.20	0.103	0.280	-0.177	-1.18	9
매우반대	0.05	0.00	0.05	0.000	0.103	-0.103	-2.06	0

(2)임의식

이는 표준편차식처럼 복잡한 과정을 거치지 않고 그냥 1, 2, 3, 4, 5 또는 0, 1, 2, 3, 4 또는 -2, -1, 0, 1, 2 식으로 답지에 점수를 부여하는 것이다. 가장 보편적으로 사용되고 있는 방식이다.

위의 (1)표준편차식과 이 (2)임의식 간의 상관계수는 거의 "1.00"에 가깝다. 따라서 굳이 어렵고 힘들게 위 (1)표준편차식을 사용할 필요가 없다.

표준편차식과 임의식 간의 상관계수

답지	X(표준편차식)	Y(임의식)	X^2	Y^2	XY
A	38	4	1444	16	152
B	26	3	676	9	78
C	16	2	256	4	32
D	9	1	81	10	9
E	0	0	0		0
N=5	ΣX=89	ΣY=10	ΣX^2=2457	ΣY^2 =30	ΣXY=271

$$r=\frac{5\times 271-89\times 10}{\sqrt{5\times 2457-89^2}\sqrt{5\times 30-10^2}}=\frac{465}{467.114}=0.995$$

(3)표준점수식

이 방식은 임의식의 답지점수를 표준점수로 바꾼 것이다.

예)

답지	임의점수X	빈도(f)	fX	fX^2	Z	Z+C
매우찬성	4	10	40	160	2.32	3.96
찬성	3	30	90	270	1.33	2.97
의견없음	2	60	120	240	0.35	1.99
반대	1	80	80	80	-0.64	1.00
매우반대	0	20	0	0	-1.64	0.00
		Σf=200	ΣfX=330	ΣfX^2=750		

$$S=\sqrt{\frac{N\Sigma fX^2-(\Sigma fX)^2}{N^2}}=\sqrt{\frac{200\times 750-330^2}{200^2}}=1.01$$

$$M=\frac{\Sigma fX}{N}=\frac{330}{200}=1.65$$

$$Z=\frac{X-M}{S}=\frac{X-1.65}{1.01}$$

Z +C=Z +1.64

이 방법 역시 임의식과의 상관계수가 거의 "1"이기 때문에 굳이 이 표준점수식을 사용할 필요가 없다.

임의식과 표준점수식의 상관

답지	X(임의식)	Y(표준점수식)	X^2	Y^2	XY
A	4	3.96	16	15.68	15.84
B	3	2.97	9	8.82	8.91
C	2	1.99	4	3.96	3.98
D	1	1.00	1	1.00	1.00
E	0	0.00	0	0.00	0.00
N=5	Σ=10	ΣY=9.99	ΣX^2=30	ΣY^2=29.46	ΣXY=29.73

$$r=\frac{5\times 29.73-10\times 9.92}{\sqrt{5\times 30-10^2}\sqrt{5\times 29.46-9.92^2}}=1$$

5)문항 적합도 확인

확인 방식

(1)특정 문항과 총점의 관계 확인
이는 빈도의 비교로 이루어진다. 전체 피험자를 평균을 중심으로 높은 집단과 낮은 집단으로 먼저 나누고, 그리고 나서 집단별로 각 답지에 반응한 빈도를 확인하고 x^2치를 구한다.

예)

답지	상집단	하집단	계
매우찬성	45	0	45
찬성	35	10	45
중립	15	20	35
반대	5	30	35
매우반대	0	40	40
계	100	100	200

x^2치를 구하기 위해 이 관찰빈도에서 이론빈도를 구한다.

$$\text{이론빈도}=\frac{O_{\cdot i}\times O_{j\cdot}}{N}$$

$O_{\cdot i}=i$ 횡열의 합(45, 45, 35, 35, 40)
$O_{j\cdot}=j$ 종열의 합(100, 100)

상집단 매우찬성칸의 이론빈도

$$=\frac{100\times 45}{200}=22.5$$

상집단 반대칸의 이론빈도

$$=\frac{100\times 35}{200}=17.5$$

이런 식으로 10칸 모두 계산하면 다음과 같다.

이론빈도

답지	상집단	하집단	계
매우찬성	22.5	22.5	45
찬성	22.5	22.5	45
중립	17.5	17.5	35
반대	17.5	17.5	35
매우반대	20	20	40
계	100	100	200

$x^2=(45-22.5)^2/22.5+(35-22.5)^2/22.5+(15-17.5)^2/17.5+$................$(20-17.5)^2/17.5+(30-17.5)^2/17.5+(40-20)^2/20=117.46$

df=(2-1)(5-1)=4에서 $x^2 \geq 9.49$이면 5% 유의수준에서 관계가 있는 것인데 이보다 훨씬 큰 117.46이므로 매우 의미 있는 관계이다. 즉 이 문항은 매우 적합도가 높은 문항이다. 그 문항에서 찬성했다면 전체 점수에서도 찬성의 점수가 높을 가능성이 높다.

(2)평균의 비교

이것은 전체 태도점수가 높은 집단과 낮은 집단 간 어떤 문항의 평균에 차이가 있는지 확인하는 것이다. 의미 있는 차이가 있다면 그 문항은 태도를 잘 측정한다고 즉 적합도가 높은 것으로 본다. 상 하집단은 전체 인원이 100명 이상일 때 상위 25% 또는 27% 사례들을 상집단, 하위 25% 또는 27%의 사례들을 하집단으로 한다. 어떤 문항에 있어서 상집단의 평균과 표준편차, 하집단의 평균과 표준편차를 구하여 t값을 계산하여 t값이 기준 이상 높으면 그 문항은 적합도가 높다고 한다.

예)

14번 문항, N=100

상집단 100×25%=25명, 하집단 100×25%=25명

		상집단			하집단		
답지	점수X	사람수f	fX	fX^2	f	fX	fX^2
매우찬성	4	8	32	128	0	0	0
찬성	3	7	21	63	6	18	54
중립	2	6	12	24	5	10	20
반대	1	4	4	4	8	8	8
매우반대	0	0	0	0	6	0	0
		$\Sigma f=25$	$\Sigma fX=69$	$\Sigma fX^2=219$	$\Sigma f=25$	$\Sigma fX=36$	$\Sigma fX^2=82$

상집단 M=69/25=2.76

$$S_1^2 = \frac{25 \times 219 - 69^2}{25^2} = 1.14$$

하집단 M=36/25=1.44

$$S_1^2 = \frac{25 \times 219 - 69^2}{25^2} = 1.14$$

$$t = \frac{M_1 - M_2}{\sqrt{\frac{N_1 S_1^2 + N_2 S_2^2}{N_1 + N_2 - 2}(\frac{1}{N_1} + \frac{1}{N_2})}} = \frac{2.76 - 1.44}{\sqrt{\frac{25 \times 1.14 + 25 \times 1.21}{25 + 25 - 2}(\frac{1}{25} + \frac{1}{25})}} = 4.23$$

df=N_1+N_2-2=25+25-2=482에서 t≥3.26이면 0.1% 유의수준에서 차이가 있는 것이다. 그런데 t=4.23이므로 두 집단 평균에 차이가 있는 것이고 이는 14번의 문항은 적합하다고 할 수 있다.

검사의 예-근면성

	전혀아니다(0)	대체로 아니다(1)	보통이다(2)	대체로 그렇다(3)	매우 그렇다(4)
1.아침 일찍 일어난다.				○	
2.매일 발을 씻는다.		○			
3.동작이 둔하다			○		
4.할 일은 미루지 않고 바로 한다.				○	
5.목욕을 잘 하지 않는다.				○	
6.청소를 잘한다.	○				
7.정리 정돈을 잘한다.		○			
8.몸을 움직이고 싶지 않다.			○		
9.과제는 기일내 제출한다.					○
10.동작이 민첩하다.			○		
11.옷을 자주 갈아 입는다.		○			
12.나의 방은 지저분하다.				○	

3번, 5번, 8번, 12번은 역으로 채점한다. 0은 4로, 1은 3으로, 2는 그대로 2로, 3은 1로, 4는 0으로 채점한다.

어떤 학생 위와 같이 응답했다면

번호 1 2 3 4 5 6 7 8 9 10 11 12

점수 3 1 2(역) 3 1(역) 0 1 2(역) 4 2 1 1(역)
합계=3+1+2+3+1+0+1+2+4+2+1+1=21
문항당 평균=21/12=1.75
이 학생의 근면성은 "2"에 가까우므로 보통이라고 할 수 있다.

2.유사동간법

사람의 성격을 알아보는 여러가지 방법들 중에서 답지선택법이 가장 많이 사용된다. 답지선택법은 문항(진술문)이 있고 그 문항에 몇 개의 답지가 있어서 피험자는 그 답지들 중에서 하나를 고른다. 여기서의 유사동간법은 문항에 딸린 답지가 없고 문항들만 나열되어 있어서 피험자는 여러 문항들 중 자기의 마음을 나타내는 문항들을 있는대로 고르게 되어 있다. 이 때 각 문항들은 점수가 미리 정해져 있다. 유사동간법이란 각 문항에 점수를 부여하는 방법이다. 유사동간이란 문항들 사이의 점수 차이가 완벽하게 동일하지 않고 동간과 비슷함을 의미한다. 예컨대 문항점수들 간의 차이가 모두 0.5라면 동간이라고 하는데 유사동간은 어떤 두 문항 간의 점수 차이는 0.45이고 어떤 두 문항 간의 차이는 0.58 등 0.5를 중심으로 0.5와 비슷함을 의미한다. 유사동감법에 의해 만들어진 검사가 평가의 책에 소개되고 있으나 실제로는 거의 사용되지 않고 있다. 그 이유는 검사제작과정이 매우 번거롭기 때문이다.

1)진술문(문항)의 수집

제작하고자 하는 태도(전쟁, 산아제한, 일본인, 교복자율화 등)와 관련되는 진술문들을 200-300여개를 수집한다. 혼자서 200-300개를 모두 수집하기 어려울 것이므로 몇 사람들에게(10-30명 등) 요청할 수도 있을 것이다. 수집 요령은 다음과 같다.

(1)진술문은 간단 명료해야 한다(20자 이내)

(2)피험자에게 한 가지의 의미로만 이해될 수 있게 한다.

(3)긍정적 진술문(찬성), 부정적 진술문(반대), 중립적 진술문이 고루 섞이게 한다.

(4)진술문의 시제는 현재형으로 문형은 능동문으로 한다.

(5)진술은 과거나 현재의 사실이 아닌 의견이나 생각을 나타내야 한다.

(6)측정하고자 하는 태도와 부합되는 즉 구인 타당도가 높은 것으로 한다.

(7)사람에 따라 다양한 의견이 있을 있는 것으로 한다.

(8)이중 부정, 극단적 부사(매우, 모두, 항상, 절대 등)를 가급적 사용하지 않는다.
이러한 기준에 의해서 원래의 200-300개 진술문을 100-150개로 줄인다.
예) 전쟁
찬성-전쟁은 인류를 발전시킨다.
중립-전쟁은 필요악이다.
반대-전쟁을 인류를 불행하게 한다.
:

2)점수 부여

진술문의 태도(의견)의 정도를 판단할 수 있는 사람들 100-200여명에게 각 진술문의 태도의 정도를 점수로 나타내도록 한다.

(1)1에서 11점 사이의 값을 주도록 한다. 가장 반대적인 것은 11, 대체로 반대적인 것은 10 ...,가장 찬성적인 것은 1, 대체로 찬성적인 것은 2..., 가장 중립적인 것은 6, 찬성에 가까우면서 중립적인 것은 5, 반대에 가까우면서 중립이면 7점을 주도록 한다(연구자에 따라서는 점수를 이와 반대로 주기도 한다. 즉 찬성적이면 11에 가깝게 반대적이면 1에 가깝게 주기도 한다.)

예)

진술문	판단자							
	A	B	C	D	....	X	Y	Z
전쟁은 인류를 발전시킨다.	2	1	1	3	....	2	1	2
전쟁은 인류를 불행하게 한다	10	9	11	8	....	10	10	9
전쟁은 필요시 할 수도 있다.	5	4	6	5		5	6	5

(2)판단자들은 평정에 대한 심리학적 지식이 있는 사람으로 한다. 그렇지 않으면 사전 교육과 연습을 통해서 판단능력을 갖추도록 한다.

(3)판단자들은 남녀, 노소, 빈부 등 여러 종류의 사람들이 섞이게 한다.

(4)한 진술문은 하나의 카드에 쓰고 평정하게 한다.

(5)숫자평정이 어려우면 도식평정하도록 한다.

(6)자신의 개인적 태도의 정도를 나타내는 것이 아니고 객관적인 판단자의 입장에서 평정하도록 한다.

3)진술문들의 점수 산출

(1)수집된 자료들을 가지고 문항별로 빈도분포표를 작성한다.

예) 전쟁은 없어야 한다.

점수 급간	빈도(f)	누가빈도(cf)
10.0-10.9	10	200
9.0-9.9	40	190
8.0-8.9	90	150
7.0-7.9	50	60
6.0-6.9	10	10
5.0-5.9	0	0
4.0-4.9	0	0
3.0-3.9	0	0
2.0-2.0	0	0
1.0-1.9	0	0

"11"점이 있는 경우 10.0-10.9의 급간에 빈도를 포함시킨다.

(2)중앙치를 구한다.
중앙치 계산 공식

$$\text{Mdn}=\text{LL}+i\left(\frac{N/2-F}{fm}\right)$$

Mdn=중앙치, N/2번째사람의 점수
LL= 중앙치가 있는 급간의 정확 하한계
i=급간의 크기, 정확 상한계-정확 하한계
N=총사례수
F=LL까지의 누가 빈도
fm=중앙치가 있는 급간의 빈도

정확 상한계, 정확 하한계의 예)

측정치	정확 하한계	정확 상한계	급간의 크기

5	4.5	5.5	5.5-4.5=1
37	36.5	37.5	37.5-36.5=1
0.6	0.55	0.65	0.65-0.55=0.1
2.0-2.9	1.95	2.95	2.95-1.95=1
7.0-7.9	6.95	7.95	7.95-6.95=1

위 자료의 경우 중앙치는 200/2=100번째 사람의 점수이다. 100번째 사람의 점수는 8.0-8.9의 급간에 있다.

LL=7.95

i=8.95-7.95=1

N=200

F=60

fm=50

$$\text{Mdn} = 7.95 + 1 \times \left(\frac{200/2 - 60}{50}\right) = 7.95 + \frac{40}{50} = 8.75$$

(3)사분편차(Q) 계산

$$Q = \frac{Q_{0.75} - Q_{0.25}}{2}$$

$Q_{0.75}$=75%에 위치한 사람의 점수

$Q_{0.25}$=25%에 위치한 사람의 점수

p%에 해당하는 사람의 점수=LL+ $i \times \left(\frac{cf_o - cf_a}{f_o}\right)$

cf_o=p%에 해당하는 사례수. NP가 된다. 75%에 해당하는 사례수는 200×0.75=150명, 25%에 해당하는 사례수는 200×0.25=50명

cf_a=cf_o가 들어 있는 급간의 바로 전 급간까지의 누가빈도

f_o=cf_o가 들어 있는 급간의 빈도

i=급간의 크기

LL=cf_o가 들어 있는 급간의 정확 하한계

위의 자료에서

$$Q_{0.75} = 7.95 + 1 \times \left(\frac{150 - 60}{90}\right) = 7.95 + 1 = 8.95$$

$$Q_{0.25} = 6.95 + 1 \times \left(\frac{50 - 10}{50}\right) = 6.95 + 0.8 = 7.75$$

$$Q = \frac{8.95 - 7.75}{2} = 0.6$$

이렇게 문항별로 중앙치와 사분편차를 계산한 다음 한 표에다 옮겨 적는다.

진술문 번호	중앙치	4분편차
1	3.61	0.42
2	2,52	0.95
3	9.85	1.24
4	5.64	0.75
:	:	:
:	:	:
160	2.45	0.74

4)중앙치 순서대로 진술문 배열

중앙치가 가장 높은 것에서 낮은 순서대로 진술문들을 배열한다.

예)

번호	진술문	중앙치	사분편차
92	전쟁은 인류를 멸망시킨다.	10.75	0.67
81	전쟁은 나쁜 것이다.	10.42	0.75
42	전쟁은 인간을 불행하게 한다.	9.84	0.48
:	:	:	:
135	전쟁은 장단점이 있다.	6.25	1.03
:	:	:	;
68	전쟁은 필요시 할 수도 있다.	3.28	0.98
77	전쟁은 필요하다.	2.14	0.85
38	전쟁은 인류를 발전시킨다.	1.35	0.95

5) 진술문 결정

유사한 간격에 있으면서 4분편차가 적고 적합도가 높은 20-22개를 골라 낸다.

중앙치 최고점에서 최하점을 뺀 차이를 20으로 나눈다. 위 경우 (10.75-1.34)/20=0.47이다. 그리고 나서 최고점에서 시작해서 그것보다 0.47보다 적은 (10.75-0.47) 10.28 언저리에 있으면서 4분편차가 적은 것을 고른다. 이번에는 10.75-2×0.47=9.81 언저리에 있으면서 4분편차가 적은 것을 고른다. 세 번째는 10.75-3×0.47=9.31 언저리에 있는 것으로서 4분편차가 적은 것으로 고른다. 이런 식으로 20-22개를 고른다. 20-22개를 가지고 적합도를 알아 본다.

6)적합도 확인 절차

(1)선정된 20-22개를 100여명의 대표적 집단에 실시. 피험자에게 20-22개 중에서 자기의 마음과 일치되는 것을 있는대로 고르게 한다. 태도가 확립되어 있다면 점수가 비슷한 진술문들을 고를 것이다.

(2)반응표를 작성한다.
문항의 점수가 높은 것에서부터 낮은대로 차례로 나열하고 피험자가 반응한(선택한) 번호에 O표를 한다.

피험자

번호	점수	1	2	4	5	6	....	99	100
92	10.75			○			....		
67	10.3	○		○					○
12	9.8		○					○	
35	9.2	○						○	○
15	8.8	○	○					○	○
:	:								
67	2.0				○	○			
95	1.6					○			
20	1.2				○	○			

(3)적합도 산출
먼저 진술문들의 유사성 확인

i, j문항 간 유사성 $S_{ij} = \dfrac{N_j}{N_i}$

N_i=i 진술문을 선택한 피험자수

N_j=i 진술문을 선택한 피험자 중 j 진술문을 선택한 피험자수

예컨대 92번을 선택한 피험자수가 35명이였는데 그 35명 중 27명이 67번을 선택하였다면 92번과 67번의 유사성은 27/35=0.77이다. 만약 진술문이20개라면 각 진술문은 열아홉번 다른 진술문과 비교하게 된다. 열아홉번 비교했을 때 인접 문항들끼리는 유사성이 높고 원접 문항들과는 유사성이 낮을 때 그 문항은 적합도가 높기 때문에 채택하게 된다.

예) 92번 문항의 다른 문항들과의 유사성-92번을 30명이 선택

문항번호	67	12	35	115	57	95	20
선택자수	26	24	27	22	1	3	2
유사성	0.87	0.80	0.90	0.73	0.03	0.10	0.07

이 문항은 인접 문항 간에 유사성이 높고 원접 문항 간에 유사성이 낮기 때문에 적합하다.

예) 57번 문항의 다른 문항들과의 유사성-57번을 25명이 선택

문항번호	92	67	12	35	115	77	5	8	67	95	20
선택자수	15	10	11	9	13	9	14	7	13	12	8
유사성	0.6	0.4	0.44	0.36	0.52	0.36	0.56	0.28	0.5	0.48	0.32

이 문항은 인접 문항과 원접 문항의 유사성에 차이가 거의 없다. 이문항의 적합도가 낮기 때문에 폐기한다.

7)최종 검사의 완료

6)에서 최종적으로 선정된 진술문들을 무작위로 배열한다.

유사동간법에 의해 제작된 전쟁에 관한 태도 검사(황정규, 1998)

진술문	태도점수	4분편차
1. 전쟁은 약한 인간을 가장 비참하게 만든다.	10.3	0.9
2. 전쟁 없이 인간의 발전을 기대하기 어렵다.	4.0	0.8
3.전쟁이란 승리자에게도 이익보다 손실이 많다.	9.3	0.9
4.전쟁은 남성에게 좋은 품성을 길러준다.	4.2	0.9
5.전쟁은 인류평화를 위한 하나의 전제조건이다.	3.1	0.8
6.치열한 생존경쟁을 완화시키는 유일한 방법이다.	3.3	1.0
7.뭐니뭐니 해도 전쟁이란 아무 정당성이 없는 것이다.	9.7	0.9
8.전쟁은 인구의 조절과 문화의 새로운 형태를 가져온다.	3.8	1.0
9.인간이 모든 욕망을 버리지 않은 한 전쟁은 영원히 존재한다.	6.6	0.6
10.인간의 연극 중 가장 실감나는 연극이다.	4.8	1.0
11.전쟁은 인간의 역사 중의 한 토막이다.	6.3	0.4
12."방어적 전쟁" 이외의 어떤 전쟁도 정당성을 인정할 수 없다.	8.3	1.6
13.전쟁은 생존경쟁의 필연적 결과이다.	5.4	0.8
14.오늘날의 전쟁은 과학발달을 시위하는 한 가지 방법이다.	5.7	1.0
15.사람들이 왜 전쟁을 싫어하느지 그 이유를 알 수 없다.	2.6	1.1
16.전쟁응 일으키는 사람은 정신 이상자이다.	10.6	0.8
17.전쟁이 일어나지 않기를 바랄 뿐이다.	9.0	1.5
18.전쟁은 인간에게 평화에 대한 절실한 요구를 일깨워 준다.	5.1	1.4

3.연속적 동간법

1)진술문 수집 및 점수부여

유사동간법과 같은 방식으로 진술문들을 수집하고 판단자로 하여금 여러 단계 중 하나로 진술문에 점수를 주도록 한다.

2)빈도 및 백분율 계산

진술문별, 점수별 판단자들의 점수 부여 빈도, 누가 빈도, 누가 백분율을 기재한다.

예) -200명의 판단자가 각 진술문에 대해 9단계 중 하나로 판단한 것이다.

표1)

		점수								
			긍정적			중립적			부정적	
번호	빈도	1	2	3	4	5	6	7	8	9
1	f	10	40	80	60	10	0	0	0	0
	cf	10	50	130	190	200	200	200	200	200
	cp	5	25	65	95	100	100	100	100	100
2	f	0	0	0	20	30	40	70	30	10
	cf	0	0	0	20	50	90	160	190	200
	cp	0	0	0	10	25	45	80	95	100
3	f	0	0	10	30	50	60	40	10	0
	cf	0	0	10	40	90	150	190	200	200
	cp	0	0	5	20	45	75	85	100	100
4	f	0	15	35	50	70	20	10	0	0
	cf	0	15	50	100	170	190	200	200	200
	cp	0	7.5	25	50	85	95	100	100	100
10	f	0	0	0	0	0	10	90	70	30
	cf	0	0	0	0	0	10	100	170	200
	cp	0	0	0	0	0	5	50	85	100
20	f	20	60	90	20	10	0	0	0	0
	cf	20	80	170	190	200	200	200	200	200
	cp	10	20	85	95	100	100	100	100	100

f: 빈도　　cf: 누가빈도　　cp: 누가백분율

3)누가 백분율에 해당하는 Z점수 기재(Z수표 보고)

표2)

점수

긍정적 중립적 부정적

번호		1	2	3	4	5	6	7	8	9
1	cp	5	25	65	95	100	100	100	100	100
	Z	-1.65	-0.67	0.39	1.65	3.7	3.7	3.7	3.7	3.7
2	cp	0	0	0	10	25	45	80	95	100
	Z	-3.7	-3.7	-3.7	-1.28	-0.67	-0.13	0.84	1.65	3.7
3	cp	0	0	5	20	45	75	90	100	100
	Z	-3.7	-3.7	-1.65	-0.84	-0.13	0.67	1.28	3.7	3.7
4	cp	0	7.5	25	50	85	95	100	100	100
	Z	-3.7	-1.44	-0.67	0	1.04	1.65	3.7	3.7	3.7
10	cp	0	0	0	0	0	5	50	85	100
	Z	-3.7	-3.7	-3.7	-3.7	-3.7	-1.65	0	1.04	3.7
20	cp	10	40	85	95	100	100	100	100	100
	Z	-1.28	-o.25	1.04	1.65	3.7	3.7	3.7	3.7	3.7
30	cp	20	30	50	80-	90	100	100	100	100
	Z	-0.84	-0.52	0	0.52	1.28	3.7	3.7	3.7	3.7
50	cp	0	0	30	45	60	80	90	100	100
	Z	-3.7	-3.7	-0.52	-0.13	0.25	0.84	1.28	3.7	3.7
60	cp	0	0	0	10	20	40	60	80	100
	Z	-3.7	-3.7	-3.7	-1.28	-0.84	-0.25	0.25	0.84	3.7
80	cp	0	30	70	90	100	100	100	100	100
	Z	-3.7	-0.52	0.52	1.28	3.7	3.7	3.7	3.7	3.7

4)인접한 두 Z들 간의 차이 기재

표3)

점수

긍정적 중립적 부정적

번호	2-1	3-2	4-3	5-4	6-5	7-6	8-7	9-8
1	0.98	1.06	1.26	2.05	0	0	0	0
2	0	0	2.42	0.61	0.54	0.97	0.81	2.05
3	0	2.05	0.81	0.71	0.80	0.61	2.42	0
4	2.26	0.77	0.67	1.04	0.61	2.05	0	0

10	0	0	0	0	2.05	1.65	1.04	2.66
20	1.03	1.29	0.61	2.05	0	0	0	0
30	0.32	0.52	0.52	0.76	2.42	0	0	0
50	0	3.18	0.39	0.38	0.59	0.44	2.42	0
60	0	0	2.42	0.44	0.59	0.50	0.59	2.86
80	3.18	1.04	0.76	2.42	0	0	0	0
합계	7.77	9.91	9.86	10.46	7.6	6.22	7.28	7.57
n	5	7	9	9	7	6	5	3
$\overline{W_j}$	1.55	1.42	1.10	1.16	1.09	1.04	1.46	2.52
누가$\overline{W_j}$	1.55	2.97	4.07	5.23	6.32	7.36	8.82	11.34

합계: 10개 차점수들의 합

0.98+0+0+2.26+0+1.03+0.32+0+0+3.18=7.77

n: 0을 제외한 합계에 동원된 개수

(0.98, 2.26. 1.03, 0.32, 3.18 - 5개)

$\overline{W_j}$: 합계/n, j급간의 평균크기

7.77/5=1.55

누가 $\overline{W_j}$: $\overline{W_j}$ 를 누적으로 더한 것

1.55+1.42=2.97

2.97+1.10=4.07

4.07+1.16=5.23

. . . .

5)진술문의 척도치 계산

공식 $S_i = L + (\frac{0.5 - \Sigma P_b}{P_w}) \times \overline{W_j}$

S=i 진술문의 척도치

L=중앙치가 놓여 있는 급간의 하한계(누가 $\overline{W_j}$)

ΣP_b=중앙치가 놓여 있는 급간의 바로 아래까지의 백분율 합계(누가백분율)

P_w=중앙치가 놓여 있는 급간의 백분율

$\overline{W_j}$ =중앙치가 놓여 있는 급간의 평균 크기

예)

진술문 1의 척도치(진술문 점수)

L=표1에서 진술문 1의 중앙치는, 3급간까지의 누가비율이 65이므로, 3급간에 있게 된다. 표3에서 3급간 하한계까지의 누가 $\overline{W_j}$ 는 2.97이므로 L=2.97이 된다.

ΣP_b=중앙치가 있는 3급간의 하한계까지의 누가비율은 표1에서 25(0.25)이다.

P_w=중앙치가 있는 3급간의 백분율은, 3급간 상한계까지의 누가 비율에서 3급간 하한계까지의 누가 비율을 뺀 것이다. 표1에서 P_w=65-25=40(0.4)이다.

$\overline{W_j}$ =표3에서 중앙치가 있는 급간의 평균치는 1.10이다.

$$\therefore S_1 = 2.97 + (\frac{0.5 - 0.25}{0.4}) \times 1.10 = 2.97 + 0.6875 = 3.6575$$

진술문 2의 척도치

L=표1에서 중앙치는 7급간에 있다. 표3에서 7급간 하한계까지의 누가 $\overline{W_j}$ 는 7.36

ΣP_b=중앙치가 있는 7급간 하한계까지의 누가비율은 표1에서 45(0.45)이다.

P_w=중앙치가 있는 7급간의 백분율은 표1에서 80-45=35(0.35)

$\overline{W_j}$ =표3에서 중앙치가 있는 급간의 평균치는 1.46

$$\therefore S_2 = 7.36 + (\frac{0.5 - 0.45}{0.75}) \times 1.46 = 7.57$$

이와 같은 방식으로

$$S_3 = 6.32 + (\frac{0.5 - 0.45}{0.75 - 0.45}) \times 1.04 = 6.49$$

$$S_4 = 4.07 + (\frac{0.5 - 0.25}{0.5 - 0.25}) \times 1.16 = 5.23$$

$$S_{10} = 7.36 + (\frac{0.5 - 0.05}{0.5 - 0.05}) \times 1.46 = 8.82$$

$$S_{20} = 2.97 + (\frac{0.5 - 0.40}{0.85 - 0.4}) \times 1.10 = 3.21$$

$$S_{30} = 2.97 + (\frac{0.5 - 0.3}{0.5 - 0.3}) \times 1.10 = 4.07$$

$$S_{50} = 5.23 + (\frac{0.50 - 0.45}{0.60 - 0.45}) \times 1.09 = 5.59$$

$$S_{60} = 7.36 + (\frac{0.5 - 0.4}{0.6 - 0.4}) \times 1.46 = 8.09$$

$$S_{80} = 2.97 + (\frac{0.5 - 0.3}{0.7 - 0.3}) \times 1.10 = 3.52$$

4.상대적 비교법

이는 여러 진술문들을 2개씩 짝지어 그 두 개 중 어느 것이 더 심리적 강도가 높은지 판단자들로 하여금 판단하게 해서 척도치를 산출하는 방식이다.

1)빈도행열의 작성

n개의 진술문들을 2개씩 짝지운 다음 N명의 판단자들에게 어느 쪽이 더 심리적 강도가 높은지 판단하게 하고 그 결과를 행열표로 나타낸다.

진술문	1	2	3	4	5	6	7	8
1	50	55	60	70	80	85	90	95
2	45	50	54	58	68	75	80	84
3	40	46	50	53	58	66	72	80
4	30	42	47	50	54	56	65	70
5	20	32	42	46	50	55	60	65
6	15	25	34	44	45	50	54	60
7	10	20	28	35	40	46	50	55
8	5	16	20	30	35	40	45	50

100명이 8개 진술문들을 2개씩 짝지어 비교한다고 하자. f_{ij}는 i 종열의 진술문이 j횡열의 진술문보다 심리적 강도가 더 높다고 판단한 사람수를 나타낸다. 예컨대 f_{25}는 2 종열 진술문과 5 횡열 진술문을 비교했을 때 2 종열 진술문이 5 횡렬 진술무보다 더 심리적 강도가 높다고 판단한 사람(판단자)의 수이다. $i=j$일 때 즉, f_{11}, f_{22}, f_{33}.....등은 100명 중 절반인 50명은 i가 더 강한 것으로, 나머지 50명은 j가 더 강한 것으로 본 것이다. 칸들 중에서 대각선을 중심으로

우상은 i가 j보다 더 강하다고 한 판단자들의 수이고 대각선 좌하는 반대로 j가 i보다 더 강하다고 판단한 판단자의 수이다.

2)비율계산

각 빈도를 비율로 바꾼다.

각 칸의 빈도를 100(판단자의 수)으로 나눈다.

	1	2	3	4	5	6	7	8
1	0.5	0.55	0.6	0.7	0.8	0.85	0.9	0.95
2	0.45	0.5	0.54	0.58	0.68	0.75	0.8	0.84
3	0.4	0.46	0.5	0.53	0.58	0.66	0.72	0.8
4	0.3	0.42	0.47	0.5	0.54	0.56	0.65	0.7
5	0.2	0.32	0.42	0.46	0.5	0.55	0.6	0.65
6	0.15	0.25	0.34	0.44	0.45	0.5	0.54	0.6
7	0.1	0.2	0.28	0.35	0.4	0.46	0.5	0.55
8	0.05	0.16	0.2	0.3	0.35	0.4	0.45	0.5

3)Z점수 확인

비율을 Z수표를 보고 Z점수로 바꾸고 진술문별로 Z들의 합, 평균, 척도점수를 계산한다.

진술문	1	2	3	4	5	6	7	8
1	0	0.13	0.25	0.52	0.84	1.04	1.28	1.65
2	-0.13	0	0.1	0.2	0.47	0.67	0.84	0.99
3	-0.25	-0.1	0	0.08	0.20	0.41	0.58	0.84
4	-0.52	-0.2	-0.08	0	0.1	0.15	0.39	0.52
5	-0.84	-0.47	-0.2	-0.1	0	0.13	0.25	0.39
6	-1.04	-0.67	-0.41	-0.15	-0.13	0	0.1	0.25
7	-1.28	-0.84	-0.58	-0.39	-0.25	-0.1	0	0.13
8	-1.65	-0.99	-0.84	-0.52	-0.39	-0.25	-0.13	0
합	-5.71	-3.14	-1.76	-0.36	0.84	2.05	3.31	4.77
평균	-0.71	-0.39	-0.22	-0.05	0.11	0.26	0.41	0.60
+0.71	0	0.32	0.49	0.65	0.82	0.97	1.12	1.31

1번 진술문의 척도치는 0, 2번 진술문의 척도치는 0.32, 3번 진술문의 척도치는 0.49,...........8번진술문의 척도치는 1.31이다.

4)척도치의 적합도 검증

(1)척도치들간의 거리 계산

진술문		1	2	3	4	5	6	7	8
	척도치	0	0.32	0.49	0.65	0.82	0.97	1.12	1.31
1	0	0							
2	0.32	-0.32	0						
3	0.49	-0.49	-0.17	0					
4	0.65	-0.65	-0.33	-0.16	0				
5	0.82	-0.82	-0.50	-0.33	-0.17	0			
6	0.97	-0.97	-0.65	-0.48	-0.32	-0.15	0		
7	1.12	-1.12	-0.8	-0.63	-0.47	-0.30	-0.15	0	
8	1.31	-1.31	-0.99	-0.82	-0.66	-0.49	-0.34	-0.19	0

$Z_{12}=0-0.32=-0.32$

$Z_{13}=0-0.49=-0.49$

:

$Z_{23}=0.32-0.49=-0.17$

:

$Z_{45}=0.65-0.82=-0.17$

:

$Z_{67}=0.97-1.12=-0.15$

:

$Z_{78}=1.12-1,31=-0.19$

(2)거리(차이)로 표시된 Z들을 Z수표를 보고 비율로 환산

진술문	1	2	3	4	5	6	7	8
1								
2	0.37							
3	0.31	0.43						
4	0.26	0.37	0.43					
5	0.21	0.31	0.37	0.43				
6	0.17	0.25	0.31	0.37	0.44			
7	0.13	0.21	0.26	0.32	0.38	0.44		
8	0.09	0.16	0.20	0.25	0.31	0.36	0.42	

(3)원래의 비율(앞서 2))에서 여기 (2)의 비율을 뺀 차이를 기재, 이 차이들의 절대값을 종으로 합함, 절대값 합을 다시 횡으로 더함, 이를 기재된 칸의 수로 나눔

진술문	1	2	3	4	5	6	7	8
1								
2	0.08							
3	0.09	0.03						
4	0.04	0.05	0.04					
5	-0.01	0.01	0.05	0.03				
6	-0.02	0.00	0.03	0.07	0.01			
7	-0.03	-0.01	0.02	0.03	0.02	0.02		
8	-0.04	0.00	0.00	0.05	0.04	0.04	0.03	
Σ| |	0.31	0.10	0.14	0.18	0.07	0.06	0.03	0

0.45-0.37=0.08
0.40-0.31=0.09
0.30-0.26=0.04
0.20-0.21=-0.01
0.15-0.17=-0.02
절대값들의 합의 합=0.31+0.10+0.14+0.18+0.07+0.06+0.03=0.89
합의 평균=0.89/기재칸의 수=0.89/28=0.032
이 평균이 0.05 이하이면 적합도가 있는 것으로 본다. 이 경우 0.032이므로 척도치의 적합도가 있다고 본다.

5.Guttman의 척도

1)의미

이 척도는 Guttman이 1944년에 제안하였다. 이 척도는 어떤 특성이 연속적이면서 단계적으로 증가하고 단계가 몇 가지로 나누어져 있을 때, 특정 단계의 점수를 가지고 있는 피험자가 그 단계의 문항에 긍정적(예)으로 응답했다면 그 이하 단계의 문항에도 논리적으로 긍정적으로 응답하게 되어 있는 척도(검사)이다. 예컨대 가감을 알아야 승제를 할 수 있고 승제를 할 수 있어야 방정식을 풀 수 있고, 방정식을 풀 수 있어야 미적분을 풀수 있다고 했을 때 어떤 피험자가 승제를 할 수 있다고 응답했다면 논리적으로 가감도 할 수 있다고 보아야 한다. 방정식을 풀 수 있다고 했다면 이전의 가감과 승제를 할 수 있다고 볼 수 있다. 문항이 예컨데 키가(1)160 이상인가? (2)165 이상인가? (3)170 이상인가?라는 3문항이 있고 어떤 피험자

가 172라면 (1) (2) (3)모두에 "그렇다"라고 응답해야 한다. 만약 164라면 (1)에만 "그렇다"라고 해야 하고 (2) (3)에는 "아니다"라고 해야 한다. 이와 같이 답지가 위계적으로 되어 있으면서 상위의 답지가 하위의 답지를 논리적으로 포함하고 있는 검사를 Guttman의 검사라고 한다. 만약 문항이 "당신의 키는 어디에 해당하는가?"이고 답지가 (1)160-164 (2)165-169 (3)170-174 (4)175-179로 되어 있고 어떤 피험자가 167이라면 그는 (2)번에만 "그렇다"라고 할 수 있다. 이런 검사는 Guttman의 검사가 아니다.

2)제작과정

(1)측정하고자 하는 특성을 정도에 따라 몇 단계의 답지를 만든다.
예) A후보를 지지하는가?
① 어떤 경우에라도 지지할 것이다.
② 학력이 좋으니까 지지할 것이다.
③ 학력이 좋고 인물이 좋으니까 지지할 것이다.
④ 학력, 인물, 성품이 좋으니까 지지할 것이다.
⑤ 학력, 인물, 성품, 정책이 좋으니까 지지할 것이다.

(2)100여명 이상의 표집에 (1)에서 만든 검사를 실시한다. 각 답지에 대해 예, 아니오 중 하나에 응답하게 한다.

(3)반응표 작성. 오차의 개수 헤아림. 오차란 논리적으로 기대되는 응답에서 벗어난 것을 의미한다. 예컨대 답지 ⑤에 예라고 응답했다면 ①, ②, ③, ④에도 모두 예라고 응답해야 한다. 이것이 논리적으로 기대되는 응답이다. 그런데 어떤 피험자가 ①, ②에는 "예", ③에는 "아니오"라고 했다면 ③이 잘못된 응답이 되고 오차의 수는 1이다. ①에는 "예"인데 ②, ③에는 "아니오"라고 했다면 오차는 2이다. ③에는 "예"라고 했는데 ①, ②에 "아니오"라고 했다면 오차는 2이다. 이와 같이 모든 피험자, 모든 응답자에 대해 오차의 개수를 확인한다.
반응표와 오차의 수 O-예, X-아니오

답지

진술문	(1)	(2)	(3)	(4)	(5)	오차의 수
1	O	O	O	'O'	X	0
2	X	O	'O'	X	X	1
3	X	'O'	X	X	X	1
4	O	O	O	X	'O'	1
5	O	O	'O'	X	X	0
6	O	X	O	'O'	X	1
7	O	O	'O'	X	X	0
8	O	O	'O'	X	X	0
9	O	X	O	O	'O'	1
10	'O'	X	X	X	X	0
11	O	O	O	'O'	X	0
12	O	'O'	X	X	X	0

오차의 계 5

'O' 좌측에는 모두 O를, 'O' 우측에는 모두 X를 해야 논리적으로 기대되는 반응임

(4)척도 가능도(CR)를 계산

CR가 0.9 이상이면 척도가 가능하다고 한다. 0.9 미만이면 척도를 수정해야 한다.

공식 $CR = 1 - \frac{\text{오차의 수}}{\text{총 반응수}}$

위의 경우 $CR = 1 - \frac{5}{12 \times 5} = 1 - \frac{5}{60} = 0.92$

6. 검사의 일반적 제작과정

앞서 소개한 유사동간법, 연속적 동간법, 상대적 동간법. Guttman 척도법 등은 이론적으로는 그럴 듯하나 제작과정이 너무 복잡하고 난해해서 실제의 제작에 거의 사용하지 않는다. 실제로 사용할 수 있고 가장 많이 사용되는 것이 총합 평정법이다. 그러나 이 방법의 취지를 살려서 대략적인 제작과 사용은 가능하나 실제로 이 방법 그대로 검사를 제작하는 경우는 거의 없다. 필자는 총합 평정법과 근본에 있어서는 유사하지만 구체적인 절차에 있어서는 다른 제작과정을 소개한다. 필자가 소개하는 방법을 "양호도 평정법"이라고 명명한다. 이 방법의 특징은 검사의 양호도가 높아지도록 제작하면서 양호도를 직접 산출할 수 있다.

검사는 지적 검사와 정의적 검사로 나누어질 수 있는데 여기 제작과정에서는 정의적 검사의 제작과정만을 다룬다. 정의적 검사들에는 흥미검사, 태도검사, 성격검사, 성취동기검사, 학

습습관검사, 자아개념검사 등 종류가 매우 다양하다. 구체적인 검사에 따라 적절한 검사의 제작과정이 다를 수 있으나 여기에서는 가장 일반적이라고 생각되는 절차에 대해서 설명한다. 모든 검사의 제작과정이 동일한 것은 아니다. 검사에 따라 어떤 절차들은 생략되기도 하고 어떤 것들은 더 자세할 수도 있다. 여기서는 일반적인 순서, 각 순서에서의 방법들을 제시한다.

1)특성의 정의 및 하위요인의 확인

(1)특성의 정의

불안검사를 제작하려면 우선 불안이 무엇인지, 자아개념검사를 제작하려면 자아개념이 무엇인지 알아야 한다. 특성이 무엇인지 모르고 특성을 재는 검사를 만들 수 없다. 이 정의는 전문가의 정의에 따르도록 한다. 그런데 불행하게도 대부분 특성에 대한 정의는 전문가마다 달라서 하나의 단일한 정의를 도출하기 어렵다. 이런 경우 여러 정의들을 검토해서 제작자 나름대로 종합적으로 정의해야 할 것이다. 예컨대 자아개념(self concept)에 대한 정의들은 다음과 같다.

정원식-자기 자신 및 그의 주변 환경에 대한 느낌

Hilgard 등(1979)-자신에 대해 갖고 있는 감정, 생각, 태도들의 복합

Gage 등(1979)-자시에 대해 가지고 있는 지각들의 총체

위 정의들에서 Hilgard 등의 정의와 Gage 등의 정의는 표현만 다를 뿐 근본은 같다. 모두 자신에 대한 생각이 자아개념이다. 반면에 정원식의 정의는 자신 이외에 주변에 대한 생각까지를 포함하고 있다. 이와 같이 자아개념의 정의에 대해 두 가지 다른 견해가 있을 때 검사 제작자는 어느 한 입장을 선택하거나 두 입장을 통합할 수 있을 것이다. 예컨대 이 경우 제작자는 자아개념을 자신에 대한 생각이라고 정의할 수 있다. 자신에 대한 생각이란 자신과 관련된 사항들을 긍정적으로 보느냐 또는 부정적으로 보느냐 아니면 중립적으로 보느냐를 말한다.

(2)하위요인들의 확인

자아개념이 자신에 대한 생각이라면 "자신"에는 어떤 측면들이 있는지를 확인한다. 대체로 인간은 3가지의 측면이 있는 것으로 여겨지고 있는데 그것들은 지적 측면, 정의적 측면, 신체적 측면이다. 지적 측면은 능력을 말하는데 지능, 학력, 적성, 창의력 등 정신적 능력과 솜씨, 기능 등 신체적 능력이 있다. 정의적 측면은 성격, 흥미, 태도, 도덕성 등을 말한다. 신체적 측면은 외모, 체중, 신장, 건강 등을 말한다.

2)문항수의 결정 및 수집

(1)문항수 결정

①먼저 필요한 문항수를 결정한다.

검사의 목적, 내용, 대상에 따라 필요한 문항수는 달라질 수 있다. 그리고 표준화 검사라면 문항수를 많이 할 필요가 있지만 표준화 검사가 아니고 비표준화 검사라면 검사의 종류에 따라 약간은 다를 수 있으나 대략 50문항 내외이면 적절하다고 본다.
②필요한 문항수를 요인별로 중요도 또는 양적 비율에 따라 배정한다.

예) 자아개념 검사 -필요 문항수 50문항

요인	문항수
능력적 요인	20
정의적 요인	20
신체적 요인	10

대체로 요인의 수가 10개 이상이면 한 요인 당 5문항 이상, 요인수가 5개 이하이면 한 요인 당 10-15문항 내외로 한다.

(2)문항의 수집

①수집하는 문항수는 필요한 문항수의 2배 정도가 되게 한다.
②특성이 있는 것을 나타내는 문항(긍정 문항 또는 특성 기술 문항)의 수와 특성이 없는 것을 나타내는 문항(역문항)의 수가 대체로 2:1이 되게 한다.

예) 자아개념 검사의 경우

특성 기술 문항 -나는 노력하면 성공할 수 있다.
-나는 능력이 있다.
-나의 미래는 희망적이다.
역문항 -나는 매사에 자신이 없다.
-나는 성공하기 힘들 것이다.

③기존의 유사한 검사, 동일한 검사에서 사용한 문항들의 확인, 주위에 도움을 줄 수 있는 사람들에게 문항 제작 의뢰, 제작자 자신이 직접 제작 등으로 문항을 수집한다.

요인	필요 문항수	수집 문항수
능력적 요인	20	40
정의적 요인	20	40
신체적 요인	10	20

3)문항 검토위원 구성과 문항 판단

(1)각 문항의 신뢰도 타당도를 향상시키기 위해 문항의 신뢰도와 타당도를 판단할 수 있는 능력을 갖춘 5명 내외의 인원을 교섭하여 위원을 구성한다.

(2)제작자는 위원에게 취지를 설명하고 연습하게 한다. 연습은 제작하려는 검사가 아닌 검사의 문항을 가지고 한다. 예컨대 자아개념 검사의 문항을 검토하는 것이 목적이라면 불안검사의 문항이나 사회성검사의 문항들을 가지고 연습한다. 위원들에게 각 문항이 검사가 재려고 하는 특성을 어느 정도 재어 주고 있다고 보는지 판단하게 한다. 재려는 특성과 문항이 재려는 특성이 완전히 일치하면 10점을, 매우 일치하면 9점........완전히 불일치하면 0점을 주도록 한다.

표현	정도	부여 점수
완전 일치	10/10	10
매우 일치	9/10	9
대체로 일치	8/10	8
상당히 일치	7/10	7
절반보다 조금 더 일치	6/10	6
절반 정도 일치	5/10	5
절반보다 조금 덜 일치	4/10	4
어느 정도 일치	3/10	3
조금 일치	2/10	2
매우 불일치	1/10	1
완전 불일치	0/10	0

예를 들어 불안을 재는 문항들로서 수집된 문항들이 다음과 같다고 하자.

1.높은데 있으면 겁이 난다.
2.비행기 타기가 겁이 난다.
3.절벽에 있어도 겁이 나지 않는다.
4.아침에 일찍 일어난다.
5.라면을 좋아한다.
6.낯선 사람을 보면 불편하다.
7.손발이 떨린다.
8.실패 경험을 잊을 수 없다.

위 예의 문항들에서 1, 2번은 불안을 재는 문항으로서 매우 일치한다고 볼 수 있으므로 9점을 준다. 3번은 불안이 없는 상태를 나타내기 때문에 역문항으로서 9점 정도 된다. 4번은 불안이 없어도 아침에 일찍 일어날 수 있고 불안 때문에 숙면이 안되어 일찍 일어날 수 도 있기 때문에 3점 정도 된다고 볼 수 있다. 5번은 불안과 전혀 상관이 없기 때문에 0점을 준다. 6번의 경우 불안이 있는 사람은 낯선 사람을 보면 불편할 수 있으나 불안이 없는 사람도 내성적 성격 때문에 낯선 사람을 보면 불편해질 수 있다. 그러므로 6번 문항은 4점 정도가 적절하다. 7번의 경우 손발이 떨리는 이유는 많다. 신체적인 이유, 정신적 이유가 있을 수 있다. 신체적 이유는 불안과 관련이 없다. 그러므로 5점 정도가 적절하다. 8번의 경우 불안 때문일 수 도 있고 불안과 관련이 없을 수 도 있다. 5점이 적절하다. 이런 식으로 위원 각자가 주관적으로 판단하여 점수를 준다.

(3)각자 평정(판단)이 끝나면 평정자들(위원들 또는 판단자들)이 모여서 각자 자기가 평정한 점수를 말하고 그 이유를 말하게 한다. 모든 평정자들의 발표가 끝나면 가장 적합한 점수가 몇 점인지 집단적으로 결정한다. 집단결정이 안되면 평균을 산출한다.

4)문항 구인 타당도 산출

이런 연습이 끝나면 본 검사에 대해 연습했던 방식대로 평정하고 문항의 타당도를 결정한다.

예) 불안 검사

문항	판단자					합계 평균	
	A	B	C	D	E		
1.나는 남보다 뒤쳐져 있다고 생각한다.	7	6	8	9	7	37	7.4
2.의자에 가만히 앉아 있기 힘들다.	4	5	3	6	2	20	4
3.목표를 이루지 못할까 바 걱정이다.	5	4	4	3	3	19	4.8
4.항상 머리가 무겁고 식은 땀이 난다.	6	5	7	8	9	35	7
5.밤이 되면 밖에 나가기 두렵다.	8	9	9	10	10	46	9.2
6.걱정이 있으면 잠을 이루지 못한다.	4	5	6	3	7	25	5
7.병에 걸릴까 바 걱정이다.	6	8	9	7	6	36	7.2
8.누가 옆에 있어야 잠이 온다.	8	8	9	9	9	43	8.6

문항의 구인 타당도=평균/10

문항	1	2	3	4	5	6	7	8
구인 타당도	0.74	0.4	0.48	0.7	0.92	0.50	0.72	0.86

검사의 구인 타당도=(문항 구인 타당도들의 합)/문항수
=(0.74+0.4+0.48+0.7+0.92+0.50+0.72+0.86)/8=5.32/8=0.66

5) 구인 타당도의 해석

구인 타당도의 수치에 대해 다음과 같이 해석한다.

구인 타당도	해석
0.90-1.00	대단히 만족하는 수준
0.80-0.89	만족하는 수준

0.70-0.79	대체로 인정할 수 있는 수준
0.60-0.69	미흡하지만 이를 폐기하면 전체 문항 수가부족하게 될 때 최소로 인정할 수 있는 수준 (문항수 가 많다면 폐기 내지 수정)
0.60미만	받아 들이기 어려운 수준(폐기)

6)신뢰도 평가 및 수정

각 문항을 다음 기준들에 맞는지 확인하고 맞지 않을 때는 맞도록 수정한다.

(1)피험자의 수준에 비추어 이해할 수 있다.

(2)문장은 길지 않게 간명하게 한다.

7)답지수와 표현

(1)답지는 검사에 따라 다를 수 있으나 일반적으로 5가지가 가장 많이 사용된다. 가급적 5가지 이상이 되도록 한다.

(2)답지들간의 심리적 간격이 동일하게 한다.
답지의 표현
① 태도 검사의 경우

표현	매우 찬성	어느정도 찬성	의견 없음	어느 정도 반대	매우 반대
점수	4	3	2	1	0
	(또는 5	4	3	2	1)

② 성격검사의 경우

표현	항상	대체로	어느정도 (또는 반반)	조금 (또는 아닌편)	전혀아님
빈도	4/4	3/4	2/4	1/4	0/4
점수	4	3	2	1	0
	(또는 5	4	3	2	1)

8)대표적 집단에 실시

성별, 학년, 지역, 성적 등이 고루 섞인 100명 이상의 집단에 검사를 실시한다.

9)답지별 빈도 조사와 x^2치 계산

예) N=150,
문항: 나는 노력하면 성공할 수 있다.

(1)빈도표 작성

답지	①	②	③	④	⑤
	항상	대체로	어느정도	조금	전혀아님
빈도	20	40	60	20	10

(2) x^2치 계산
응답들은 이론적으로 정상분포를 이룬다고 본다. 이론적으로 정상분포를 이룬다면 답지 ①과 ⑤에 각각 10%, 답지②와 ④에 각각 22% 답지 ③에36%에 응답할 것으로 기대된다. x^2치는 이 이론빈도에서 관찰빈도가 벗어난 정도를 나타낸다.

$$x^2_{(5-1)} = \Sigma \frac{(\text{각 답지 관찰빈도-각답지 이론반도})^2}{\text{각답지 이론빈도}}$$

예) N=150

답지	①	②	③	④	⑤
관찰빈도	20	40	60	20	10
이론비율	10%	22%	36%	22%	10%
이론빈도	15	33	54	33	15

$$x^2_{(5-1)} = \frac{(20-15)^2}{15} + \frac{(40-33)^2}{33} + \frac{(60-54)^2}{54} + \frac{(20-33)^2}{33} + \frac{(10-15)^2}{15}$$

=25/15+49/33+36/54+49/33+25/15
=1.66+1.48+0.66+1.48+1.66=6.94

답지가 5이므로 자유도는 5-1=4이다. 자유도 4에서 x^2치가 9.49이상이면 관찰빈도가 이론빈도에서 크게 벗어났다고 보고 그 문항을 폐기한다. 이 예의 경우 x^2치가 6.94이므로 즉 9.49보다 적으므로 관찰빈도는 이론빈도에 크게 벗어나지 않았으므로 이 문항은 채택된다.

10)최종문항의 결정

x^2치가 높은 것과 구인 타당도가 낮은 것들을 제외하고 필요한 문항수를 추려낸다.

11)검사시간 정하기

문맹자, 지체자, 질병자를 제외한 정상인들이 검사를 끝낼 수 있는 시간이 검사의 시간이 된다. 정의적 특성의 검사는 속도검사가 아니기 때문에 검사시간은 비교적 제한을 받지 않는다. 검사시간을 확인하려면 정상적 집단에 실시해서 가장 늦게 끝난 사람의 검사시간이 그 검사의 검사시간이 된다.

12)안내문 작성

검사의 안내문은 다음과 같은 원칙으로 작성한다.

(1)이 검사는 성적과 관련이 없다는 사실을 말해준다.

(2)이 검사는 정답과 오답이 없다는 것을 말해준다.

(3)이 검사의 결과는 연구자 외 누구에게도 공개되지 않는다는 것을 말해준다. 오로지 연구의 목적으로만 사용된다는 것을 말해준다.

(4)자기의 마음에 맞는 것 하나에만 표시하도록 한다.

13) 신뢰도와 타당도 산출

(1)신뢰도 산출

검사의 신뢰도의 기준들은 다음과 같다.

○ 문항의 신뢰도-문항은 다음과 같이 작성되어야 한다.

① 문항은 이해 가능해야 한다.

② 문항은 간단 명료해야 한다.

③ 답지는 5개 이상이여야 한다.

④ 답지들 간의 심리적 간격이 동일해야 한다.

○ 안내문의 신뢰도-안내문에는 다음과 같은 사항들이 포함되어야 한다.

⑤ 이 검사는 성적과 무관하다.

⑥ 이 검사는 정답과 오답이 없다.

⑦ 자기의 마음과 같은 하나에만 표시한다.

⑧ 비밀이 보장된다.

○ 문항수 신뢰도

⑨ 전체 문항수는 50개 이상으로 한다.

⑩ 요인이 10개 이상이면 한 요인당 5개 이상, 요인이 5개이하이면 한 요인당 10개 내외가

되게 한다.

○ 검사시간 신뢰도

⑪ 검사시간은 정상인이 다 마치는데 걸리는 시간으로 한다.

신뢰도 산출

위 11가지의 기준을 충족시키는 정도가 그 검사의 신뢰도가 된다.

11가지 중에에서 예컨대 2가지를 충족시키지 못하면 검사의 신뢰도는 (11-2)/11=0.812가 된다. 4가지를 충족시키지 못했다면 (11-4)/11=0.636이 된다.

대개는 제작과정에서 위 기준들을 충족시키려고 노력하기 때문에 신뢰도는 "1"에 가깝다고 할 수 있다.

(2)타당도의 산출

타당도는 구인 타당도로서 최종적으로 산출된 문항 타당도들의 평균이 된다. 전체가 50문항이였다면 50문항들의 구인 타당도를 모두 합하고 50으로 나누면 그 검사의 구인 타당도가 된다.

예)

문항번호	1	2	3	4	5	6	합계
구인 타당도	0.85	0.74	0.88	0.79	0.86	0.94	5.06

검사의 구인 타당도=5.06/6=0.843

14)표준화

필요한 경우 표준화 할 수는 있으나 모든 검사를 표준화해야 하는 것은 아니다. 표준화의 주 목적이 개인의 점수를 상대적으로 해석하려고 함이다. 상대적 해석이란 100명 중에서 몇 번째인가를 아려주는 것인데 대개 백분율이나 T점수로 나타낸다. 표준화는 시간과 비용 노력이 많이 들기 때문에 상대적 해석이 불가피한 것이 아니라면 굳이 표준화할 필요는 없다. 연구의 목적이 여러 집단 간 평균의 비교나, 여러 시기 간 평균의 변화에 있다면 표준화는 불필요하다. 대개의 연구는 평균의 비교나 변화를 다루고 있으므로 표준화는 불필요하다.

× 제9장 ×

요인분석

(이 부분은 Guilford(1964)의, Psychometric Method에 있는 내용들 중에서 저자가 이해한 부분을 소개한 것이다.)

1.요인분석의 의미

요인분석(factor analysis)이란 여러가지 검사들이 여러가지 특성(요인)들을 측정하고 있을 때 검사들 간에 공통적으로 측정하고 있는 것들을 찾고 해석하는 것을 말한다. 예컨대 A, B, C, D, E라는 5가지의 검사가 있는데 A는 a, b라는 특성을 재고 B라는 검사는 a, b, c라는 특성을 재고 C는 a, b의 특성을 재고, D는 b, c를 재고 E는 b의 특성을 재고 있다면 검사는 5가지이지만 측정하고 있는 요인은 a, b, c의 3가지이다.

검사	요인a	요인b	요인c
A	O	O	
B	O	O	O
C	O	O	
D		O	O
E		O	

요인분석이란 이와 같이 5개의 검사들에서 3개의 요인을 찾아 내고, 각 요인이 각 검사에 얼마나 부하되어 있는지(실려 있는지, 상관이 있는지) 확인하고, 요인 a, b, c가 심리적으로 무엇을 의미하는지 해석하는 것이다.

요인분석은 상관행열(R-matrix)에서 요인행열(F-matrix)로 수리적으로 전환시키고, 의미있게 해석하기 위해 필요한 경우 요인을 회전한다.

상관행열

	A	B	C	D	E
A	1.0	0.5	0.4	0.6	0.2
B	0.5	1.0	0.3	0.7	0.1
C	0.4	0.3	1.0	0.4	0.3
D	0.6	0.7	0.4	1.0	0.2
E	0.2	0.1	0.3	0.2	1.0

상관행열은 정사각형으로 되어 있다. 좌측 아래 상관행열을 하반행열(lower half of the matrix)이라고 하고 우측 위 상관행열을 상반행열(upper half of the matrix)이라고 한다. 하반행열과 상반행열 대칭으로 되어 있다. 가운데 "1"로 이루어진 상관계수의 열을 대각선이라고 한다.

요인행열(검사별 요인부하량)

검사	요인a	요인b	요인c
A	0.6	0.5	0.0
B	0.4	0.3	0.6
C	0.3	0.1	0.0
D	0.0	0.3	0.7
E	0.0	0.4	0.0

2.요인의 추출

1)상관행열

검사들 간에 있을 수 있는 모든 상관계수들을 하나의 표에 나타낸 것을 상관행열이라고 한다.

상관행열

	검사1	검사2	검사3	검사4	검사5
검사1	1	0.16	0.21	0.08	0.34
검사2	0.16	1	0.23	0.28	-0.11
검사3	0.21	0.23	1	0.05	0.25
검사4	0.08	0.28	0.05	1	-0.19
검사5	0.34	-0.11	0.25	-0.19	1

2)요인부하량과 상관계수의 관계

요인부하량과 상관계수의 관계는 다음과 같다.

$$r_{ij}=a_ia_j+b_ib_j+c_ic_j+............+p_iq_j$$

r_{ij}=i검사와 j검사의 상관계수
a_i=i검사의 A요인부하량
a_j=j검사의 A요인부하량
b_i=i검사의 B요인부하량
b_j=j검사의 B요인부하량
:　　:

검사	A요인	B요인	C요인
1	a_1	b_1	c_1
2	a_2	b_2	c_2
3	a_3	b_3	c_3
4	a_4	b_4	c_4

$r_{12}=a_1a_2+b_1b_2+c_1c_2$
$r_{13}=a_1a_3+b_1b_3+c_1c_3$
:　　:
$r_{24}=a_2a_4+b_2b_4+c_2c_4$
:　　:
$r_{34}=a_3a_4b_3b_4+c_3c_4$

가상적 요인행열을 상관행열로 전환하면 다음과 같다.

요인행렬

검사	A요인	B요인
1	0.2	0.4
2	0.4	0.5
3	0.6	0.2
4	0.8	0.2

$r_{12}=0.2\times0.4+0.4\times0.5=0.08+0.20=0.28$

$r_{13}=0.2\times0.6+0.4\times0.2=0.12+0.08=0.20$

$r_{14}=0.2\times0.8+0.4\times0.2=0.16+0.08=0.24$

$r_{23}=0.4\times0.6+0.5\times0.2=0.24+0.10=0.34$

$r_{24}=0.4\times0.8+0.5\times0.2=0.32+0.10=0.42$

$r_{34}=0.6\times0.8+0.2\times0.2=0.48+0.04=0.52$

상관행렬

	1	2	3	4
1	1	0.28	0.20	0.24
2	0.28	1	0.34	0.42
3	0.20	0.34	1	0.52
4	0.24	0.42	0.52	1

3)공통량(communality, h^2)과 고유치(eigenvalue)

검사별 요인부하량

검사	A요인	B요인	C요인	공통량(h)
1	0.87(0.757)	-0.24(0.057)	-0.01(0.0001)	0.8141
2	0.69(0.476)	-0.13(0.017)	-0.21(0.0441)	0.537
3	0.65(0.423)	-0.37(0.137)	0.18(0.0324)	0.5924
4	0.51(0.260)	0.59(0.348)	-0.02(0.0004)	0.6084
5	0.39(0.152)	0.61(0.372)	0.09(0.0081)	0.5321
고유치	2.068	0.931	0.0851	3.0841(합계)
비율(%)	67.05	30.19	2.76	100

( ): 요인부하량의 제곱

(1)공통량

각 요인부하량의 제곱된 수들을 검사별로 합한 것이다. 예컨대 1검사의 공통양은 0.757+0.057+0.0001=0.8141이다. 이 공통량은 요인들이 검사의 변량을 설명하는 정도로 알려져 있다. 1검사의 경우 A, S, C 세 요인이 1검사의 변량의 81.41%를 설명한다.

(2)고유치

각 요인부하량의 제곱된 수들을 요인별로 합한 것이다. 예컨대 A요인의 고유치는 0.757+0.476+0.423+0.260+0.152=2.068이다. 이 고유치는 어느 한 요인이 모든 검사의 변량을 설명하는 정도를 나타낸다. A요인이 5개 검사의 변량의 67.85%를 설명한다. 위 표에서 A요인은 67.85%(2.068/3.0841=0.6705), B요인은 30.19%(0.931/3.0841=0.30187), C요인 2.78%(0.0851/3.0841=0.02759)를 설명한다.(2.068+0.931+0.0851=3.0841)

4)요인의 추출

(1)수집된 자료들을 가지고 상관행열표를 작성한다. 예로서 5개 검사 간 상관행열표를 제시한다.

제 1요인(A)의 추출

표1) 상관행열표와 제 1요인(A)의 추출

	1	2	3	4	5
1		0.56	0	0	0.40
2	0.56		0.40	0.45	0.35
3	0	0.40		0.72	0.24
4	0	0.45	0.72		0
5	0.40	0.35	0.24	0	

S_1	0.96	1.74	1.36	1.17	0.99
D	0.56	0.56	0.72	0.72	0.40
S_1+D	1.52	2.32	2.08	1.89	1.39

$$T=\Sigma(S_1+D)=1.52+2.32+2.08+1.889+1.39=9.2$$

$$\sqrt{T}=\sqrt{9.2}=3.0331$$

$$m=1/\sqrt{T}=1/3.0331=0.3297$$

검사	1	2	3	4	5
A요인(제1요인)	a_1	a_2	a_3	a_4	a_5
부하량	0.51	0.765	0.686	0.623	0.458

(2)S_1: 각 종열의 상관계수들을 합한다.

0.56+0+0+0.40=0.96

0.56+0.40+0.45+0.35=1.76

0+0.40+0.72+0.24=1.36

0+0,45+0.72+0=1.17

0.40+0.35+0.24+0=0.99

(3)D: 각 종열의 상관계수들 중 가장 큰 상관계수를 개재한다.

1종열 상관계수들은 0.56, 0, 0, 0.40이다. 이 중에서 가장 큰 것이 0.56이다. 이런 식으로 하면 2종열은 0.56, 3종열은 0.72, 4종열은 0.72 5종열은 0.40이다.

(4)S_1: 각 종열의 S_1과D를 합한다.

0.96+0.56=1.52

1.76+0.56=2.32

1.36+0.72=2.08

1.17+0.72=1.89

0.99+0.40=1.39

(5)T: "S_1+D"들을 모두 합한다. 이 합계를 T라고 한다.

T=$\Sigma(S_1+D)$=1.52+2.32+2.08+1.89+1.39=9.2

(6)$\sqrt{T}$: T의 평방근을 구한다.

$\sqrt{T} = \sqrt{9.2} = 3.0331$

(7)m: 1을 $\sqrt{T}$ 로 나눈다.

m=1/$\sqrt{T}$ =1/3.0331=0.3297

(8)각 검사의 A요인(제 1요인) 부하량: 각 검사의 "S_1+D"에 m 즉 "0.3297"를 곱한다. 곱해진 값들이 각 검사의 A요인의 부하량이 된다.

1검사 A요인부하량 =1.52×0.3297=0.501

2검사 A요인부하량 =2.32×0.3297=0.765

:　　　:

제 2요인의 추출

표2) 제 2요인(B)의 추출과정

	-A	-0.501	-0.765	-0.686	-0.623	-0.458
A	검사	1	2	3	4	5
0.501	1		0.177	-0.344	-0.312	0.171
0.765	2	0.177 ①		-0.125	-0.027	-0.0004
0.686	3	-0.344 ②	-0.125		0.293	-0.074
0.623	4	-0.312 ③	-0.027	0.293		-0.285
0.458	5	0.171 ④	-0.0004	-0.074	-0.285	
	S_2	-0.308	0.025	-0.250	-0.331	-0.188
	S_2 / (-2)	0.154	-0.013	0.125	0.166	0.094
	+4	-0.158	-0.04	0.418	(0.166)	-0.191
	+3	-0.502	-0.165	(0.418)	(0.459)	-0.265
	(+3)(-2)=C	1.004	0.330	-0.836	-0.918	0.53
	D	0.344	0.177	-0.344	-0.312	0.285
	(C+D)	1.348	0.507	-1.180	-1.230	0.815

$\Sigma | C | = 3.618$ $\quad \Sigma | D | = 1.462$

$T = \Sigma | C | + \Sigma | D | = 3.618 + 1.462 = 5.08$

$\sqrt{T} = \sqrt{5.08} = 2.2539$ $\quad m = 1/\sqrt{T} = 1/2.2359 = 0.4437$

검사	1	2	3	4	5
B요인	b_1	b_2	b_3	b_4	b_5
부하량	0.598	0.225	-0.524	-0.546	0.362

(9)각 검사 A요인부하량을 표2에서와 같이 검사별로 제일 좌측 종열에 기재한다. 그리고 표2의 제일 윗측 횡열에 "-"부호를 붙여 검사별로 기재한다.

(10)앞서 공식(1)을 변형하면 다음과 같다.

$r_{ij}=a_ia_j+b_ib_j+c_ic_j............p_ip_j$---(1)

$b_ib_j+c_ic_j+........p_ip_j=r_{ij}-a_ia_j=r_{ij}+a_i(-a_j)$---(2)

공식 (2)는 원래의 상관행열 r_{ij}에서 A요인에 의한 상관행열(a_ia_j)을 뺀 차이는 나머지 요인들에 의한(B, C......) 상관행열($b_ib_j+c_ic_j...........p_ip_j$)이 된다는 의미이다.

표2의 ①이 0.177인 이유는 다음과 같다. 2횡열에 있는 검사2의 A요인부하량 0.765와 1종열에 있는 검사1의 A요인부하량 -0.501을 곱하면 -0.3833이 된다. 이를 그 칸의 원래 상관계수 0.56을 더하면 즉 0.56-0.3832=0.177이 된다. 이와 같은 요령으로

② 0.686×(-0.501)+0=-0.344

③ 0.623×(-0.501)+0=-0.312

④ 0.458×(-0.501)+0.40=0.171

나머지 모든 칸을 위와 같은 요령으로 계산해서 기재한다.

(11)S_2: 각 검사 종열에 있는 상관계수들을 모두 더한다.

검사1 종열 상관계수들의 합

0.177-0.344-0.312+0.171=-0.308

검사2 종열 상관계수들의 합

0.177-0.125-0.027-0.0004=0.025

검사3 종열 상관계수들의 합

-0.344-0.125+0.293-0.074=-0.25

검사4 종열 상관계수들의 합

-0.312-0.027+0.293-0.285=-0.331

검사5 종열 상관계수들의 합

0.171-0.0004-0.074-0.285=-0.188

(12)$S_2/(-2)$: S_2를 "-2"로 나눈다.

-0.308/(-2)=0.154

0.025/(-2) =-0.013

-0.250/(-2)=0.125

-0.331/(-2)=0.166

-0.188/(-2)=0.094

(13)$S_2/(-2)$의 횡열에서 +이면서 가장 큰 숫자를 그 숫자 바로 밑에 쓰고 괄호를 씌운다. 표2에서 여기에 해당하는 숫자는 검사4의 0.166이다. 이 0.166의 바로 밑줄에 (0.166)이라고 쓴다.

(14)+4 횡열: S/(-2)횡열에서 가장 큰 수에 해당하는 검사의(이 경우 4검사이다) 횡열의 각 수를 $S_2/(-2)$의 횡열의 각 수에 더한다. 이 경우 가장 큰 수 0.166에 해당하는 검사는 4이다. 검사4 횡열의 수 (-0.312, -0.027........)을 $S_2/(-2)$의 횡열의 수 (0.154, -0.013........)을 더한다.

-0.312+0.154=-0.158

-0.027-0.013=-0.04

0.293+0.125=0.418

: :

-0.285+0.094=-0.191

(15)+3 횡열: +4 횡열에서 +이면서 가장 큰 수의 바로 밑에 그 수를 괄호안에 기재한다. 이

경우 0.418이다. 이 0.418에 해당하는 검사는 3이다. +4 횡열에 있는 숫자에 3검사 횡열에 있는 숫자를 더해 +3 횡열에 기재한다.

-0.344-0.158=-0.502

-0.125-0.04=-0.165

:　　:

0.293+0.166=(0.459)

-0.074-0.191=-0.265

(16)괄호에 있는 숫자 이외의 숫자들이 모두 "-"가 되면 이런 과정을 종료한다. 이 경우 (0.418), (0.459) 이외에 모두 "-"로서 -0.502, -0.165, -0.265이다.

(17) (+3)×(-2)=C, 즉 종료된 횡열(이 경우 +3 횡열이다) 각 수에 "-2"를 곱한다. 이를 "C"라고 한다.

-0.502×(-2)=1.004

-0.165×(-2)=0.330

0.418×(-2)=-0.836

0.459×(-2)=-0.918

-0.265×(-2)=0.53

(18)D: 행열 각 검사 종열 숫자들 중에서 절대값이 가장 큰 것을 D횡열에 기재한다. 이 때 부호는 괄호가 없는 것들에는 +를, 괄호가 있는 것들에는 -를 부여한다.

(19)C+D: C횡열의 수에 D횡열의 수를 합해서 "C+D" 횡열에 기재한다.

(20)$\Sigma |C|$, $\Sigma |D|$를 구한다. 이 경우

$\Sigma |C|=1.004+0.330+0.836+0.918+0.53=3.618$

$\Sigma |D|=0.344+0.177+0.344+0.312+0.285=1.462$

(21)T, $\sqrt{T}$, m을 구한다.

$T=\Sigma |C|+\Sigma |D|=3.618+1.462=5.08$

$\sqrt{T}=\sqrt{5.08}=2.2539$

$m=1/\sqrt{T}=1/2.2539=0.4437$

(22)"C+D"횡열 각 수에 모두 0.4437을 곱한다. 곱해서 산출된 수가 각 검사에 해당하는 두 번째 요인(B)의 부하량이다.

1검사 B요인부하량=1.348×0.4437=0.598

2검사 B요인부하량=0.507×0.4437=0.225

3검사 B요인부하량=-1.180×0.4437=-0.524
4검사 B요인부하량=-1.230×0.4437=-0.546
5검사 B요인부하량=0.815×0.4437=0.362

제 3요인의 추출

앞서의 (9)-(22)과 동일한 방식으로 표3을 작성하여 제 3요인을 추출한다.

표3) 3요인(C) 추출과정

	-0.598	-0.225	0.524	0.546	-0.362
제2요인 부하량 검사	1	2	3	4	5
0.598 1		0.042	-0.031	0.015	-0.046
0.225 2	0.042		-0.007	0.096	-0.082
-0.524 3	-0.031	-0.007		0.007	0.116
-0.546 4	0.015	0.096	0.007		-0.087
0.362 5	-0.046	-0.082	0.116	-0.087	
S_3	-0.02	0.049	0.085	0.031	-0.099
$S_3/(-2)$	0.01	-0.025	-0.043	-0.016	0.050
+5	-0.036	-0.107	0.073	-0.103	(0.050)
+3	-0.067	-0.114	(0.073)	-0.096	(0.166)
(+3)(-2)=C	0.134	0.228	-0.146	0.192	-0.332
D	0.046	0.096	-0.116	0.096	-0.116
C+D	0.180	0.324	-0.262	0.288	-0.448

$\Sigma|C|=1.032 \quad \Sigma|D|=0.470$

$T=\Sigma|C|+\Sigma|D|=1.502$

$\sqrt{T}=1.2256$

$m=1/\sqrt{T}=1/1.2239=0.81593$

검사	1	2	3	4	5
C요인	C_1	C_2	C_3	C_4	C_5
부하량	0.147	0.264	-0.214	0.235	-0.366

제 4요인의 추출

표4) 제 4요인(D)의 추출

	-0.147	-0.264	0.214	-0.235	0.366

제3요인	검사	1	2	3	4	5
0.147	1		0.003	0.0005	-0.020	0.008
0.264	2	0.003		0.049	0.034	0.015
-0.214	3	0.0005	0.049		0.057	0.038
0.235	4	-0.020	0.034	0.057		-0.001
-0.366	5	0.008	0.015	0.038	-0.001	
	S_4	-0.0085	0.101	0.1445	0.07	0.06
	$S_4/(-2)$	0.0043	-0.051	-0.0723	-0.035	-0.03
	+1	(0.0043)	-0.048	-0.0718	-0.055	-0.022
	(+1)×(-2)=C	-0.0083	0.096	0.1436	0.110	0.044
	D	-0.020	0.049	0.057	0.057	0.038
	C+D	-0.0238	0.145	0.1493	0.167	0.082

$\Sigma |C| = 0.4019 \quad \Sigma |D| = 0.5716$

$T = \Sigma |C| + \Sigma |D| = 0.4019 + 0.5716 = 0.9735$

$\sqrt{T} = \sqrt{0.9735} = 0.98666$

$m = 1/\sqrt{T} = 1/0.98666 = 1.01352$

검사	1	2	3	4	5
D요인	d_1	d_2	d_3	d_4	d_5
부하량	-0.029	0.146	0.151	0.169	0.083

여태까지 추출한 4개 요인과 그 부하량을 정리하면 다음과 같다.

검사	요인A	요인B	요인C	요인D	h^2
1	0.501	0.598	0.147	-0.029	
	(0.251)	(0.358)	(0.022)	(0.0008)	0.6318
2	0.765	0.225	0.264	0.146	
	(0.585)	(0.051)	(0.070)	(0.021)	0.727
3	0.686	-0.524	-0.214	0.151	
	(0.471)	(0.275)	(0.046)	(0.023)	0.815
4	0.623	-0.546	0.235	0.169	
	(0.388)	(0.298)	(0.055)	(0.029)	0.7710
5	0.458	0.362	-0.366	0.083	
	(0.210)	(0.131)	(0.134)	(0.007)	0.482
eigenvalue	1.905	1.113	0.327	0.0808(계 3,4258)	
비율(%)	55.6	32.48	9.54	2.35	

추출된 요인부하량을 가지고 상관계수를 산출(재생, 복원)하면 다음과 같다.

한 요인 A만에 의한 복원 상관계수

$r_{12}=0.501\times0.765=0.3832$

$r_{13}=0.501\times0.686=0.3436$

$r_{14}=0.501\times0.623=0.3121$

$r_{15}=0.501\times0.458=0.2294$

$r_{23}=0.765\times0.686=0.5248$

$r_{24}=0.765\times0.623=0.4765$

$r_{25}=0.765\times0.458=0.3504$

$r_{34}=0.686\times0.623=0.4273$

$r_{35}=0.686\times0.458=0.3141$

$r_{45}=0.623\times0.458=0.2853$

두 요인 A, B에 의한 복원 상관계수

$r_{12}=0.501\times0.765+0.598\times0.225=0.3832+0.1345=0.5177$

$r_{13}=0.501\times0.686+0.598\times(-0.524)=0.3436-0.3133=0.0303$

$r_{14}=0.501\times0.623+0.598\times(-0.546)=0.3121-0.3265=-0.0144$

$r_{15}=0.501\times0.458+0.598\times0.362=0.2294+0.2164=0.4458$

$r_{23}=0.765\times0.686+0.225\times(-0.524)=0.5248-0.1179=0.4069$

$r_{24}=0.765\times0.623+0.225\times(-0.546)=0.4765-0.1229=0.3536$

$r_{25}=0.765\times0.458+0.225\times0.362=0.350+0.08145=0.4318$

$r_{34}=0.686\times0.623+(-0.524)\times(-0.546)=0.4273+0.2861=0.7134$

$r_{35}=0.686\times0.458+(-0.524)\times0.362=0.3141-0.1896=0.1245$

$r_{45}=0.623\times0.458+(-0.546)\times(0.362)=0.2853-0.1976=0.0877$

세 요인 A B C에 의한 상관계수의 복원

$r_{12}=0.501\times0.765+0.598\times0.225+0.147\times0.264=0.3832+0.1345+0.039=0.5567$

$r_{13}=0.501\times0.686+0.598\times(-0.524)+0.147\times(-0.214)=0.3436-0.3133-0.0314=-0.0011$

:　　　:

$r_{23}=0.765\times0.686+0.225\times(-0.524)+0.264\times(-0.214)=0.5248-0.1179-0.0565=0.3504$

:　　　:

$r_{45}=0.623\times0.458+(-0.546)\times(0.362)+0.235\times(-0.366)=0.2853-0.1976-0.0860=0.0017$

네 요인A B C D에 의한 상관계수의 복원

$r_{12}=0.501\times0.765+0.598\times0.225+0.147\times0.264$

$\quad+(-0.029)\times0.146=0.3832+0.1345+0.039-0.0076=0.5491$

$r_{13}=0.501\times0.686+0.598\times(-0.524)+0.147\times(-0.214)$
$+(-0.029)\times0.151=0.3436-0.3133-0.0314-0.0044=-0.0055$

:　　　:

$r_{23}=0.765\times0.686+0.225\times(-0.524)+0.264\times(-0.214)$
$+0.146\times0.151=0.5248-0.1179-0.0565+0.0220=0.3724$

:　　　:

$r_{45}=0.623\times0.458+(-0.546)\times(0.362)+0.235\times(-0.366)$
$+0.169\times0.083=0.2853-0.1976-0.0860+0.0140=0.0157$

표7) 복원된 상관계수와 원 상관계수의 일치율

	원래의 r	A요인 복원 상관계수	일치율	A B요인 복원 상관계수	일치율
r_{12}	0.56	0.383	0.684	0.518	0.925
r_{13}	0.00	0.344	0.656	0.030	0.970
r_{14}	0.00	0.312	0.688	-0.014	0.986
r_{15}	0.40	0.229	0.573	0.446	0.885
r_{23}	0.40	0.525	0.688	0.407	0.983
r_{24}	0.45	0.477 ②	0.940	0.354	0.787
r_{25}	0.35	0.350	1.000	0.432	0.766
r_{34}	0.72	0.427	0.593	0.713	0.990
r_{35}	0.24	0.314	0.692	0.125	0.521
r_{45}	0.00	0.285	0.715	0.088	0.912

평균일치율 0.723　　　　　　　　평균일치율 0.873

일치율 증가 0.150(0.873-0.723)

	원래의 r	A B C요인 복원 상관계수	일치율	A B C D요인 복원 상관계수	일치율
r_{12}	0.56	0.557 ①	0.995	0.552	0.986
r_{13}	0.00	-0.001 ③	0.999	-0.006	0.994
r_{14}	0.00	0.020 ④	0.980	0.015	0.985
r_{15}	0.40	0.392	0.980	0.390	0.975
r_{23}	0.40	0.351	0.878	0.373	0.933
r_{24}	0.45	0.416	0.924	0.440	0.978
r_{25}	0.35	0.335	0.957	0.374	0.991
r_{34}	0.72	0.663	0.921	0.689	0.957
r_{35}	0.24	0.203	0.845	0.215	0.896
r_{45}	0.00	0.002	0.998	0.016	0.984

평균일치율 0.954　　　　　　　　평균일치율 0.968

C추가에 의한 일치율증가 0.081(0.954-0.873)
D추가에 의한 일치율증가 0.014(0.968-0.954)

일치율 산출

(1)복원 상관계수가 원래의 상관계수보다 적은 경우

$$일치율 = \frac{복원된\ 상관계수}{원래의\ 상관계수}$$

①의 경우 $\frac{0.557}{0.56} = 0.995$

(2)복원 상관계수가 원래의 상관계수보다 큰 경우

$$일치율 = \frac{원래의\ 상관계수-(복원된\ 상관계수-원래의\ 상관계수)}{원래의\ 상관계수}$$

$$= \frac{2\times 원래의\ 상관계수-복원된\ 상관계수}{원래의\ 상관계수}$$

$$=2-\frac{복원된\ 상관계수}{원래의\ 상관계수}$$

②의 경우 $2-\frac{0.477}{0.45} = 2-1.06 = 0.940$

(3)원래의 상관계수가 "0"인 경우
일치율=1-|복원된 상관계수|
③의 경우 1-|-0.001|=1-0.001=0.999
④의 경우 1-|0.020|=1-0.020=0.980

다른 예(Guilford, 1964, pp 493-499)

원래의 상관행열

	검사1	검사2	검사3	검사4	검사5	검사6
검사1		0.63	0.00	0.00	0.27	0.00
검사2			0.32	0.36	0.21	0.00
검사3				0.72	0.27	0.24
검사4					0.00	0.00
검사5						0.72
검사6						

위 상관행열에서 5개의 요인을 추출하면 다음과 같다.

	요인A	요인B	요인C	요인D	요인E
검사1	0.449	0.156	-0.617	-0.070	-0.039
검사2	0.631	0.444	-0.432	0.185	0.166
검사3	0.666	0.230	0.522	0.344	-0.162
검사4	0.528	0.444	0.493	0.058	0.073
검사5	0.642	-0.598	-0.132	0.148	-0.052
검사6	0.493	-0.665	0.147	0.108	0.303

(D요인,E요인은 필자가 추가로 요인분석한 것임)

A요인에 의해 복원된 상관계수들의 평균 일치율=0.593
A B요인에 의해 복원된 상관계수들의 평균 일치율=0.749
    증가된 일치율=0.749-0.593=0.156
A B C요인에 의해 복원된 상관계수들의 평균 일치율=0.955
    증가된 일치율=0.955-0.749=0.205
A B C D요인에 의해 복원된 상관계수들의 평균 일치율=0.953
    증가된 일치율 0.953-0.955=-0.002
A B C D E요인에 의해 복원된 상관계수들의 평균 일치율=0.975
    증가된 일치율=0.975-0.953=0.022

5)요인의 수

요인부하량에 의해 원래의 상관계수가 복원될 때 원래의 상간계수와 복원된 상관계수가 일치되기 위해서는 추출된 요인의 수가 많아야 한다. 요인의 수가 많을수록 높아진다. 그러나 무한히 요인의 수를 늘릴 수는 없다. 어느 정도까지 요인의 수를 늘려야 하는가? 대략 일치율이 95%일 때의 요인수가 요인분석에서의 요인의 수로서 적절하다고 본다. 아래 표1의 경우 A,

B, C 세 요인에 의해 복원된 일치율이 95.4%이고 A, B, C, D 네 요인에 의해 복원된 일치율이 96.8%이다. D요인을 추가함으로서 1.6%의 일치율만 증가한다. 표2의 경우 A, B, C 세 요인에 의해 복원된 상관계수의 일치율이 95.5%이고 A, B, C, D 네 요인에 의한 일치율이 95.3으로 두 일치율이 거의 같다. 따라서 두 예의 경우 A, B, C 세요인만 추출해도 무방하리라고 본다.

고유치가 1이상인 요인의 수가 요인분석의 요인수로 보는 경우도 있다(Spearritt, 1988). 표1에서 고유치가 1이상인 경우는 A, B 두 요인이다. 표2의 경우 고유치가 1이상인 경우는 A, B, C 세 요인이다.

표1)

검사	요인A	요인B	요인C	요인D
1	0.501	0.598	0.147	-0.029
2	0.765	0.225	0.264	0.146
3	0.686	-0.524	-0.214	0.151
4	0.623	-0.546	0.235	0.169
5	0.458	0.362	-0.366	0.083
일치율	0.723	0.873	0.954	0.968
고유치	1.905	1.114	0.326	0.080

표2)

	A요인	B요인	C요인	D요인	E요인
1	0.449	0.156	-0.617	-0.070	-0.039
2	0.631	0.444	-0.432	0.185	0.166
3	0.666	0.230	0.522	0.344	-0.162
4	0.528	0.444	0.493	0.058	0.073
5	0.642	-0.598	-0.132	0.148	-0.052
6	0.493	-0.665	0.147	0.108	0.393
일치율	0.593	0.749	0.955	0.953	0.975
고유치	1.977	1.271	1.121	0.1942	0.155

3.요인의 회전(rotation)

1)직교회전

직교회전이란 두 요인축이 90도를 이루면서 회전되는 것이다. 절차는 다음과 같다.

(1)두 요인의 회전

① 모눈종이 위에 각 검사의 위치를 두 요인에 의한 좌표로 나타낸다.

표1) 두 요인행렬표

	A_0	B_0	h^2
검사1	0.3	0.6	0.45
검사2	0.4	0.2	0.2
검사3	0.5	−0.4	0.41
검사4	0.8	−0.2	0.68

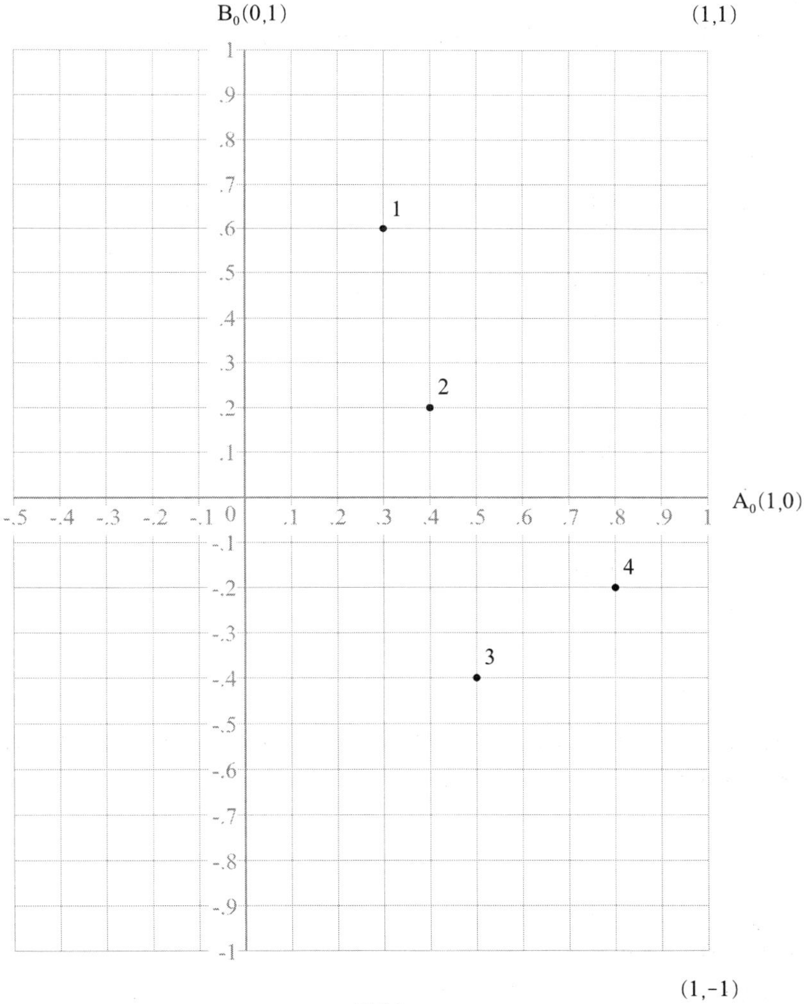

그림 1

② 90도를 이루는 두 요인축 중 한 요인축의 기울기를 결정한다.

일반적으로 가장 변방에 위치한 검사의 좌표를 지나가게 하지만 반드시 그럴 필요는 없다. 그림1에서 가장 변방에 위치한 3검사의 좌표를 지나가게 하는 경우 이 직선의 기울기는 =-0.4/0.5 =-0.8이다. 그러면 원점에서 이 3검사를 지나는 직선의 함수식은 다음과 같다.

$$B_0=-0.8A_0$$

③ 직선 $B_0=-0.8A_0$에서 $A_0=1$일 때 $B_0=-0.8$이다. 이 지점을 A_1으로 표시한다. A_1을 A_0, B_0의 좌표로 나타내면 $A_1(1, -0.8)$이 된다.

④ 직선 $B_0=-0.8A_0$와 수직이면서 원점을 지나는 직선의 기울기는 +0.5/0.4=1.25이고 직선의 함수식은 다음과 같다.

$$B_0=1.25A_0$$

이 식에서 $B_0=1$일 때 $A_0=0.8$이 된다. 이 지점을 B_1로 표시한다. B_1을 A_0, B_0의 좌표로 나타내면 $B_1(0.8, 1)$이 된다.

⑤ ③, ④에 의해 A_1과 B_1을 A_0, B_0의 좌표로 동시에 나타내면 다음과 같다.

표2)

	A_1	B_1
A_0	1	0.8
B_0	-0.8	1

⑥ A_1의 A_0 1, B_0 -0.8을 제곱해서 더하고 평방근을 구한다. 마찬가지로 B_1 의 A_0 0.8, B_0 1을 제곱해서 더하고 평방근을 구한다.

		A_1	B_1
A_0		1	0.8
B_0		-0.8	1
	Σl^2	1.64	1.64
	$\sqrt{\Sigma l^2}$	1.28	1.28
D_{01}	$1/\sqrt{\Sigma l^2}$	0.781	0.781

⑦ D_{01}의 값을 A_1과 A_0의 1, A_1과 B_0의 -0.8에 곱한다. 마찬가지로 D_{01}의 값을 B_1과 A_0의 0.8, B_1과 B_0의 1에 곱한다. 이를 T_{01}이라고 한다.

T_{01}

	A_1	B_1
A_0	0.781(a)	0.625
B_0	-0.625(b)	0.781

(a)=1×0.781=0.781

(b)=-0.8×0.781=-0.625

⑧T_{01}의 값에 각 검사의 두 요인부하량을 곱해서 더한다. 예를 제시한다.

요인행열

	A_0	B_0	h^2
1	0.3	0.6	0.45
2	0.4	0.2	0.20
3	0.5	-0.4	0.41
4	0.8	-0.2	0.68

T_{01}

	A_1	B_1
A_0	0.781	0.625
B_0	-0.625	0.781

회전된 요인행열

	A_1	B_1	h^2
1	-0.141(a)	0.625(b)	0.45
2	0.187(c)	0.406(d)	0.20
3	0.641(e)	0 (f)	0.41
4	0.75 (g)	0.344(h)	0.68

(a)=0.3×0.781+0.6×(-0.625)=0.2343-0.375=-0.141
(b)=0.30×0.625+0.6×0.781=0.1875+0.4686=0.656
(c)=0.4×0.781+0.2×(-0.625)=0.3124-0.125=0.187
(d)=0.4×0.625+0.2×0.781=0.25+0.1562=0.406
(e)=0.5×0.781+(-0.4)×(-0.625)=0.3905+0.25=0.6405
(f)=0.5×0.625+(-0.4)×0.781=0.3125-0.3124=0.0001
(g)=0.8×0.781+(-0.2)×(-0.625)=0.6248+0.125=0.7498
(h)=0.8×0.625+(-0.2)×0.781=0.5-0.1538=0.3438

⑨ 회전된 요인행열의 각 검사 h^2와 원래 요인행열의 각 검사 h^2가 같은지 확인한다. 이 경우 원래 요인행열에서 1검사의 h^2는 0.45, 2검사 0.2, 3검사 0.41, 4검사 0.68인데 회전된 요인행열에서 1검사의 h^2는 0.45, 2검사 0.2, 3검사 0.41, 4검사 0.68로 같다. 직교회전이 제대로 이루어진 것이다. 여태까지의 과정을 그림으로 나타내면 그림2와 같다.

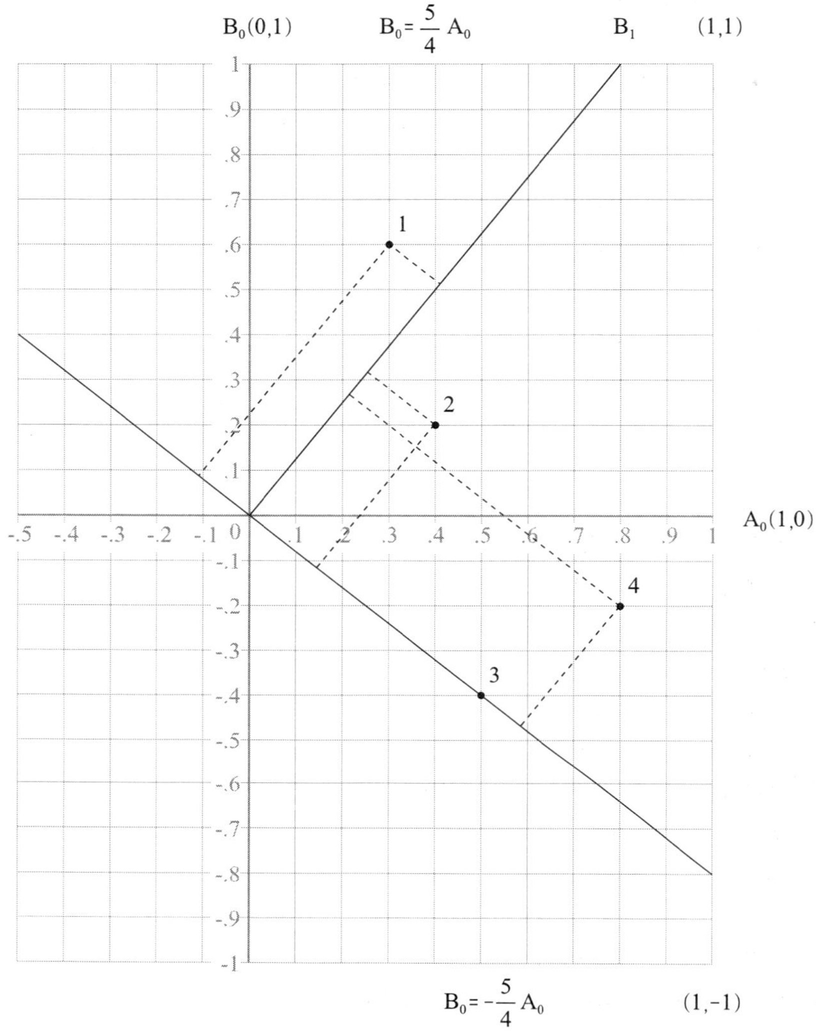

그림 2

이번에는 3검사와 4검사 사이를 지나며 기울기가 −3/8이고 직선함수가 $B_0=(-3/8)A_0$인 경우 직교회전의 예를 제시한다. 이 과정은 표3에 나타나 있으며 그림으로 나타내면 그림3과 같다.

표3)

		A_1	B_1
	A_0	1	0.375
	B_0	−0.375	1
	Σl^2	1.141	1.141
	$\sqrt{\Sigma l^2}$	1.068	1.068
D_{01}	$1/\sqrt{\Sigma l^2}$	0.936	0.936

T_{01}	A	B
A_0	0.936	0.351
B_0	−0.351	0.936

	A_0	B_0	h^2
1	0.3	0.6	0.45
2	0.4	0.2	0.20
3	0.5	−0.4	0.41
4	0.8	-0.2	0.68

	A_1	B_1	h^2
1	0.070(a)	0.667(b)	0.45
2	0.304(c)	0.3276 (d)	0.20
3	0.608	−0.199	0.40
4	0.819	0.090	0.68

(a)=0.3×0.936+0.6×(−0.351)=0.2808−0.2106=0.0702

(b)=0.3×0.351+0.6×0.936=0.1053+0.5616=0.6669

(c)=0.4×0.936+0.2×(−0.351)=0.3744−0.0702=0.3042

(d)=0.4×0.351+0.2×0.936=0.1404+0.1872=0.3276

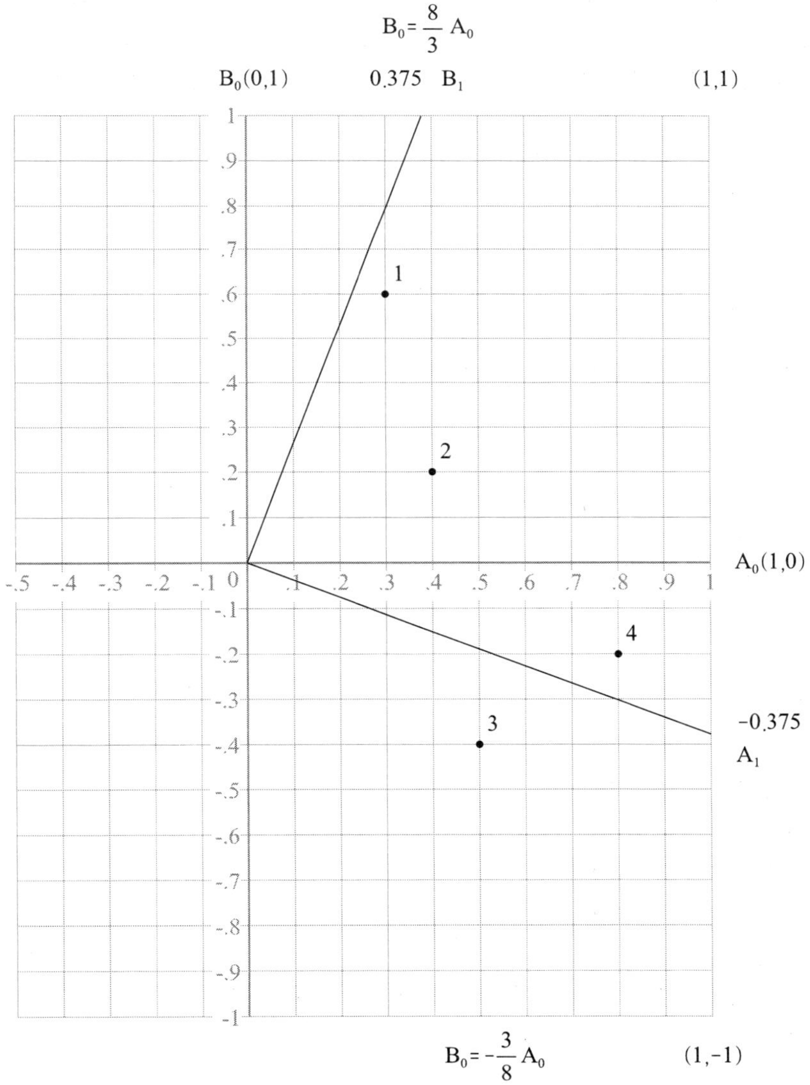

그림 3

(2)세 요인 직교회전

① 세 요인이 A_0, B_0, C_0인 경우 C_0를 그대로 놔두고 먼저 A_0, B_0를 회전시킨다. 회전시키는 방법은 앞서 두 요인의 직교회전과 같다.

	A_0	B_0	C_0	h^2
1	0.2	0.4	−0.5	0.45
2	0.6	0.3	−0.2	0.49
3	0.4	−0.3	0.5	0.50
4	0.7	−0.1	0.4	0.66

두 회전축 중 하나가 검사3을 지나게 하면 A_1, B_1의 A_0, B_0축상의 값은 다음 표 4와 같이 된다. 검사3을 지나는 직선 $B_0=(-3/4)A_0$ 여기서 $A_0=1$이면 $B_0=-0.75$ 따라서 $A_1(1, -0.75)$ 직선 $B_0=(-3/4)A_0$와 수직선은 $B_0=(4/3)A_0$ 여기서 $B_0=1$이면 $B_0=0.75$ 따라서 $B_1(0.75, 1)$

표4)

		A_1	B_1
	A_0	1	0.75
	B_0	−0.75	1
	Σl^2	1.563	1.563
	$\sqrt{\Sigma l^2}$	1.25	1.25
D_{01}	$1/\sqrt{\Sigma l^2}$	0.80	0.80

T_{01}

	A_1	B_1	C_1
A_0	0.8	0.6	0
B_0	−0.6	0.8	0
C_0	0	0	1

제 1차 회전행열

	A_1	B_1	C_1	h^2
1	−0.08(a)	0.44(b)	−0.5	0.45
2	0.30(c)	0.60(d)	−0.2	0.49
3	0.50	0	0.5	0.50
4	0.62	0.34	0.4	0.66

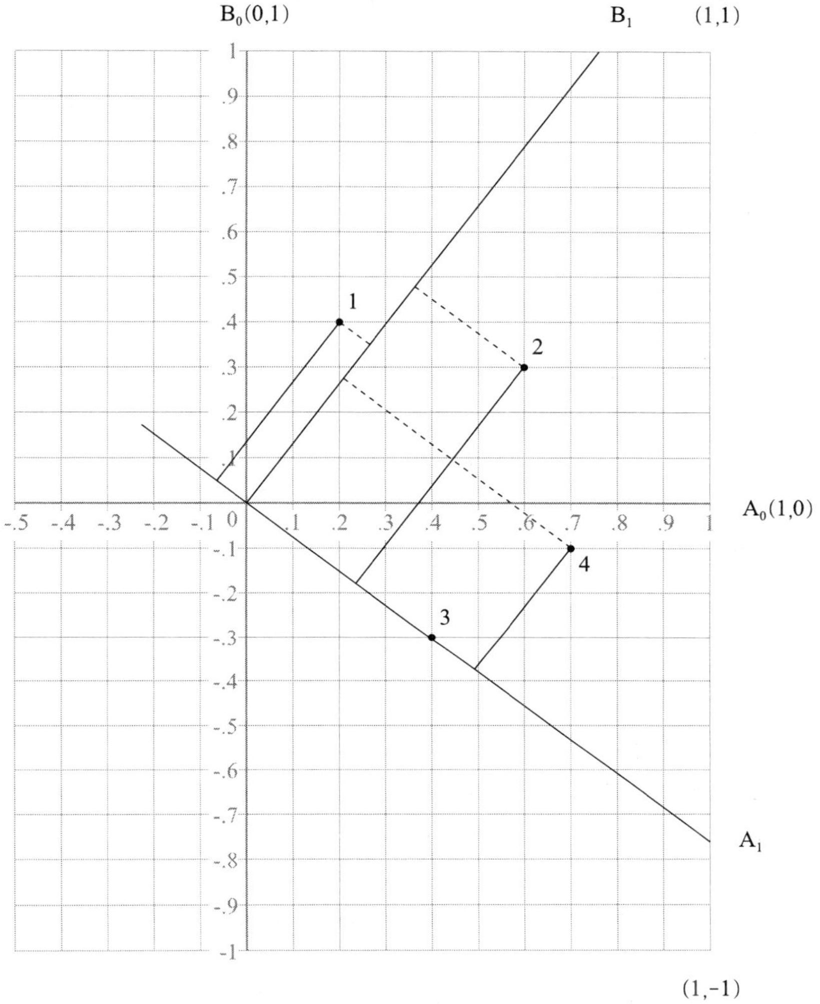

그림 4

T_{01}행열에서 A_1, B_1에 해당하는 C_0의 값은 각각 0, C_1에 해당하는 C_0의 값은 1로 한다. 제 1차 회전행열에서 C_1은 C_0을 회전하지 않았으므로 C_0의 값 그대로 하고 A_1, B_1의 값은 앞서의 경우와 같이 A_0, B_0에 T_{01}의 값을 곱해서 얻는다.

(a)=0.2×0.8+0.4×(-0.6)+(-0.5)×0=0.16-0.24+0=-0.08
(b)=0.2×0.6+0.4×0.8+(-0,5)×0=0.12+0.32+0=0.44
(c)=0.6×0.8+0.3×(-0.6)+(-0.2)×0=0.48-0.18+0=0.3
(d)=0.6×0.6+0.3×0.8+(-0.2)×0=0.36+0.24+0=0.6

② 제 1차 회전행열에서 A_1과 C_1을 축으로 하는 각 검사의 좌표를 모눈 종이에 그린다. 검사 3을 지나가게 하면 C_2의 A_1=1, C_1=1이 되고 A_2의 A_1=1, C_1=-1이 된다.

제 1차 회전행열에 T_{12}를 앞의 방식대로 곱하면 제 2 회전행열이 된다.

		A_2	C_2
	A_1	1	1
	C_1	-1	1
	Σl^2	2	2
	$\sqrt{\Sigma l^2}$	1.414	1.414
D_{01}	$1/\sqrt{\Sigma l^2}$	0.707	0.707

T_{12}

	A_2	B_2	C_2
A_1	0.707	0	0.707
B_1	0	1	0
C_1	-0.707	0	0.707

제 2차 회전행열

	A_2	B_2	C_2	h^2
1	0.297(a)	0.44(b)	-0.410(c)	0.45
2	0.354(d)	0.60(e)	0.071(f)	0.49
3	0	0	0.707	0.50
4	0.156	0.34	0.721	0.66

(a)$=-0.08\times0.707+0.44\times0+(-0.5)\times(-0.707)=-0.05656+0+0.3535=0.297$

(b)$=-0.08\times0+0.44\times1+(-0.5)\times0=0.44$

(c)$=-0.08\times0.707+0.44\times0+(-0.5)\times0.707=-.0565+0-0.3535=-0.410$

(d)$=0.30\times0.707+0.60\times0+(-0.2)(-0.707)=0.2121+0+0.1414=0.354$

(e)$=0.3\times0+0.6\times1+(-0.2)\times0=0.6$

(f)$=0.3\times0.707+0.6\times0+(-0.2)\times0.707=0.2121+0-0.1414=0.071$

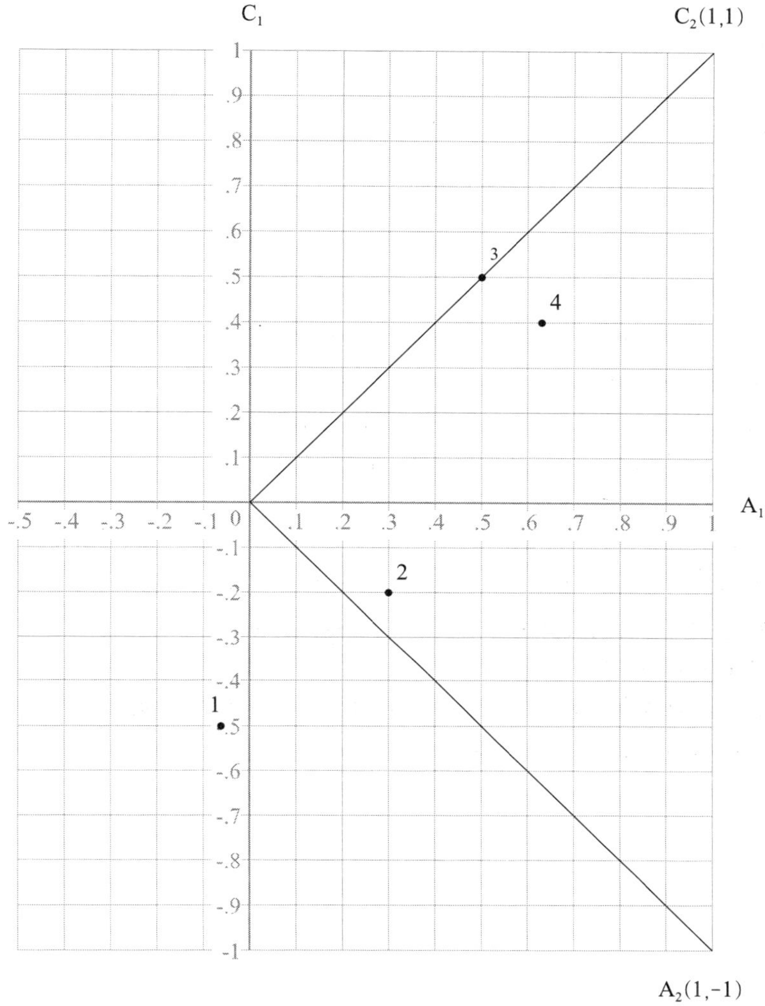

그림 5

③ 제 2차 회전행열에서 B_2와 C_2를 축으로 한 각 검사의 좌표를 모눈종이에 그린다. 제 1검사를 지나가게 하면 B_3의 B_2=1, C_2=0.931이 되고 C_3의 B_2=0.931, C_2=1이 된다.

		B_3	C_3
	B_2	1	0.931
	C_2	−0.931	1
	Σl^2	1.867	1.867
	$\sqrt{\Sigma l^2}$	1.367	1.367
D_{01}	$1/\sqrt{\Sigma l^2}$	0.731	0.731

		T_{23}	
	A_3	B_3	C_3
A_2	1	0	0
B_2	0	0.73	0.681
C_2	0	-0.681	0.731

제 3회전 요인행열

	A_3	B_3	C_3	h^2
1	0.297(a)	0.601(b)	0(c)	0.4494(0.45)
2	0.354(d)	0.390(e)	0.461(f)	0.4899(0.49)
3	0 (g)	-0.481(h)	0.517(i)	0.4985(0.50)
4	0.156(j)	-0.243(k)	0.759(l)	0.6593(0.66)

(a)=0.297×1+0.44×0+(-0.410)×0=0.297

(b)=0.297×0+0.44×0.731+(-0.410)×(-0.681)=0+0.322+0.2791=0.601

(c)=0.297×0+0.44×0.681+(-0.410)×0.731=0+0.2996-0.29971=0

(d)=0.354×1+0.60×0+0.071×0=0.354

(e)=0.354×0+0.60×0.731+0.071×(-0.681)=0+0.4386-0.04835=0.390

(f)=0.354×0+0.60×0.681+0.071×0.731

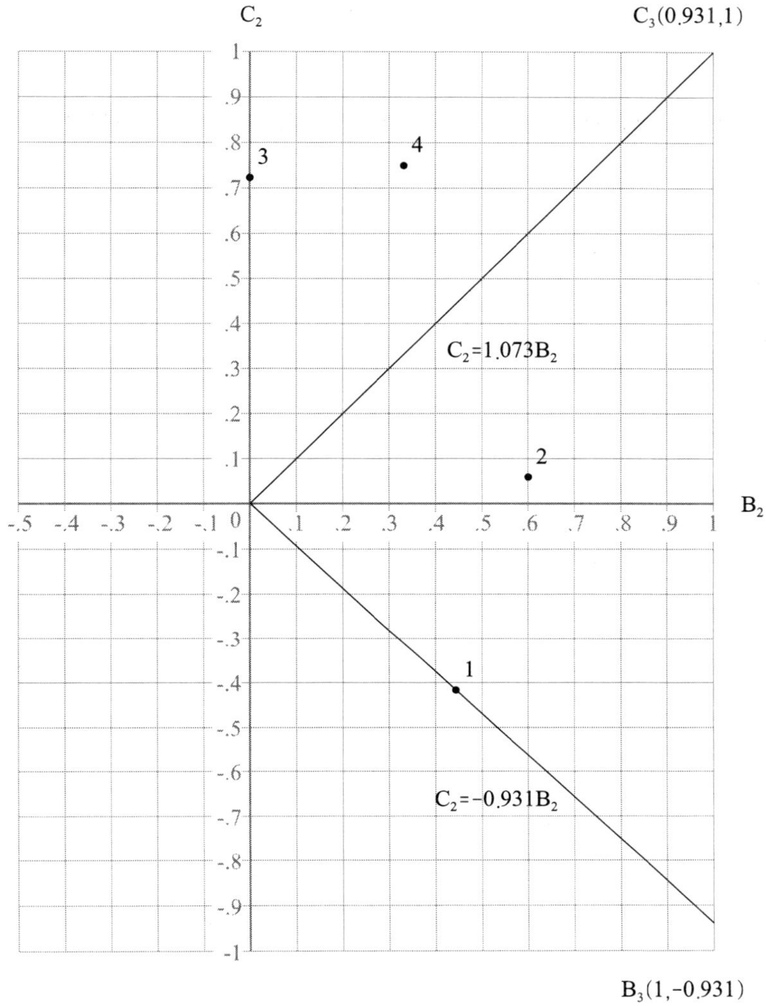

그림 6

$=0+0.4086+0.0519=0.461$

$(g)=0\times1+0\times0+0.707\times0=0$

$(h)=0\times0+0\times0.731+0.707\times(-0.681)=0+0-0.4814=0.4814$

$(i)=0\times0+0\times0.681+0.707\times0.731=0+0+0.517$

$(j)=0.156\times1+0.34\times0+0.721\times0=0.156$

$(k)=0.156\times0+0.34\times0.731+0.721\times-0.681=0+0.2485-0.4910=-0.243$

$(l)=0.156\times0+0.34\times0.681+0.721\times0.731=0+0.2315+0.5270=0.759$

2)사교회전

(1)두 요인의 사교회전

예를 들어 A_0, B_0요인이 있고 4개의 검사가 있는데 각 검사의 A_0, B_0의 요인부하량은 다음과 같다고 하자.

표5)

	A_0	B_0
1	0.3	0.6
2	0.5	0.7
3	0.6	0.3
4	0.7	0.2

표5을 그래프로 나타내면 다음과 같다.

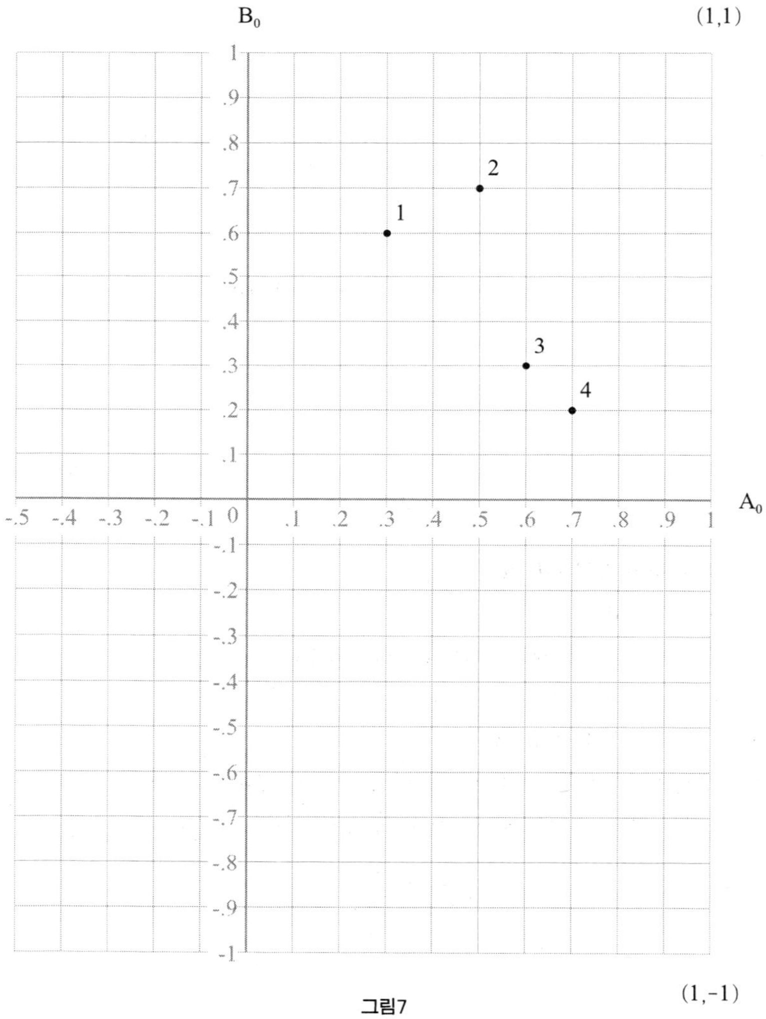

그림7

* 검사 1과 4로 이루어진 각도로 사교회전하는 경우

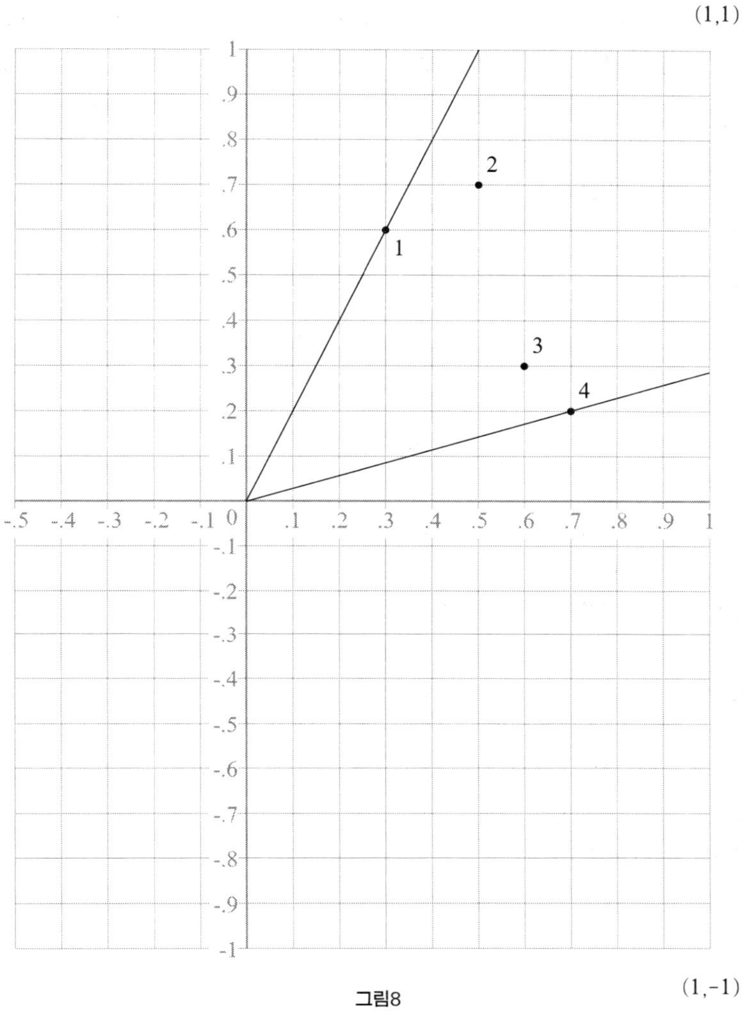

그림8

① 검사1을 지나는 직선의 기울기는 0.6/0.3=2

직선의 식 $B_0=2A_0$

이 직선과 수직인 직선의 기울기=-1/2

수직선의 식 $B_0=(-1/2)A_0$

이 수직선과 $A_0=1$이 만나는 지점을 A_1이라고 하면 $B_0=(-1/2)A_0$에서 $A_0=1$일 때 $B_0=-1/2$이 된다.

즉 $A_1(1, -1/2)$

② 검사4를 지나는 직선의 기울기=0.2/0.7=0.286

직선의 식 $B_0=0.286A_0$

이 직선과 수직인 직선의 기울기=-1/0.286=-3.50

수직선의 식 $B_0=-3.5A_0$

이 수직선과 $B_0=1$이 만나는 지점을 B_1이라고 하면 $B_0=-3.5A_0$에서 $B_0=1$일 때 $A_0=-0.286$

즉 $B_1(-0.286, 1)$

③ A_1, B_1을 A_0, B_0의 값으로 나타내면 즉 A_1, B_1의 좌표를 A_0, B_0의 값으로 나타내면 다음과 같다. A_1의 A_0, B_1의 B_0의 값이 "1"이 되게 한다.

	A_1	B_1
A_0	1	-0.286
B_0	-0.5	1

④ D_{01}의 값을 구한다.

		A_1	B_1
	A_0	1	-0.286
	B_0	-0.5	1
	Σl^2	1.25	1.082
	$\sqrt{\Sigma l^2}$	1.118	1.04
D_{01}	$1/\sqrt{\Sigma l^2}$	0.894	0.962

⑤ A_{01}을 구한다.

	A_1	B_1
A_0	0.894(a)	-0.275(b)
B_0	-0.447(c)	0.962(d)

$(a)=1\times0.894=0.894$

$(b)=-0.286\times0.962=-0.275$

$(c)=-0.5\times0.894=-0.447$

$(d)=1\times0.962=0.962$

⑥ 사교회전 요인행열

	A_1	B_1
1	0(a)	0.495(b)
2	0.134(c)	0.536(d)
3	0.402	0.124
4	0.537	0

$(a)=0.3\times0.894+0.6\times(-0.447)=0.2682-0.2682=0$

(b)=0.3×(−0.275)+0.6×0.962=0.495
(c)=0.5×0.894+0.7×(−0.447)=0.134
(d)=0.5×(−0.275)+0.7×0.962=0.536

⑦ A_1과 B_1의 상관

	A_1	B_1
A_1	1	−0.676(a)
B_1	−0.676(a)	1

(a)=0.894×(−0.275)+(−0.447)×0.962=−0.2458−0.430=−0.675

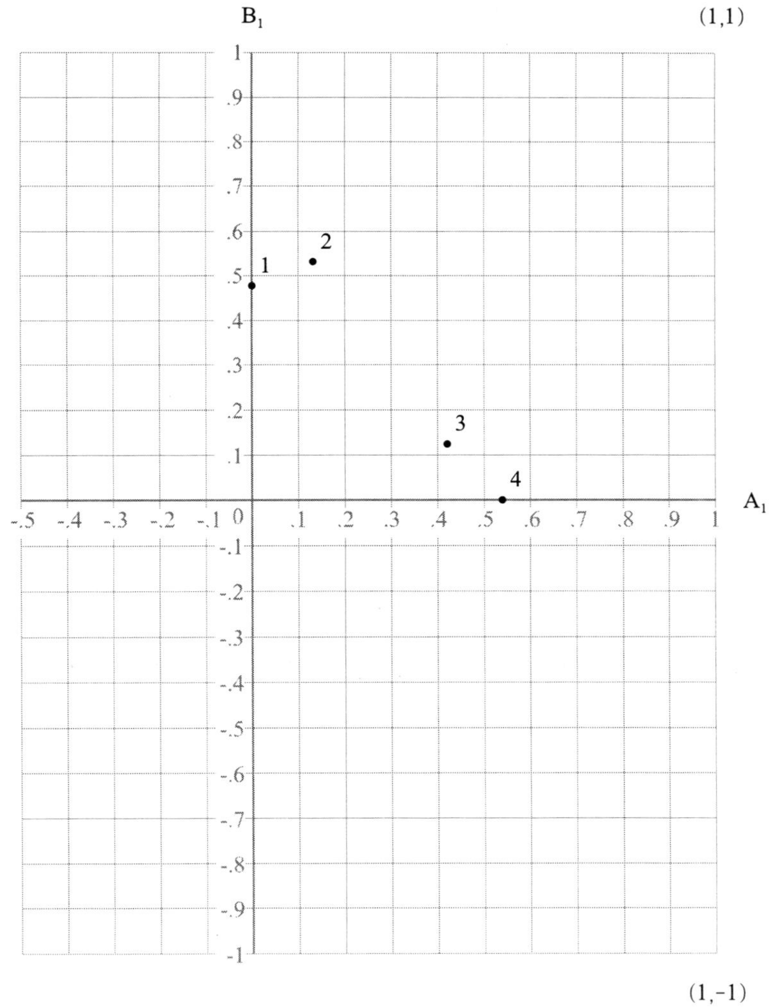

그림9

⑧ 여태까지의 과정을 그림으로 나타내면 다음 그림 10과 같다.

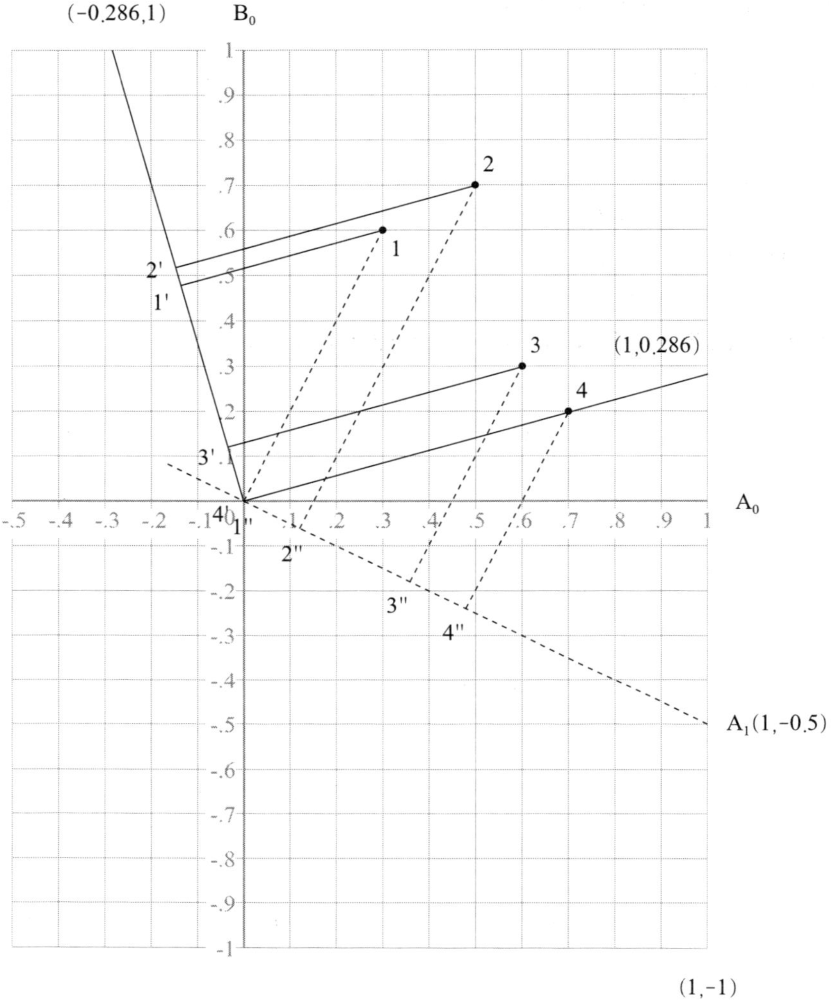

그림10

* 검사 1, 2를 대표하는 직선과 검사 3, 4를 대표하는 직선으로 이루어진 각도로 사교회전하는 경우

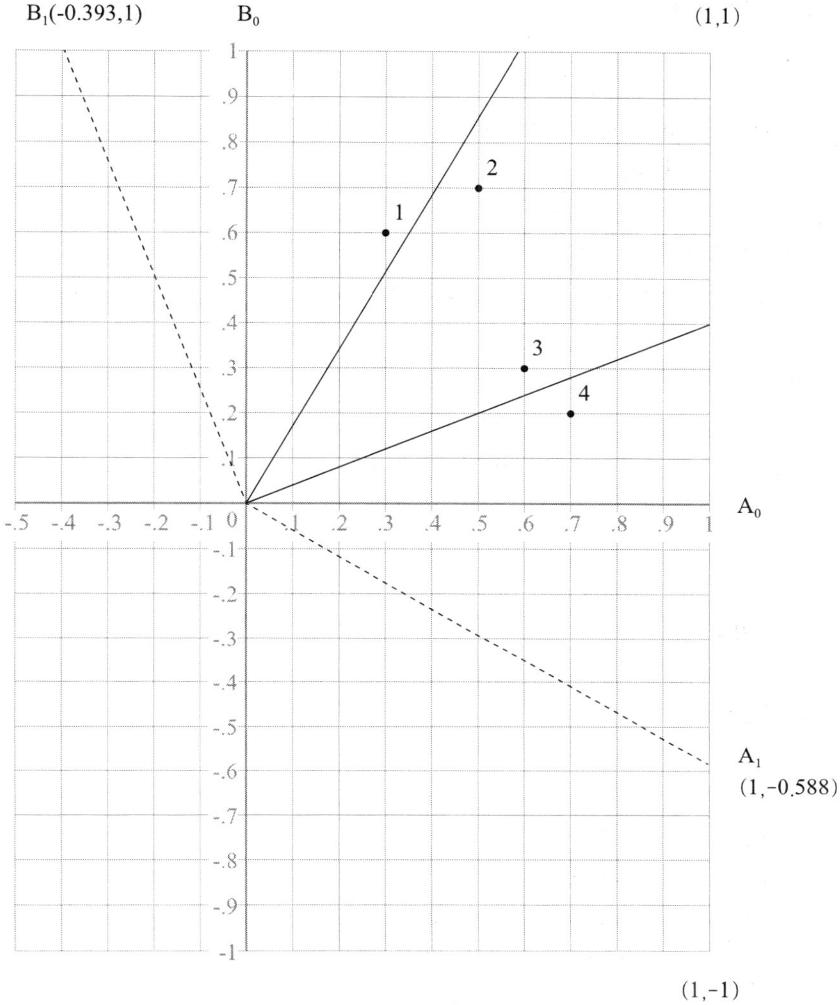

그림 11

① 검사 1, 2를 대표하는 직선

검사1의 기울기=0.6/0.2=2

검사2의 기울기=0.7/0.5=1.4

평균 기울기=(2+1,4)/2=1.7

직선의 식 B_0=1.7A_0

이 직선과 수직인 직선의 기울기=-1/1.7=-0.588

수직선의 식 B_0=-0.588A_0

이 수직선과 A_0=1이 만나는 지점을 A_1이라고 하면 B_0=-0.588A_0에서 A_0=1이면 B_0=-0.588이 된다.

즉 A_1(1, -0.588)

② 검사 3, 4를 지나는 직선

검사3의 기울기=0.3/0.6=0.5

검사4의 기울기=0.2/0.7=0.286

평균 기울기=(0.5+0.286)/2=0.393

직선의 식 B_0=0.393A_0

이 직선과 수직인 직선의 기울기=-1/0.393=-2.545

수직선의 식 B_0=-2.545A_0

이 수직선과 B_0=1이 만나는 지점을 B_1이라고 하면 B_0=-2.545A_0에서 B_0=1이면 A_0 =-0.398 이 된다.

즉 B_1(-0.393, 1)

③ A_1, B_1을 A_0, B_0의 값으로 나타내면 다음과 같다.

	A_1	B_1
A_0	1	-0.393
B_0	-0.5881	1

④ D_{01}을 구한다.

		A_1	B_1
	A_0	1	-0.393
	B_0	-0.588	1
	Σl^2	1.3457	1.1544
	$\sqrt{\Sigma l^2}$	1.16	1.074
D_{01}	$1/\sqrt{\Sigma l^2}$	0.862	0.931

⑤ A_{01}을 구한다.

	A_1	B_1
A_0	0.862	-0.366
B_0	-0.507	0.931

⑥ 사교회전 요인행열

	A_1	B_1
1	0.039	0.449
2	0.175	0.469

3	0.365	0.060
4	0.502	-0.07

⑦ A_1 과 B_1의 상관

	A_1	B_1
A_1	1	-0.787
B_1	-0.787	1

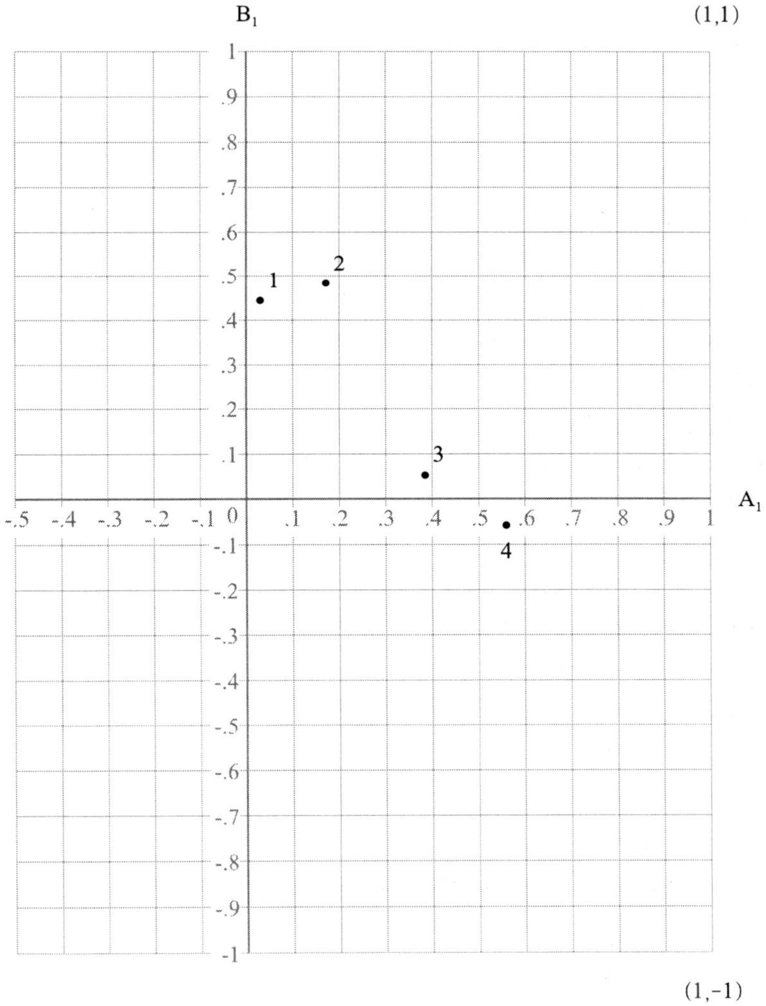

그림 12

(2)세 요인 사교회전

4개의 검사가 있고 3개의 요인이 추출되었는데 요인부하량은 다음과 같았다고 하자.

표4)

	A_0	B_0	C_0
1	0.5	0.7	-0.4
2	0.7	0.6	-0.2
3	0.4	-0.2	0.5
4	0.6	-0.2	0.6

① A_1과 B_1의 좌표 구하기

- A_0과 B_0의 좌표상에 각 검사의 위치를 요인부하량으로 나타냄

② 검사1과 2를 대표하는 직선을 그린다.

검사1의 기울기=0.7/0.5=1.4

검사2의 기울기=0.6/0.7=0.857

평균 기울기=(1.4+0.857)/2=1.129

직선의 식 $B_0=1.129A_0$

③ 평균 기울기를 가진 직선과 수직인 직선을 구한다.

수직선의 기울기=-1/1.129=-0.886

수직선의 식 $B_0=-0.886A_0$

④ 이 수직선이 $A_0=1$과 만나는 지점의 B_0값을 구한다.

$B_0=-0.886A_0$에서 $A_0=1$이면 $B_0=-0.886$이다. 이 지점을 A_1이라고 하면,

$A_1(1, -0.886)$

⑤ 검사3과 4를 대표하는 직선을 그린다.

검사3의 기울기=-0.2/0.4=-0.5

검사4의 기울기=-0.2/0.6=-0.333

평균 기울기=(-0.5-0.333)/2=-0.417

직선의 식$B_0=-0.417A_0$

⑥ ⑤의 직선과 수직인 직선을 구한다.

수직선의 기울기=1/0.417=2.398

수직선의 $B_0=2.398A_0$

⑦ 이 수직선이 $B_0=1$과 만나는 지점의 A_0의 값을 구한다.

$B_0=2.398A_0$에서 $B_0=1$일 때 $A_0=0.417$

이 지점을 B_1이라고 하면,

$B_1(0.417, 1)$ 그림으로 나타내면 그림 13과 같다.

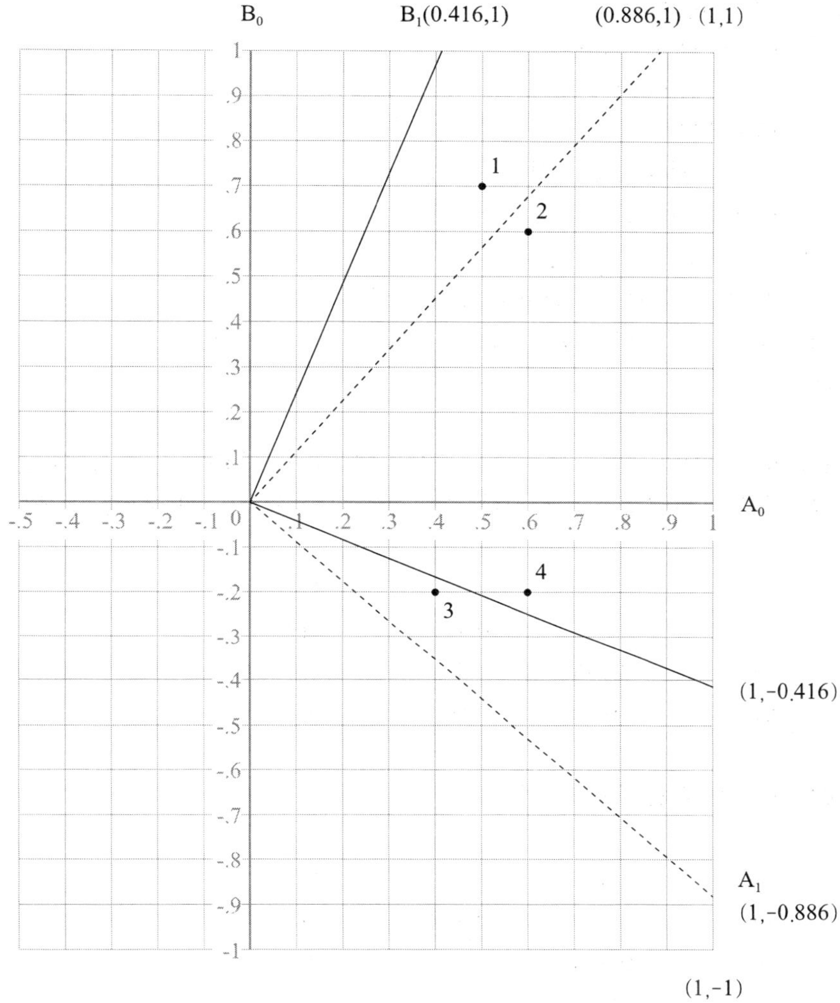

그림13

⑧ A_1과 B_1을 A_0, B_0으로 통합해서 나타내면 표5와 같다. A_1의 A_0값은 1이 되게 B_1의 B_0값은 1이 되게 한다.

표5)

	A_1	B_1
A_0	1	0.417
B_0	-0.886	1

C_1좌표 구하기

① A_0과 C_0의 직교좌표상에 각 검사의 위치를 요인부하량으로 나타낸다.

② 검사3, 4를 대표하는 직선을 구한다.

검사3의 기울기=0.5/0.4=1.25
검사4의 기울기=0.6/0.6=1.00
평균 기울기=(1.25+1.00)/2=1.13
직선의 식 C_0=1.13A_0
③ 이 직선과 수직인 직선을 구함
수직선의 기울기=-1/1.13=-0.885
수직선 C_0=-0.885A_0
④ 이 수직선이 C_0=-1과 만나는 A_0의 값을 구함
C_0=-0.885A_0에서 C_0=-1이면 A_0=1.13 이 지점을 C_1이라고 하면,
C_1(1.13, -1)

⑤ "(2)의 ⑧"(표5)과 "C_1의 ④"를 통합해서 A_1, B_1, C_1의 지점을 A_0, B_0, C_0의 값으로 나타내면 표6와 같다. C_1의 C_0값을 -1이거나 +1이 되게 한다. 먼저 -1의 경우를 계산한다.

표6)

	A_1	B_1	C_1
A_0	1	0.417	1.13
B_0	-0.886	1	0
C_0	0	0	-1

⑥ 표6에서 D_{01}의 값을 구한다.

표7)

		A_1	B_1	C_1
	A_0	1	0.417	1.13
	B_0	-0.886	1	0
	C_0	0	0	-1
	Σl^2	1.7849	1.1738	2.2769
	$\sqrt{\Sigma l^2}$	1.336	1.0834	1.5089
D_{01}	$1/\sqrt{\Sigma l^2}$	0.7485	0.9230	0.6627

⑦ 표7에서 A_{01}을 구한다.

	A_1	B_1	C_1
A_0	0.7485	0.3849	0.7488
B_0	-0.6632	0.417	0
C_0	0	0	-0.6627

⑧ 사교회전 요인행열

	A_1	B_1	C_1
1	-0.090(a)	0.484(b)	0.639(c)
2	0.126(d)	0.520(e)	0.657(f)
3	0.433	0.071	-0.032
4	0.582	0.418	0.052

(a)=0.50×0.7485+0.7×(-0.6632)+(-0.4)×0=0.37425-0.46424+0=-0.090
(b)=0.50×0.3849+0.7×0.417+(-0.4)×0=0.19245+0.2919+0=0.48435
(c)=0.50×0.7488+0.7×0+(-0.4)×(-0.6627)=0.3744+0+0.26508=0.63948
(d)=0.7×0.7485+0.6×(-0.663)+(-0.2)×0=0.52395-0.3978+0=0.12615
(e)=0.7×0.3849+0.6×0.417+(-0.2)×0=0.26943+0.2502+0=0.51963
(f)=0.7×0.7488+0.6×0+(-0.2)×(-0.6627)=0.52416+0+0.13254=0.6567

⑨ 회전된 요인들 간의 상관

	A_1	B_1	C_1
A_1	1	0.011(a)	0.560(b)
B_1	0.011	1	0.288(c)
C_1	0.560	0.288	1

(a)=0.7485×0.3849-0.6632×0.417+0×0=0.011
(b)=0.7485×0.7488+(-0.6632)×0+0×(-0.6627)=0.560
(c)0.3849×0.7488+0.4170+0×(-0.6621=0.288

④에서 C_1(1.13, -1)대신 C_1(0.543, 1)을 사용하는 경우(C_1의 C_0값은 1로함)

A_1 B_1 C_1의 A_0 B_0 C_0의 값

		A_1	B_1	C_1
	A_0	1	0.417	0.543
	B_0	-0.886	1	0
	C_0	0	0	1
	Σl^2	1.7849	1.1738	1.2948
	$\sqrt{\Sigma l^2}$	1.336	1.0834	1.1379
D_{01}	$1/\sqrt{\Sigma l^2}$	0.7485	0.9230	0.8788

		A_{01}	
	A_1	B_1	C_1
A_0	0.7485	0.3849	0.4771
B_0	−0.6638	0.417	0
C_0	0	0	0.8788

사교회전 요인행열

	A_1	B_1	C_1
1	−0.090	0.484	−0.1130
2	0.126	0.520	0.158
3	0.433	0.071	0.630
4	0.582	0.418	0.814

회전 요인들 간의 상관

	A_1	B_1	C_1
A_1	1	0.011	0.357
B_1	0.011	1	0.184
C_1	0.357	0.184	1

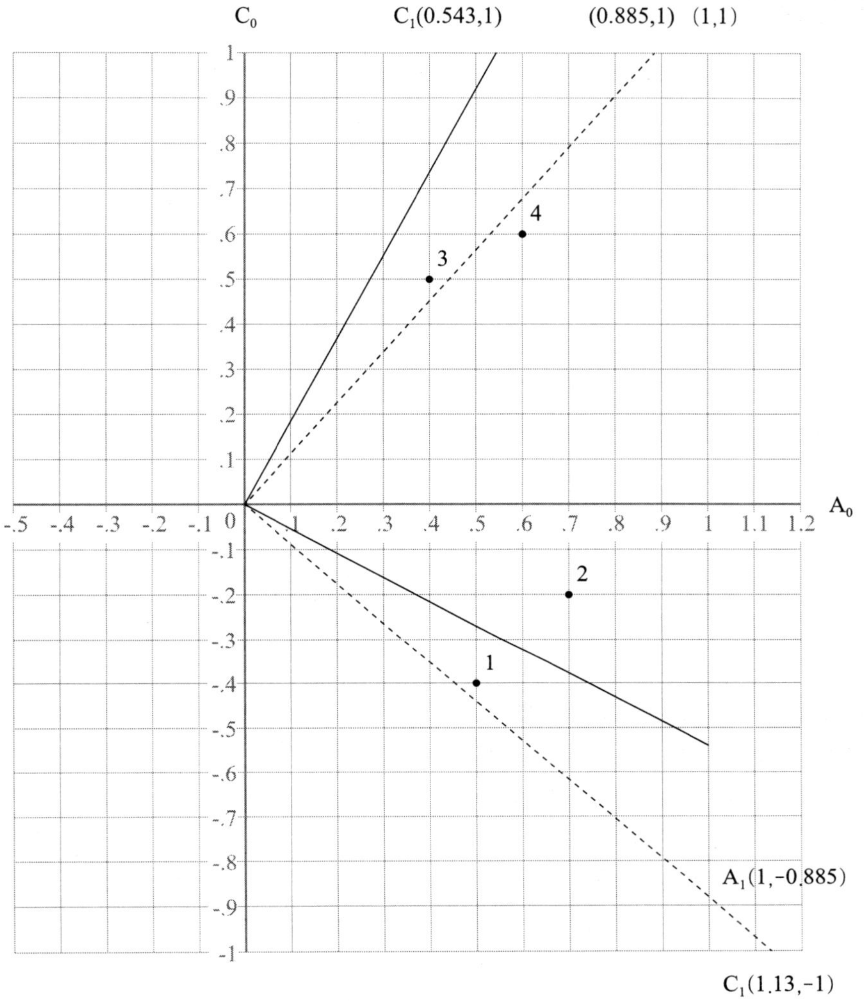

그림 14

× 참고문헌 ×

강봉규(1999), 심리검사의 이론과 기법, 서울: 동문사.

권석만 유성진 임영진 김지영(2010), 성격강점검사 전문가 지침서, 서울: 학지사

김아영(2002),학업동기검사 사용자 매뉴얼, 서울: 학지사.

김영환 문수백 홍상황(2011), 심리검사의 이론과 실제, 서울: 학지사.

김영환 오상우 홍상환 박은영(2002), PAI의 임상적 해석, 서울: 학지사.

김영환 김지혜 오상우 임영란 홍상황(2001), 성격평가질문지 실시오강, 서울: 학지사.

김재환 오상우 홍창희 김지혜 황순택 문혜신 정승아 이장환 정은경(2006), 임상심리검사의 이해, 서울: 학지사.

김정택 김혜숙, 16가지 성격유형의 특징, 서울: 한국심리검사연구소.

김진수 김완석(2000), 직업상담을 위한 심리검사, 서울: 학지사.

김호권, 표준적응검사 검사법요강, 서울: 서울대학교 사범대학 교육심리연구실.

박경 최순영(2010), 심리검사의 이론과 활용, 서울: 학지사.

박도순(2005), 문항작성 방법론, 서울: 교육과학사.

박도순(2006), 척도법, 서울: 교육과학사.

박용헌(1977), 성취동기 육성의 교수방안, 서울: 교육출판사. 백순근(편)(2007), 교육측정의 이론과 실제, 서울: 교육과학사.

변영계 김석우(2002), 학습기술진단검사 실시 및 해석요강, 서울: 학지사

변창진 최진승 문수백 김진규 권대훈(1997), 교육평가, 서울: 학지사.

오경자 이혜린 홍강의 하은혜(1997), 아동 청소년 행동평가척도, 서울: 중앙적성연구소.

이민수 이민규(2005), 한국우울증 검사요강, 서울: 학지사.

이상로 김경린, 적성진단검사 실시요강, 서울: 중앙적성출판사.

이상로 변창진, 표준화 지업흥미 실시요강, 서울: 중앙적성연구소.
이상로 변창진 진위교, 성격진단검사 실시요강, 서울: 중앙적성출판사.
연세대학교 부속 인간행동 여구소, 진로태도성숙도 검사 실시 요강, 서울: 중앙적성연구소.
이종구 현성용 최인수(2007), KMDAT-H 적성검사 실시요강, 서울: 한국가이던스.
이종승(2009), 현대교육평가, 서울: 교육과학사.
이종승(2005), 표준화 심리검사, 서울: 교육과학사.
이종승(2009), 진로탐색검사 전문가 지침서, 서울: 학지사.
임인재(1983), 심리측정의 원리, 서울: 교육출판사.
전용신(역)(1980), MMPI 검사해석편람, 서울:교육출판사.
정범모, 일반지능검사 검사법요강, 서울: 코리안테스팅센터.
정범모, 흥미검사방법요강, 서울: 코리안테스팅센터.
정범모, 인성검사방법요강, 서울: 코리안테스팅센터.
정범모, 적성종합검사 검사법 요강, 서울: 코리안테스팅센터
정범모 이정균 진위교, MMPI 다면적 인서검사 검사법요강, 서울: 코리안테스팅센터.
정원식, 자아개념검사 검사법요강, 서울: 코리안테스팅센터.
정원식 이영덕, 표준화 창의성 검사 실시요강 및 규준, 서울: 코리안테스팅센터.
정종진(2009), BGT 심리진단법 임상적 교육적 활용, 서울: 학지사.
중앙적성연구소, GATB 직업적성 검사 실시요강, 서울: 중앙적성연구소.
진위교 김형립(1995), 간편 MMPI 성격검사 실시요강, 서울: 코리안테스팅센터.
탁진국(2007), 심리검사 개발과 평가방법의 이해, 서울: 학지사.
허경조(2009), 기본 통계학 이해와 활용, 서울: 양서원.
황응연(1979), 인성진단검사 실시요강, 사단법인 대한사립중고등학교장회.
황정규(1984),인간의 지능,서울: 미음사.
황정규(1984), 학교학습과 교육평가, 서울: 교육과학사.

Anastasi, A.(1976), Psychological Testing, New York: Macmillan.
Anerson, L. W.(1981), Assessing Affective Characteristic in the School, Boston: Allyn & Bacon. 변창진 문수백 (공역)(1994), 정의적 특성의 사정, 서울: 교육과학사
Cronbach, L. J.(1990), Essentials of Psychological Testing, New York: Harper & Row, Publishers.
Ebel, R. L., Frisbie, D. A.((1991), Essentials of Educatinal Measurement, New Jersey: PrenticeHall, Englewood Cliffs.
Ferguson, G. A.((1976), Statistical Analysis in Psychology & ducation, Mcgrawhill Kogakusha, Ltd..
Gage, N. L. & Berliner, D. C.(1979), Educational Psychology, Chicago: Rand McNally.
Gronlund, N. E.(1981), Measurement and Evaluation in Teaching, New York: Macmillan.

Gronlund, N. E.(2003), Assessment of Student Achievement, New York: Pearson Education, Inc..

Guilford, J. P.(1964), Psychometric Method, New York: McGrawhill Book Company.

Guilford, J. P.(1967), The Nature of Human Intelligence, New York: McGrawhill Book Company.

Guilford, J. P. & Fruchter, B. (1981), Fundamental Statistics in Psychology and Education, McGraw Hill, Inc..

Hilgard

Kerlinger, F. N.(1973), Foundation of Behavioral Research, New York: Holt, Rinehart and Winston, Inc.

McMillan, J. H.(2004), Classrom Assessment, New York: Pearson Education, Inc..

Payne D. A.(2003), Applied Educational Assessment, CA: Wadsworth Group.

Pedhazur, E. J.(1982), Multiple Regression in Behavioral Research, New York: Holt, Rinehart and Winston, Inc.

Rocio Fernandez-Ballesteros(ed.)(2003), Encyclopedia of Psychological Assessment, London: Sage Publications.

Sattler, J. M.(1974), Assessment of Children s Intelligence, Philadelphia: W. B. Saunders Company.

Schofield, H.(1977), Assessment and Testing, London: George Allen and Unwin.

Spearritt, D.(1988), factor analysis, In J. P. Keeves(ed.), Educational Research, Methology and Mearsurement An International Handbook, NewYork: Pergmon Press.

Vernon, P. E.(1979), Intelligence Herdity and Environment, San Francisco: W. H. Freeman and Company

Worthen, B. R., White, K. R., Fan, X., Sudweeks, R. R.(1999), Measurement and Assessment in Schools, New York: Addison Wesley Longman, Inc..

Rorschach Ink Blot(강봉규,2008)

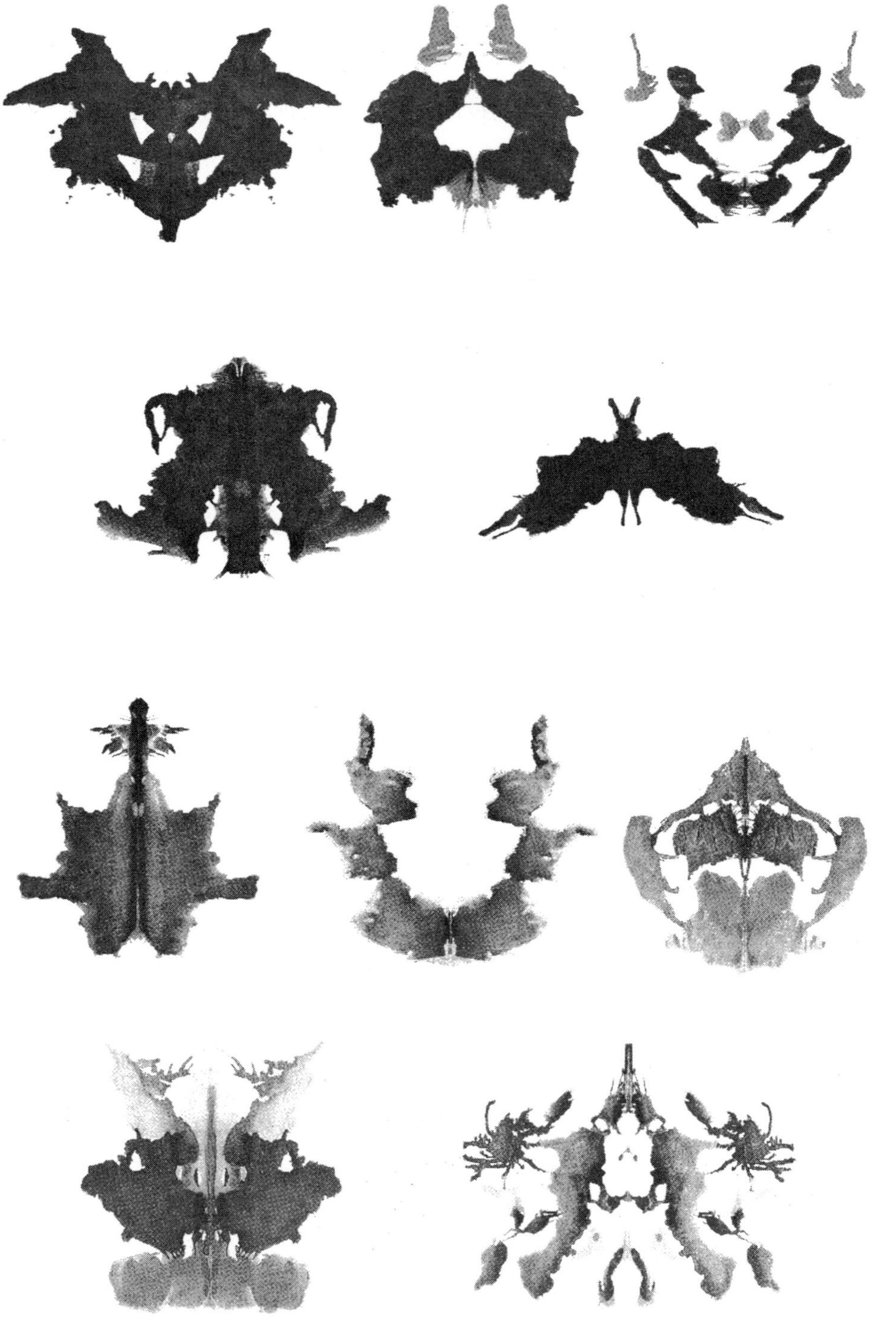

성취동기 측정 그림(박용헌, 1977)

Z수표

표A) 標準正常分布曲 하에서의 면적비율

z	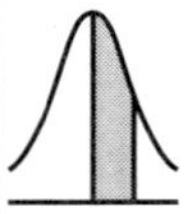 0 z	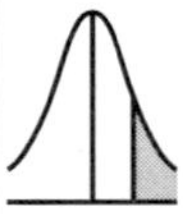 0 z	z	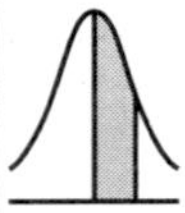 0 z	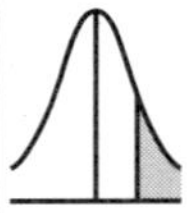 0 z	z	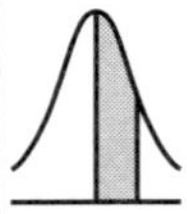 0 z	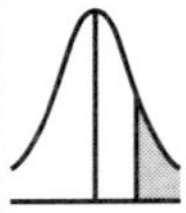 0 z
0.00	.0000	.5000	0.55	.2088	.2912	1.10	.3643	.1357
0.01	.0040	.4960	0.56	.2123	.2877	1.11	.3665	.1335
0.02	.0080	.4920	0.57	.2157	.2843	1.12	.3686	.1314
0.03	.0120	.4880	0.58	.2190	.2810	1.13	.3708	.1292
0.04	.0160	.4840	0.59	.2224	.2776	1.14	.3729	.1271
0.05	.0199	.4801	0.60	.2257	.2743	1.15	.3749	.1251
0.06	.0239	.4761	0.61	.2291	.2709	1.16	.3770	.1230
0.07	.0279	.4721	0.62	.2324	.2676	1.17	.3790	.1210
0.08	.0319	.4681	0.63	.2357	.2643	1.18	.3810	.1190
0.09	.0359	.4641	0.64	.2389	.2611	1.19	.3830	.1170
0.10	.0398	.4602	0.65	.2422	.2578	1.20	.3849	.1151
0.11	.0438	.4562	0.66	.2454	.2546	1.21	.3869	.1131
0.12	.0478	.4522	0.67	.2486	.2514	1.22	.3888	.1112
0.13	.0517	.4483	0.68	.2517	.2483	1.23	.3907	.1093
0.14	.0557	.4443	0.69	.2549	.2451	1.24	.3925	.1075
0.15	.0596	.4404	0.70	.2580	.2420	1.25	.3944	.1056
0.16	.0636	.4364	0.71	.2611	.2389	1.26	.3962	.1038
0.17	.0675	.4325	0.72	.2642	.2358	1.27	.3980	.1020
0.18	.0714	.4286	0.73	.2673	.2327	1.28	.3997	.1003
0.19	.0753	.4247	0.74	.2704	.2296	1.29	.4015	.0985
0.20	.0793	.4207	0.75	.2734	.2266	1.30	.4032	.0968
0.21	.0832	.4168	0.76	.2764	.2236	1.31	.4049	.0951
0.22	.0871	.4129	0.77	.2794	.2206	1.32	.4066	.0934
0.23	.0910	.4090	0.78	.2823	.2177	1.33	.4082	.0918
0.24	.0948	.4052	0.79	.2852	.2148	1.34	.4099	.0901
0.25	.0987	.4013	0.80	.2881	.2119	1.35	.4115	.0885
0.26	.1026	.3974	0.81	.2910	.2090	1.36	.4131	.0869
0.27	.1064	.3936	0.82	.2939	.2061	1.37	.4147	.0853
0.28	.1103	.3897	0.83	.2967	.2033	1.38	.4162	.0838
0.29	.1141	.3859	0.84	.2995	.2005	1.39	.4177	.0823
0.30	.1179	.3821	0.85	.3023	.1977	1.40	.4192	.0808
0.31	.1217	.3783	0.86	.3051	.1949	1.41	.4207	.0793
0.32	.1255	.3745	0.87	.3078	.1922	1.42	.4222	.0778
0.33	.1293	.3707	0.88	.3106	.1894	1.43	.4236	.0764
0.34	.1331	.3669	0.89	.3133	.1867	1.44	.4251	.0749
0.35	.1368	.3632	0.90	.3159	.1841	1.45	.4265	.0735
0.36	.1406	.3594	0.91	.3186	.1814	1.46	.4279	.0721
0.37	.1443	.3557	0.92	.3212	.1788	1.47	.4292	.0708
0.38	.1480	.3520	0.93	.3238	.1762	1.48	.4306	.0694
0.39	.1517	.3483	0.94	.3264	.1736	1.49	.4319	.0681
0.40	.1554	.3446	0.95	.3289	.1711	1.50	.4332	.0668
0.41	.1591	.3409	0.96	.3315	.1685	1.51	.4345	.0655
0.42	.1628	.3372	0.97	.3340	.1660	1.52	.4357	.0643
0.43	.1664	.3336	0.98	.3365	.1635	1.53	.4370	.0630
0.44	.1700	.3300	0.99	.3389	.1611	1.54	.4382	.0618
0.45	.1736	.3264	1.00	.3413	.1587	1.55	.4394	.0606
0.46	.1772	.3228	1.01	.3438	.1562	1.56	.4406	.0594
0.47	.1808	.3192	1.02	.3461	.1539	1.57	.4418	.0582
0.48	.1844	.3156	1.03	.3485	.1515	1.58	.4429	.0571
0.49	.1879	.3121	1.04	.3508	.1492	1.59	.4441	.0559
0.50	.1915	.3085	1.05	.3531	.1469	1.60	.4452	.0548
0.51	.1950	.3050	1.06	.3554	.1446	1.61	.4463	.0537
0.52	.1985	.3015	1.07	.3577	.1423	1.62	.4474	.0526
0.53	.2019	.2981	1.08	.3599	.1401	1.63	.4484	.0516
0.54	.2054	.2946	1.09	.3621	.1379	1.64	.4495	.0505

z	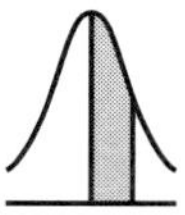 0 z	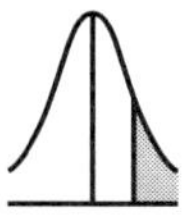 0 z
1.65	.4505	.0495
1.66	.4515	.0485
1.67	.4525	.0475
1.68	.4535	.0465
1.69	.4545	.0455
1.70	.4554	.0446
1.71	.4564	.0436
1.72	.4573	.0427
1.73	.4582	.0418
1.74	.4591	.0409
1.75	.4599	.0401
1.76	.4608	.0392
1.77	.4616	.0384
1.78	.4625	.0375
1.79	.4633	.0367
1.80	.4641	.0359
1.81	.4649	.0351
1.82	.4656	.0344
1.83	.4664	.0336
1.84	.4671	.0329
1.85	.4678	.0322
1.86	.4686	.0314
1.87	.4693	.0307
1.88	.4699	.0301
1.89	.4706	.0294
1.90	.4713	.0287
1.91	.4719	.0281
1.92	.4726	.0274
1.93	.4732	.0268
1.94	.4738	.0262
1.95	.4744	.0256
1.96	.4750	.0250
1.97	.4756	.0244
1.98	.4761	.0239
1.99	.4767	.0233
2.00	.4772	.0228
2.01	.4778	.0222
2.02	.4783	.0217
2.03	.4788	.0212
2.04	.4793	.0207
2.05	.4798	.0202
2.06	.4803	.0197
2.07	.4808	.0192
2.08	.4812	.0188
2.09	.4817	.0183
2.10	.4821	.0179
2.11	.4826	.0174
2.12	.4830	.0170
2.13	.4834	.0166
2.14	.4838	.0162
2.15	.4842	.0158
2.16	.4846	.0154
2.17	.4850	.0150
2.18	.4854	.0146
2.19	.4857	.0143
2.20	.4861	.0139
2.21	.4864	.0136

z	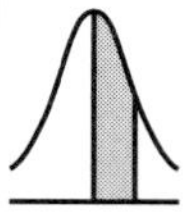 0 z	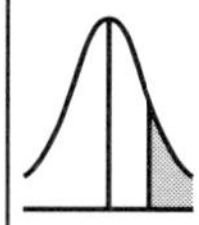 0 z
2.22	.4868	.0132
2.23	.4871	.0129
2.24	.4875	.0125
2.25	.4878	.0122
2.26	.4881	.0119
2.27	.4884	.0116
2.28	.4887	.0113
2.29	.4890	.0110
2.30	.4893	.0107
2.31	.4896	.0104
2.32	.4898	.0102
2.33	.4901	.0099
2.34	.4904	.0096
2.35	.4906	.0094
2.36	.4909	.0091
2.37	.4911	.0089
2.38	.4913	.0087
2.39	.4916	.0084
2.40	.4918	.0082
2.41	.4920	.0080
2.42	.4922	.0078
2.43	.4925	.0075
2.44	.4927	.0073
2.45	.4929	.0071
2.46	.4931	.0069
2.47	.4932	.0068
2.48	.4934	.0066
2.49	.4936	.0064
2.50	.4938	.0062
2.51	.4940	.0060
2.52	.4941	.0059
2.53	.4943	.0057
2.54	.4945	.0055
2.55	.4946	.0054
2.56	.4948	.0052
2.57	.4949	.0051
2.58	.4951	.0049
2.59	.4952	.0048
2.60	.4953	.0047
2.61	.4955	.0045
2.62	.4956	.0044
2.63	.4957	.0043
2.64	.4959	.0041
2.65	.4960	.0040
2.66	.4961	.0039
2.67	.4962	.0038
2.68	.4963	.0037
2.69	.4964	.0036
2.70	.4965	.0035
2.71	.4966	.0034
2.72	.4967	.0033
2.73	.4968	.0032
2.74	.4969	.0031
2.75	.4970	.0030
2.76	.4971	.0029
2.77	.4972	.0028
2.78	.4973	.0027

z	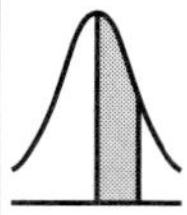 0 z	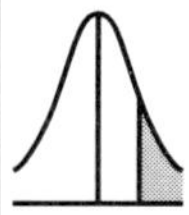 0 z
2.79	.4974	.0026
2.80	.4974	.0026
2.81	.4975	.0025
2.82	.4976	.0024
2.83	.4977	.0023
2.84	.4977	.0023
2.85	.4978	.0022
2.86	.4979	.0021
2.87	.4979	.0021
2.88	.4980	.0020
2.89	.4981	.0019
2.90	.4981	.0019
2.91	.4982	.0018
2.92	.4982	.0018
2.93	.4983	.0017
2.94	.4984	.0016
2.95	.4984	.0016
2.96	.4985	.0015
2.97	.4985	.0015
2.98	.4986	.0014
2.99	.4986	.0014
3.00	.4987	.0013
3.01	.4987	.0013
3.02	.4987	.0013
3.03	.4988	.0012
3.04	.4988	.0012
3.05	.4989	.0011
3.06	.4989	.0011
3.07	.4989	.0011
3.08	.4990	.0010
3.09	.4990	.0010
3.10	.4990	.0010
3.11	.4991	.0009
3.12	.4991	.0009
3.13	.4991	.0009
3.14	.4992	.0008
3.15	.4992	.0008
3.16	.4992	.0008
3.17	.4992	.0008
3.18	.4993	.0007
3.19	.4993	.0007
3.20	.4993	.0007
3.21	.4993	.0007
3.22	.4994	.0006
3.23	.4994	.0006
3.24	.4994	.0006
3.25	.4994	.0006
3.30	.4995	.0005
3.35	.4996	.0004
3.40	.4997	.0003
3.45	.4997	.0003
3.50	.4998	.0002
3.60	.4998	.0002
3.70	.4999	.0001
3.80	.4999	.0001
3.90	.49995	.00005
4.00	.49997	.00003

인명색인

ㄱ

김아영 170
김재환 144
김형립 133
김호권 84

ㅂ

박경 208
박용헌 200
변창진 151, 164

ㅅ

서봉연 89

ㅇ

이민규 154
이민수 154
이상로 151, 164
이종승 48
이창우 89
임인재 48, 60

ㅈ

정범모 84, 95, 112, 155, 162
정종진 208, 219
진위교 133, 151

ㅎ

한경희 134, 135
허경조 57, 74
황정규 60, 86, 236

A

Anastasi 17, 48, 60, 92, 208

B

Beck 191
Bellack 198, 199
Bender 208
Binet 18, 19, 84, 85, 86, 88, 89, 92, 95
Bloom 74
Briggs 205

C

Cattell 18
Cronbach 55, 56, 57

E

Ebel 48
Esquirol 17
Exner 191

F

Fitts 157

G

Gage 84, 247
Galton 18
Gronlund 48, 60
Guilford 84, 118, 255, 268
Guttman 244, 245, 246

H

Hathaway 127, 134
Hilgard 247

J

Jung 205

K

Kaufman 92, 95
Keringer 48

Klopfer 191
Kraepelin 20

M

Man 20
Mckinley 127, 134
Morey 144
Murray 198, 200
Myer 205

O

Osgood 180, 181

P

Pascal 208
Pearson 18, 37, 41

R

Rorschach 191

S

Seguin 17
Simon 18, 85
Sommer 20
Spearritt 270
Stein 198, 199

T

Terman 86
Thordike 20
Thurstone 101, 180

W

Wechsler 84, 88, 89, 91, 92, 95
Wertheimer 208
Woodworth 20
Worthen 60

× 내용색인 ×

ㄱ

가정적 자아 점수 158, 159
간접 면접 190
감각 17, 18, 84, 130, 138, 139, 146, 194, 195, 205, 206, 207
감각적 변별력 18
감정 129, 132, 140, 147, 151, 156, 167, 171, 183, 195, 197, 199, 204, 205, 206, 207, 221, 247
강제평정 185
개인검사 17, 19, 91
개인자료지 20
객관도 45, 46, 47, 196
검사내적 연구 63, 64
검사도구 48, 49, 50
검사상황 49, 50, 51
검사의 신뢰도 49, 50, 51, 65, 66, 72, 73, 253, 254
결과만족 204
결과좌절 204
결정인 191, 192, 195
고유치 258, 259, 270
공간능력 19, 94, 95
공백반응 192, 196, 197
공변관계 41
공분산 39
공인 타당도 60, 61, 63, 75, 77
공통량 258, 259
교과 타당도 73
교우도 188
구간점수 23, 32, 36, 104
구인 타당도 60, 62, 63, 64, 73, 77, 79, 230, 250, 252, 254
구조화 면접 190
규준 17, 20, 65, 66, 71, 72, 73, 81, 82, 83, 86, 88, 91, 95, 97, 98, 99, 104, 113, 116, 117, 125, 128, 134, 135, 143, 144, 149, 150, 152, 153, 154, 155, 157, 161, 163, 164, 165, 166, 170, 173, 219
극단점수 40

근접의 오류 189, 190
급간의 빈도 25, 232, 233
긍정예견 203
긍정적 인상 척도 144, 145
기억 요인 92
기준행동 61, 62

ㄴ

나무 89, 90, 102, 112, 115, 122, 192, 193, 194, 220
내용척도 135, 140
내용 타당도 60, 73, 74
내적 변산 점수 159
내향성 130, 138, 140, 205, 207
노둔 85
논리적 오류 189
누가빈도 31, 168, 232, 233, 237

ㄷ

단순 빈도분포 25
단순 상관 37
답지선택법 179, 230
답지수 67, 97, 100, 103, 251
대비의 오류 189
대안적 신뢰도 65
대안적 타당도 73
대표적 행동 표현검사 17
도구의 정확성 48, 49
도덕적 자아 점수 158, 159
도식평정법 184
동간성 측정치 23, 24
동시처리 93, 94
동작성 검사 86, 92
동작성 문항 85
동작성 지능검사 17
동형검사 신뢰도 49, 51, 52
등위 상관 42

ㅁ

명명성 측정치 23
모호반응 192
모호한 통합반응 192
목표 타당도 73, 74
무상관 37, 38
무응답 척도 128
무채색 반응 193
묶음 빈도분포 25, 27
문항내적 일치도 53, 57, 58, 64
문항 선택법 180
문항수 50, 54, 55, 66, 87, 96, 98, 100, 103, 108, 113, 116, 127, 129, 133, 134, 135, 144, 153, 164, 186, 247, 248, 250, 252, 253
문항 적합도 227
물리적 특성 16

ㅂ

반분 신뢰도 49, 52, 53, 57, 59
반사반응 193
반응 반복 195
반응시간 18, 196
반응 실패 195

반응영역 191
반응표 235, 245
발견 74, 84, 133
발달질 191, 192, 197
방향성 84
백분율 17, 23, 31, 32, 36, 37, 81, 82, 83, 91, 113, 114, 125, 134, 157, 161, 162, 163, 165, 166, 168, 170, 237, 238, 239, 240, 254
백치 85
범위법 45, 46
변산성 점수 158, 159
변형표준점수 98, 124, 125
보충척도 135, 141
부분반응 191, 192, 196, 197
부적 상관 37, 38
부적절 결합 195
부적절 논리 195
부정예견 203, 205
부정적 인상 척도 144, 145
부족비율 72, 73, 74
분류법 176
분포점수 160, 161
비교평정법 184, 185
비구조화 20, 190
비구조화 면접 190
비언어성 검사 17, 19
비율성 측정치 23, 24
비율지능지수 88, 89
비일관성 척도 144, 145
비지적 검사 16
비참여관찰 183
비표준화 검사 17, 47, 175, 248
빈도행열 241

ㅅ

사고 84, 92, 103, 115, 116, 118, 129, 130, 132, 139, 140, 141, 142, 144, 146, 147, 156, 157, 194, 196, 197, 205, 206, 207
사교회전 282, 283, 284, 286, 288, 289, 293, 294
사례수 25, 26, 31, 38, 42, 83, 232, 233
사회적 거리 추정법 187, 188
사회적 자아 점수 158, 159
상관계수법 45, 47
상관관계 41
상관의 형태 37
상관행열 256, 257, 258, 259, 261, 269
상대적 비교법 241
상대적 해석 17, 81, 254
상대평가 15
상반행열 256
상위비율 34
상황검사 20, 21
생육연령 86, 87, 88, 89
서열성 측정치 23, 24
성격검사 16, 17, 20, 70, 77, 119, 127, 133, 155, 198, 205, 246, 251
성격병리 5척도 139
성격적 자아 점수 158, 159
성취동기 151, 200, 201, 202, 204, 246
성취목표 일관 204
성취상념 202, 203, 204, 205
성취욕구 140, 199, 202, 203, 205
소점(S) 98, 103, 123
수공능력 19, 112, 113
수리력 19, 100, 102, 103, 104, 112, 113, 114, 115, 116, 117
수험분위기 50, 69

순위법 178
순차처리 93
숫자평정법 184
신뢰도 48, 49, 50, 51, 52, 53, 54, 55, 57, 59, 60, 62, 64, 65, 66, 67, 68, 69, 70, 71, 72, 73, 248, 251, 253, 254
신체적 자아 점수 158, 159
실시과정 신뢰도 65, 66, 68, 69, 72, 73
실용도 45, 47
심리검사 15, 16, 17, 18, 23, 68, 71, 144
심리적 특성 16, 60, 77
쌍반응 193

ㅇ

암기 74
양류 상관 41
양분 상관 41
양호도 45, 62, 196, 246
양호도 평정법 246
언어능력 17, 19, 92, 93, 94, 195
언어반응 195
언어성 검사 17, 19, 89, 92, 95, 208
언어성 문항 85
언어이해적 요인 92
연령수준 19
예언 타당도 60, 61, 62
오답수 97, 123
오차 48, 49, 71, 189, 245, 246
외부지원 204
외향성 205, 207
요인부하량 256, 257, 258, 259, 260, 261, 263, 264, 266, 269, 273, 282, 289, 290, 291
요인분석 19, 92, 101, 106, 255, 256, 269, 270
요인축 270, 271
요인행열 256, 257, 271, 273, 280, 284, 288, 293, 294
운동 18, 23, 37, 41, 106, 107, 108, 110, 137, 138, 152, 163, 164, 165, 167, 170, 177, 183, 190, 192, 195, 197, 203
원점수 공식 26, 27, 38, 39
유목분류법 176
유사동간 180, 230, 236, 237, 246
유사동간법 180, 230, 236, 237, 246
유전 18
유채색 반응 192
음영-재질 193
음영-차원 193
음영-확산 193
의미 공간법 181
의미 분석법 180
이상 부분반응 191, 192
이해 16, 18, 20, 51, 66, 67, 74, 84, 86, 88, 89, 92, 93, 94, 101, 102, 112, 114, 115, 116, 117, 133, 141, 143, 144, 156, 190, 198, 230, 251, 253, 255
이해성 84
인과관계 41, 115
인식 19, 66, 93, 140, 172, 192, 195, 197, 205, 206, 207
인지 조직활동 195
인지처리 척도 93
일반반응 192
일화기록법 183, 187
임상척도 127, 128, 129, 131, 133, 135, 137, 138, 144, 146, 151, 152, 153
임의식 225, 226
임의 영점 24

ㅈ

자기장애 203, 204
자동비판성 84
자서전법 175
자아개념 16, 63, 141, 157, 158, 159, 247, 248, 249
자아 긍정 점수 158
자아 동일성 점수 158, 159
자아 수용 점수 158, 159
자아 평가 점수 158
자아 행동 점수 158
자연관찰 183
자유반응법 176
자유연상검사 20
자유연상단계 191
자유연상법 18
재검사 신뢰도 49, 50, 51
재구성 임상척도 135, 138
저능아 85
저빈도 척도 144, 145
적성검사 16, 17, 19, 20, 61, 62, 100, 101, 114, 116
적응성 84
전체반응 191, 195, 196
절대영점 24
절대평가 15
점수의 일관성 48, 49, 51
접근활동 203, 204, 205
정답수 97, 123
정상분포 33, 34, 36, 177, 224, 252
정신검사 18
정신수준 19
정신연령 19, 85, 86, 87, 88, 89
정신지체아 17, 18, 85
정의적 특성 16, 127, 175, 253
정적 상관 37, 189
정확 상한계 232
정확 하한계 232
제작연도 신뢰도 72
좌우 대칭 33, 34, 177, 191, 214
주제 통각 검사 198
준거 타당도 60, 61, 62, 73, 75, 77
중간점 25, 27, 169
중앙치 232, 233, 234, 239, 240
지각능력 19, 197
지각조직적 요인 92
지능검사 16, 17, 19, 20, 41, 60, 61, 62, 77, 84, 85, 86, 88, 89, 92, 95
지능의 의미 84
지능지수 18, 19, 84, 86, 87, 88, 89, 91, 97
지적 검사 16, 20, 246
직관 205, 206, 207
직교회전 270, 273, 274, 276
직접 면접 190
진술문 122, 180, 187, 223, 224, 230, 231, 232, 234, 235, 236, 237, 239, 240, 241, 242, 243, 244, 246
질문단계 191
질문지법 175, 176, 183
집단검사 17, 19, 95
집단 지능검사 19, 95
짝수점수 53

ㅊ

참여관찰 183
채점의 신뢰도 65, 66, 71, 72, 73
척도 가능도 246
척도법 180, 223, 246
총 변산성 점수 159

총자아 긍정 점수 158
종합 평정법 223, 246
추인법 187, 188
추측점수 100, 103, 104
측정 15, 16, 18, 19, 20, 23, 24, 33, 41, 48, 49, 53, 60, 62, 63, 64, 65, 84, 93, 100, 101, 107, 108, 112, 114, 115, 118, 119, 120, 127, 129, 136, 138, 139, 146, 148, 151, 153, 155, 162, 166, 170, 171, 184, 200, 201, 208, 223, 228, 230, 232, 245, 255

ㅌ

타당도 60, 61, 62, 63, 64, 65, 73, 74, 75, 77, 79, 92, 136, 230, 248, 250, 252, 253, 254
타당성 척도 127, 128, 133, 135, 144, 145, 151
통제관찰 183
통합반응 192
투사법 20, 175, 208, 220
특성검사 16
특성 타당도 73
특수 내용 195
특수 상관 41
특수 점수 191, 194

ㅍ

판단 18, 75, 76, 77, 78, 79, 84, 89, 102, 131, 156, 170, 171, 183, 191, 192, 202, 205, 206, 207, 231, 232, 237, 241, 242, 248, 249, 250
편차점수 26, 38
편차점수 공식 26, 38
편차지능지수 88, 89
편향의 오류 189
평가 15, 16, 20, 74, 118, 129, 143, 144, 145, 152, 158, 160, 171, 175, 181, 183, 185, 187, 190, 201, 230, 251
평균 23, 25, 28, 29, 30, 31, 33, 35, 36, 42, 45, 46, 57, 68, 69, 70, 72, 73, 75, 76, 77, 78, 79, 86, 87, 88, 89, 91, 95, 98, 114, 116, 117, 149, 155, 168, 169, 172, 179, 180, 181, 196, 205, 227, 228, 229, 230, 239, 240, 242, 244, 250, 254, 267, 269, 287, 288, 290, 292
표준의 오류 189
표준점수 23, 28, 29, 30, 31, 33, 34, 35, 98, 124, 125, 168, 195, 226
표준점수식 226
표준편차 23, 26, 27, 28, 29, 30, 31, 33, 35, 36, 38, 39, 54, 55, 88, 91, 95, 98, 116, 117, 124, 149, 155, 168, 169, 172, 224, 225, 228
표준편차식 224, 225
표준화 검사 17, 47, 65, 71, 72, 81, 83, 127, 175, 248
표준화 성취도 검사 20
표집 대표성 신뢰도 72
표집수의 신뢰도 71
표집의 대표성 71
표집의 수 40, 71
피험자 신뢰도 65, 66, 70, 72
피험자 요인 50, 51

ㅎ

하반행열 256
하위비율 34
학력검사 16, 17, 41
한계음미단계 191
항목선택법 176
행동과학 24
형태 18, 37, 93, 94, 106, 107, 108, 109, 110, 128, 164, 179, 183, 191, 192, 193, 194, 195, 197, 208, 213, 236
형태심리학 208
형태질 191, 193
홀수점수 53
환경장애 203, 204
환척점수 97, 98
후광효과의 오류 189
흥미검사 16, 17, 20, 60, 162, 163, 166, 246

4

4류 상관 42
4분 상관 42
4분편차 234, 235, 236

A

AGCT 95
APA 19
Army α 19, 95
Army β 19, 95

C

CAT 198
Cathexes 199
CEEB 20
Cronbach α 55

D

DAP 220

E

ETS 20

F

F척도 129

G

GATB 101, 105, 108, 109
Guttman 척도 246

H

HTP 220

K

Kuder-Richardson 공식 54
K-WISC 89
K-WPPSI 89
K점수 30, 128, 129, 134
K척도 129

L

L척도 129
L형 86, 88

M

MBTI 205
MMPI-Ⅱ 134, 135, 137, 143
M형 86, 88

P

PAI 144, 145
PMA 101

Q

Q분류 177

S

SCT 221
Spearman-Brown 공식 52

T

TDS 97, 98, 99
T점수 17, 30, 31, 35, 81, 82, 83, 113, 114, 116, 117, 128, 134, 136, 143, 149, 155, 157, 208, 219, 254

W

WAIS 89, 91, 92
WISC 89, 91
WPPSI 89, 91
WPPSI-R 89, 91

Z

Z 28, 29, 30, 31, 33, 34, 35, 36, 46, 47, 82, 83, 116, 144, 187, 188, 195, 196, 226, 231, 238, 242, 243
Z점수 29, 35, 36, 195, 238, 242

교육과 심리의 검사방법 이해

저　자 : 허경조
발행처 : 충북대학교 출판부
발행인 : 김승택
주　소 : (361-763) 충북 청주시 흥덕구 성봉로 410
전　화 : (043) 261-2952, 3014
팩　스 : (043) 274-1256
이메일 : presscbu@chungbuk.ac.kr
등　록 : 제1983-2001-7호
초판1쇄 : 2013. 6. 21
인쇄처 : 을지출판인쇄사 043)222-1373

ISBN 978-89-7295-207-7 93180

값 20,000원